A (DES)LEGITIMAÇÃO DAS MEDIDAS DE SEGURANÇA NO BRASIL

Conselho Editorial
André Luís Callegari
Carlos Alberto Molinaro
César Landa Arroyo
Daniel Francisco Mitidiero
Darci Guimarães Ribeiro
Draiton Gonzaga de Souza
Elaine Harzheim Macedo
Eugênio Facchini Neto
Gabrielle Bezerra Sales Sarlet
Giovani Agostini Saavedra
Ingo Wolfgang Sarlet
José Antonio Montilla Martos
Jose Luiz Bolzan de Morais
José Maria Porras Ramirez
José Maria Rosa Tesheiner
Leandro Paulsen
Lenio Luiz Streck
Miguel Àngel Presno Linera
Paulo Antônio Caliendo Velloso da Silveira
Paulo Mota Pinto

Dados Internacionais de Catalogação na Publicação (CIP)

B816d   Branco, Thayara Castelo.
        A (des)legitimação das medidas de segurança no Brasil / Thayara Castelo Branco. – 2. ed., rev. e ampl. – Porto Alegre : Livraria do Advogado, 2018.
        239 p. ; 23 cm.
        Inclui bibliografia.
        ISBN 978-85-9590-065-3

        1. Medidas de segurança (Direito penal) - Brasil. 2. Sistema sancionatório - Brasil. 3. Política criminal - Brasil. I. Título.

CDU 343.2(81)
CDD 345.81

Índice para catálogo sistemático:
1. Medidas de segurança (Direito penal) : Brasil   343.2(81)

(Bibliotecária responsável: Sabrina Leal Araujo – CRB 8/10213)

Thayara Castelo Branco

A (DES)LEGITIMAÇÃO DAS MEDIDAS DE SEGURANÇA NO BRASIL

2ª EDIÇÃO
revista e ampliada

Porto Alegre, 2019

© Thayara Castelo Branco, 2019

Fechamento do texto para
publicação em outubro de 2018

Capa, projeto gráfico e diagramação
Livraria do Advogado Editora

Imagem da capa
pixabay.com

Revisão
Rosane Marques Borba

Direitos desta edição reservados por
Livraria do Advogado Editora Ltda.
Rua Riachuelo, 1300
90010-273 Porto Alegre RS
Fone: 0800-51-7522
editora@livrariadoadvogado.com.br
www.doadvogado.com.br

Impresso no Brasil / Printed in Brazil

Para minha maravilhosa *Carmen Teixeira*, que, mais que uma extraordinária mãe, é um ser pleno de amor e de luz capaz de apoiar os meus mais insanos sonhos.

Para o meu querido pai, *Waldemar da Rocha Castelo Branco Filho* (*in memoriam*), que nos deixou já no fim dessa caminhada e ensinou-me o valor dos estudos e do bom humor da vida.

Para o meu *Chicó*, que me ofereceu alegria e amor gratuito quando me adotou.

Palavras não dão conta de expressar a imensa gratidão e o amor que me transborda!

Agradecimentos

Ao meu orientador, prof. Dr. Álvaro Filipe Oxley da Rocha, pelas preciosas indicações, pela confiança de sempre, pela paciência em me esperar quando mais precisei e por acreditar na construção deste trabalho.

À Pontifícia Universidade Católica do Rio Grande do Sul, à CAPES e à FAPERGS pela possibilidade de desenvolver minha pesquisa.

Aos meus queridos professores do Programa de Pós-Graduação em Ciências Criminais da PUCRS, que tive a honra de conviver e o prazer de aprender como se desenvolve uma Academia séria e comprometida com o ensino superior e com a sociedade. Faço questão de nominá-los pela importância que cada um deles tem na minha formação acadêmica: Profa. Dra. Ruth Maria Chittó Gauer, Prof. Dr. Gabriel Chittó Gauer, Prof. Dr. Aury Lopes Junior, Prof. Dr. José Carlos Moreira da Silva Filho, Prof. Dr. Nereu Giacomolli, Prof. Dr. Fábio Roberto D'Ávila, Prof. Dr. Rodrigo Ghiringhelli de Azevedo, Prof. Dr. Ricardo Jacobsen Gloeckner, Prof. Dr. Giovani Saavedra, Prof. Dr. Ricardo Timm de Souza, Prof. Dr. Paulo Sporleder de Souza, Prof. Dr. Ney Fayet Júnior.

À minha amorosa mestra e incentivadora dos sonhos acadêmicos, Profa. Vera Regina Pereira de Andrade, pelas lições de amor e de humanismo que transcendem a academia, e pela oportunidade de me apresentar uma Criminologia da Afetividade.

Ao meu querido amigo, eterno orientador, Prof. Claudio Alberto Gabriel Guimarães, pelo amor e pelo cuidado de sempre, pelos eternos conselhos e incentivos, sem os quais, certamente, eu não teria concluído esse nem outros tantos projetos de vida.

Aos meus queridos amigos de todas as horas e de todas as lutas, de perto e de longe, recentes e antigos, pela amizade e pelo amor de sempre. Em especial: Natália Nunes Gonçalves, Maria da Conceição Nunes, Thiago Hanney Medeiros de Souza, Gustavo Noronha de Ávila, Thiago Pinheiro, Augusto Jobim do Amaral, Clair Amaral, Inez Andrade, José Fernandes, Maria Barbosa, Naudimar Freire, Ana Regina Lunardi, Cristina Lima, Léia Tatiana Foscarini, Tatyana Adam, Benedito Sabbak Júnior, Elna Maciel Caetano...

Aos meus colegas de doutorado, pelas trocas de ideias e conhecimentos e pelos cafezinhos na famosa lancheria do direito, que, sem sombra de dúvidas, é o lugar de maior produção de conhecimento da Faculdade de Direito da PUCRS.

Aos meus queridos alunos, que, com amorosidade, me fortalecem na caminhada acadêmica.

Aos submetidos ao sistema penal-psiquiátrico que sofrem as torturas de cada dia e a negação do direito de serem seres humanos. Obrigada pela lição de resistência e de vida. Por vocês, irei em frente, sempre!

A todos, o meu amor e a minha gratidão!

"A expressão reta não sonha, arte não tem pensamento: o olho vê, a lembrança revê e a imaginação transvê. É preciso transver o mundo. Isto seja. Deus dá a forma. Os artistas deformam. É preciso deformar o mundo. Tirar da natureza as naturalidades. Fazer cavalo verde, por exemplo ..."

(Livro sobre nada – *Manuel de Barros*)

Prefácio

VERA REGINA PEREIRA DE ANDRADE[1]

DA (DES)MEDIDA DA (IN)SEGURANÇA:
o horror manicomial entre o poder-saber penal-psiquiátrico

A obra que tenho a honra de prefaciar, "A (des)legitimação das medidas de segurança no Brasil", originalmente a tese de doutorado da Professora Thayara Castelo Branco, defendida no Programa de Pós-Graduação em Ciências Criminais da PUCRS, sob orientação do Prof. Dr. Alvaro Filipe Oxley da Rocha, vem a público como um "divisor de águas" para as Ciências Sociais e Humanas, e, sobretudo, para a Criminologia Crítica brasileira. E isto porque se trata de pesquisa que não apenas confere visibilidade a um tema e problema secundarizado – as medidas de segurança - como o faz com o ineditismo e a envergadura científica próprias de uma grande tese de doutoramento. Torna-se, doravante, uma referência obrigatória nos campos disciplinares em que transita.

Seu objetivo central foi "problematizar a permanência das medidas de segurança no ordenamento jurídido-penal brasileiro, tensionando-a com o vigente movimento de Reforma Psiquiátrica, validado pela Lei 10.216 de 2001" buscando "demonstrar quais os fundamentos que (re)legitimam essa subsistência e como isso se processou a partir do século XIX, momento em que se configura definitivamente o Estado Brasileiro".

Isto posto, desejo destacar seis contribuições que, entrecruzadas, denotam toda a sua importância epistêmica, social e humanista, notadamente no marco de uma reforma antipsiquiátrica esvaziada e de um

---

[1] Mestre e Doutora pelo Programa de Pós-Graduação em Direito da Universidade Federal de Santa Catarina. Pós-Doutora em Direito Penal e Criminologia pela UBA-Argentina e pela UFPR-PR. Professora Titular de Criminologia aposentada da Universidade Federal de Santa Catarina, atuando como Professora Voluntária, Pesquisadora.

avanço atuarialista descontrolado do sistema de justiça penal no Brasil, em que o sistema penal-psiquiátrico, ora analisado, se insere e figura como mais um de nossos "horrores" em ato, à deriva dos poderes institucionais que o manejam.

Em primeiro lugar, como afirmado, é de se louvar a escolha do próprio tema, o qual, acompanhando a autora desde a mocidade acadêmica, adquire nesta tese, a sua mais provisória maturidade. Foi na escrita monográfica de graduação que, embora limitada aos aspectos técnico-jurídicos das medidas de segurança, Thayara se aproximou dele e edificou o alicerce da frondosa árvore em que esta tese se transformaria. A semeadura original, na qual foram analisadas juridicamente como "sanções penais, fundadas na periculosidade do autor, destinadas aos sujeitos considerados inimputáveis e semi-imputáveis, admitidos ao imaginário social como 'loucos criminosos perigosos'", ainda não apontara para a "estrutura inocuizadora, extremamente complexa e sofisticada", para o "sistema sancionador de dor e de morte" em que se constituíram as medidas de segurança no Brasil, nem para o seu "colapso".

Pois foi o desvelamento dessas ramificações, assim tanaticamente já nominadas na introdução da obra, sob o fio condutor da pergunta acerca de sua "resistente manutenção", "apesar dos movimentos reformadores no campo da saúde mental", o desideratum a que a autora procedeu, nominando agora medidas, (em busca de uma linguagem não estigmatizante) de "sistema sancionatório destinado às pessoas em sofrimento psíquico envolvidas em fato delituoso".

E o desvelamento foi possível – e eis o segundo e simultâneo contributo da obra – não apenas pela escolha do tema, mas pelo olhar sobre ele e pelo modo de caminhar, ou seja, pela escolha dos marcos teóricos e do método, obviamente emoldurados pela história de vida da autora, e que retratam, ademais das linhas de pesquisa das escolas críticas por onde transitou (especialmente PUC e UFSC); retratam, como bem disse seu orientador, sua força, vitalidade, coragem e seriedade, ademais de sua ousadia e vivencialidade acerca do que escreve.

Esclarece-nos nessa direção Thayara, que seguiu um caminho situado em um intervalo entre direito, medicina – em especial (anti)psiquiatria e medicina social –, criminologia, história, psicologia social, sociologia, antropologia, etc.

A trajetória percorrida pela autora conduziu-a, então, a sucessivas ampliações daquele objeto primário, e a obra se desenvolve através de sucessivos passos de aproximação ao objeto redimensionado, em todos eles com cuidados teóricos e metodológicos, tanto robustecendo a argumentação, quanto visibilizando o invisível.

Tal movimento denota o terceiro contributo que faz de "A (des)legitimação das medidas de segurança" um divisor de águas: a produção de conhecimento concebido como processual, inacabado, feito um *devir* e a maestria de trabalhar com a incompletude, permanecendo sua autora aberta, contra a força dos apriorismos, (forjados em hipóteses) ao conhecimento emergente de suas fontes. Quanto mais porque, dentre estas fontes interdisciplinares, inclui-se a secular "Revista Gazeta Médica da Bahia", cuja pesquisa documental constitui um ponto alto da obra.

Em definitivo, trata-se de um tema periférico ou silenciado, tornado aqui central, sobre o qual é preciso falar e continuar falando pelas perguntas entreabertas pela fecunda pesquisa. Tema marginal no Direito, na Medicina, na Antropologia, no qual todas as disciplinas tocam, interseccionam, mas não se demoram. Foi por se demorar nas suas ramificações que Thayara resgatou não apenas a justificada importância do tema, mas demonstrou o quanto o controle penal psiquiátrico, ocupa um lugar central no controle social público no Brasil, ou seja, desde a afirmação do capitalismo dependente, sempre albergando o racismo da herança escravocrata até o presente controle atuarial do capitalismo neoliberal.

Tal é a perspectiva interdisciplinar fecunda que inspira os seus insurgentes e complexos olhares, ao reconstruir-descontruir uma página "cientificamente letrada" daquela violência e dominação penal psiquiátrica (racializada), uma longa e dolorosa saga dos assim submetidos ao seu controle.

Thayara nos fala então da violência não declarada, da violência simbólica do saber-poder das "comunidades científicas", daquele *locus* em que o médico e o jurista, aparentando se digladiar, se cruzam, complementam e dialetizam, nos gabinetes do *establishment* ilustrado, conformando a história da cientificização do controle social público no Brasil, por eles doravante capitaneado sob a clássica fórmula nineana "negro-mestiço-degenerado-perigoso-potencialmente criminoso".

Trata-se, em derradeiro, de (re)contar a história da permanência de horrores contra as populações não brancas no Brasil, especialmente a negra, doravante com o aval das "ciências", primeiramente, da Medicina social e da Psiquiatria, a seguir do Direito e da Criminologia.

Chegamos assim ao quinto contributo: estamos perante uma obra de desconstrução e resistência epistêmica (que é sempre política) aos horrores do controle penal-psiquiátrico.

Os asilos e os hospitais psiquiátricos, para além de evidenciarem o racismo e a lógica da seletividade racista e classista do poder punitivo e do sistema penal, (questão que, apesar de indiciada com os dados disponíveis não foi aprofundada devido ao vazio estatístico) encontram a máxima contradição com suas funções declaradas (de tratamento e ressocialização, ademais da prevenção), no cotidiano da "inocuização", função real e inversa ao prometido, expondo as (des)medidas da (in)segurança, enquanto produtoras de inflição de dor, tortura e morte – extensas e intensas violências físicas e simbólicas.

Como exemplo limite, narra a autora o extermínio havido no Hospital colônia de Barbacena, em Minas Gerais, que configurou "o maior extermínio já visto na história brasileira":

"Fundado em 1903, com capacidade para 200 leitos, o hospital contava com uma média de 5.000 mil pacientes em 1961 e ficou conhecido pelo genocídio ocorrido especialmente entre 1960 e 1980. Trens com vagões lotados (chamados de 'trens de vagões de doido'), semelhantes aos dos campos de concentração alemães, despejavam diariamente os 'indesejáveis' para 'tratamento'. Sob a batuta da medicina e seus argumentos científicos, o resultado do 'tratamento' manicomial executado nesse local foi o sangue e a dor de 60.000 (sessenta mil) mortos. O mais importante a ser frisado nesse contexto é que se deduz que cerca de 70% dos internados não tinham qualquer diagnóstico de doença mental".

E nada mais verdadeiro na sua narrativa de que apresentar esse processo de (des)construção como um processo "sobretudo de si mesma", que correspondeu, de certa forma, a "um processo de des-idolatrização dos ídolos".

Pois que coube a uma mulher, maranhense, cujo pulsar é fortemente a vida, e a energia vitalizante dos afetos (energias com as quais tive a ventura de conviver desde as salas de aula ufsqueanas onde a aluna ouvinte Thayara transitou, até o presente) o embate com a obra daquele mestre negro (Nina Rodrigues), cujo fascínio pelo cientificismo europeu (eurocentrismo) do século XIX (do qual Zaffaroni diria que foi de "boa consciência") que ele traduziu à brasileira, enquanto intelectual da modernização conservadora, não poupou a cegueira racista. Muito pelo contrário, emoldurou o racismo como constitutivo do controle penal psiquiátrico, estrutura que persiste até os dias de hoje, mesmo perante o movimento da antipsiquiatria que a autora aborda com olhar muito crítico.

A hipótese, que restou comprovada, pois, foi a de que "*os conceitos e as estruturas criticadas que ditam o teor da deslegitimação e da desfuncionalização das medidas de segurança são as mesmas que legitimam e atualizam sua permanência no Sistema de Justiça Criminal brasileiro*. Mantém-se o mito do tratamento e da ressocialização e o equívoco da construção positivista da periculosidade e do risco presumido, como eixos de ancoramento e verticalização. Isso garante a permanência (quase inabalável) da lógica psiquiátrica tradicional (hospitalocêntrica) do século XIX, apesar da frentes reformadoras que estabelecem um novo modelo assistencial em saúde mental. O ser 'degenerado' em sofrimento psíquico ainda proporciona a jusficativa ideal para a manutenção da clássica terapêutica (penal). Fixa-se, assim, no discurso anestésico da eficiência da contenção penal-psiquiátrica".

No limite, a autora afirma a (in)viabilidade de superação do modelo penal psiquiátrico por dentro da estrutura vigente, vez que os programas alternativos apresentados deixam dúvidas quanto à superação do modelo de controle (penal-psiquiátrico) ou mesmo quanto ao atendimento das propostas da Reforma Psiquiátrica, de modo a subsistir entre o sistema delesgitimado e o emergente, um imenso vazio, que remete à utopia abolicionista da híbrida "prisão manicomial" como um imperativo de vida e dignidade perdidas, à sua clientela.

Assim, e este é o último contributo que desejo abordar, a pesquisa de Thayara constitui uma importante contribuição para a construção de uma Criminologia crítica do controle penal no Brasil, pois, seja na página de deslegitimar as medidas de segurança – incluindo na deslegitimação o saber que as coconstituem (entre os quais a Criminologia Positivista) –, seja incluindo em seus marcos teóricos os resultados acumulados pela Criminologia crítica euroamericana latino-americana, em diálogo com outros saberes, avançando rumo à compreensão da específica identidade do nosso controle social, preenchendo um grande vazio, até então existente quanto ao controle punitivo psiquiátrico e produzindo conhecimento novo quanto ao controle punitivo psiquiátrico, que ora reforça e acumula o conhecimento existente sobre o controle penal (mostrando que o que se produziu para a pena vale em grande medida para as medidas de segurança, como o racismo como modelador) e ora avança e revela toda a sua heurística e caminha na direção de uma Criminologia da brasilidade.

Daí que considero importante situá-la na continuidade-diferenciação e apresentá-la em diálogos com obras como *Direito e relações raciais: uma introdução crítica ao racismo*, de Dora Lúcia de Lima Bertúlio;[2] *Criminologia e racismo: uma introdução à Criminologia brasileira*, de Evandro Piza Duarte; *Corpo negro caído no chão: o sistema penal e o projeto*

---

[2] BERTÚLIO, Dora Lúcia de Lima. *Direito e relações raciais:* uma introdução crítica ao racismo. Dissertação (Mestrado em Direito), Universidade Federal de Santa Catarina, Florianópolis, 1989.

genocida do Estado brasileiro, de Ana Luiza Flauzina;[3] *O saber dos juristas e o controle penal*: o debate doutrinário na Revista de Direito Penal (1933-1940), de Camila Cardoso de Mello Prando,[4] e *A "tradução" de Lombroso na obra de Nina Rodrigues*: o racismo como base estruturante da Criminologia brasileira, de Luciano Góes,[5] que integram um conjunto de esforços rumo à construção de uma criminologia para a brasilidade.

Reitera-se com todas elas que uma análise do controle social é uma chave explicativa privilegiada para se compreender a própria sociedade.

---

[3] FLAUZINA, Ana Luiza. *Corpo negro caído no chão*: o sistema penal e o projeto genocida do Estado brasileiro. Rio de Janeiro: Contraponto, 2008.

[4] PRANDO, Camila Cardoso de Mello. *O saber dos juristas e o controle penal*: o debate doutrinário na Revista de Direito Penal (1933-1940). Rio de Janeiro: Revan, 2013.

[5] GÓES, Luciano. *A "tradução" de Lombroso na obra de Nina Rodrigues*: o racismo como base estruturante da Criminologia brasileira. Rio de Janeiro: Revan, 2016.

Prefácio

AURY LOPES JUNIOR[1]

É um prazer especial apresentar a obra "A (des)legitimação das medidas de segurança no Brasil", da ilustre Professora Doutora Thayara Castelo Branco, por dois motivos: porque é um livro diferenciado, sobre um tema carente de doutrina de qualidade; e porque tenho um imenso carinho pela autora e respeito por sua imensa competência.

Conheci Thayara no Programa de Pós-Graduação em Ciências Criminais da PUCRS, onde ela fez Mestrado e Doutorado, com muito brilho. Mas, por trás disso, existe uma história interessante, de alguém que se dispôs a sair da sua zona de conforto em São Luís/MA para se aventurar nas geladas terras do sul. Não é fácil deixar a família, os amigos e o calor maranhense para sofrer sozinha a dolorosa desconstrução a que um mestrando e depois doutorando é submetido. E ela veio, resistiu e venceu. Portanto, é de alguém com coragem, iniciativa e muita competência que estamos tratando. E o trabalho é, obviamente, um reflexo da autora, de sua cosmovisão e de como ela se coloca nessa ambiência.

O trabalho está estruturado em duas grandes partes: a primeira se ocupa de mostrar a transição da "pedagogia" da ordem e do controle até chegar na política antimanicomial. É uma análise de fôlego, de grande valia para compreensão da temática e que se situa no campo da "história das ideias". É o enfrentamento do paradigma racista-higiênico-disciplinar e sua cruel seletividade, mas que infelizmente marcou nossa história recente.

A segunda parte vai enfrentar o núcleo de um complexo questionamento trazido pela autora: quais os fundamentos que (re)legitimam

---

[1] Doutor em Direito pela Universidad Complutense de Madrid. Professor Titular no Programa de Pós-Graduação, Mestrado e Doutorado, em Ciências Criminais da PUCRS. Advogado Criminalista.

a permanência das Medidas de Segurança no Sistema de Justiça Criminal brasileiro?

Para isso, analisa os fundamentos que deslegitimam e desfuncionalizam as medidas de segurança mas, ao mesmo tempo, reafirmam sua permanência. É um paradoxo bastante curioso ao olhar do pesquisador. É incrível como entramos no Século XXI acreditando na construção positivista da periculosidade e nos mitos do tratamento e da ressocialização. Por outro lado, algum setores da doutrina pregam a "imputabilização" dos inimputáveis, para deslocá-los para o sistema prisional comum, esquecendo-se que assim os estaríamos colocando no mesmo *locus* criticado por esses mesmos autores. Ou seja, criticam e desconstroem a pena de prisão, mas pregam – como solução à medida de segurança – que se os coloquem na mesma pena de prisão desconstruída... É preciso sair desse labirinto argumentativo.

Para dar conta disso, escolheu a autora um centro de pesquisa adequado: o Programa de Pós-Graduação, Mestrado e Doutorado, em Ciências Criminais da PUCRS. Lá ela passou pelo doloroso processo de desconstrução, e o que ressurgiu foi uma pesquisa séria, profunda e com musculatura teórica. Um trabalho que somente dá conta do seu objeto porque parte da premissa da falência do monólogo científico, buscando na interdisciplinaridade a construção de uma linguagem suficientemente complexa para compreendê-lo.

Trata-se da obra mais completa publicada no Brasil sobre Medida de Segurança, fruto de uma tese de doutorado com invejável base teórica e vasta pesquisa. Um livro cuja primeira edição esgotou rapidamente e que agora vem publicado pela respeitada e prestigiada Livraria do Advogado Editora, passando a integrar o seu já vasto rol de grandes títulos. Parabéns à autora, ao editor e ao leitor, que agora tem em mãos uma obra que já nasce clássica.

Porto Alegre, outono de 2018.

Sumário

Apresentação – *Gustavo Noronha de Ávila*..21

Introdução..23

Primeira Parte
Da pedagogia da ordem e do controle à política antimanicomial.........................27

1. O paradigma racista-disciplinar e a criação dos hospitais psiquiátricos no Brasil..27
   1.1. A questão das raças: diferenças e miscigenação..29
   1.2. A eugenia e o branqueamento como purificação da população brasileira........34
   1.3. A medicina social como programa político-normalizador-sanitário da sociedade..40
      1.3.1. A polícia médica e a nova relação entre a medicina e o Estado..............50
   1.4. O enclausuramento disciplinar dos "alienados fabricados": os hospitais psiquiátricos..54
      1.4.1. Naturalização da violência: isolamento, vigilância e medicalização dos corpos..65

2. O debate entre médicos e juristas em nome da "sciencia"......................................69
   2.1. "Escola Nina Rodrigues" e a antropologia criminal à brasileira....................70
      2.1.1. Nina Rodrigues e os estudos sobre degenerescência: quais as causas e as consequências?..72
      2.1.2. A luta por uma medicina judiciária...79
      2.1.3. O controle social dos degenerados..82
      2.1.4. A Gazeta Médica da Bahia e os debates do saber médico para "salvar" o país...85
   2.2. A concepção jurídica como uma saída científica – as contribuições da escola de Direito de Recife..101
      2.2.1. O pensamento de Tobias Barreto sobre o direito de punir..................102
      2.2.2. O pensamento da "boa mestiçagem" de Silvio Romero.....................107

3. Medidas de segurança como cordão sanitário de controle..................................111
   3.1. A psiquiatrização dos Códigos Penais brasileiros..................................114
      3.1.1. O código Criminal do Império (1830)...116
      3.1.2. O Código Penal de 1890 e a crítica dos positivistas..........................119

    3.1.3. A "grande revolução" de 1940 e a implantação das medidas de segurança no Brasil...122
    3.1.4. A emancipação das medidas de segurança em 1984..........................127
  3.2. Os hospitais de custódia e tratamento: a física do poder penal-psiquiátrico....137
  3.3. Medidas de Segurança em números: o vazio das estatísticas e o êxito da detenção..146

4. O movimento antimanicomial e a desinstitucionalização............................156
  4.1. A antipsiquiatria e as alternativas aos manicômios...................................158
  4.2. Franco Basaglia e a negação das instituições da violência........................163
  4.3. A reforma psiquiátrica brasileira: "por uma sociedade sem manicômios"......170

Segunda Parte
Da (des)legitimação das medidas de segurança à (in)viabilidade de superação do modelo penal-psiquiátrico..183

5. A (des)legitimação das medidas de segurança..183
  5.1. A era da psiquiatrização e da medicalização do cotidiano – contribuições para a permanência do tradicionalismo penal-psiquiátrico.........................189
  5.2. A herança maldita da periculosidade como fundamento de aplicação das medidas de segurança no Brasil...195
  5.3. A permanência da estrutura penal-psiquiátrica tradicional frente ao movimento reformador 199
  5.4. Os modelos alternativos ao sistema prisional-manicomial: a via do não controle (?)...202
    5.4.1. Programa de volta para casa 203
    5.4.2. Programa de Atenção Integral ao Paciente Judiciário Portador de Sofrimento Mental Infrator (PAI – PJ)..206
    5.4.3. Programa de Atenção Integral ao Louco Infrator (PAILI)...................211
  5.5. A (in)viabilidade de superação do modelo penal-psiquiátrico 215

Considerações finais..225

Referências 231

Apresentação

GUSTAVO NORONHA DE ÁVILA

Thayara Castelo Branco é uma pesquisadora indefinível na Criminologia brasileira. Sua força, vitalidade, coragem e seriedade servem de verdadeiro exemplo a uma nova geração que terá de superar os persistentes autoritarismos. Ousada, jamais temeu em inovar. Jamais hesitou em ir além. Não apenas: possui a rara qualidade de viver o que escreve.

Em meio à dura tarefa de reduzir à escrita toda a dor e violência das práticas psiquiátricas institucionais, sofreu um duro golpe do destino. Nem mesmo a ausência daquele que a constituiu a afastou de seu objetivo. Pelo contrário. Foi o combustível para deixar seu saudoso pai ainda mais orgulhoso. Certamente ele está.

Sua Tese de Doutorado, que o leitor tem o privilégio de acessar, constitui (infelizmente) um dos poucos estudos aprofundados a respeito do tema no Brasil. Trata-se de um documento vivo e extraordinário acerca das privações de liberdade submetidas em busca de uma padronização. O (a)normal é analisado com profundidade e perspicácia, em uma busca incessante por denunciar os verdadeiros massacres praticados pelo sistema penal e legitimados pelo controle biomédico.

Na obra existe clara negação e denúncia às novas (?) formas de controle estabelecidas juridicamente. Thayara aponta: a denúncia de Foucault quanto ao "isomorfismo reformador", uma das categorias centrais de *Vigiar e Punir*, é ainda a principal advertência quanto à inadequação e aos riscos de confiar o sofrimento psíquico a um poder tão violento quanto o punitivo, ainda que travestido, por violência simbólica, de outros fundamentos de normalização.

Seus dados de pesquisa corroboram a análise foucaultiana, especialmente quanto à Reforma Psiquiátrica. Em preciso resgate, as discussões presentes na histórica Gazeta Médica, em fins do século XIX, revelam a sobrevivência dos postulados que permitiram o chamado

"Holocausto (manicomial) Brasileiro" tão bem descrito por Daniela Arbex.

Há importante análise de tentativas de diminuição dos irreversíveis efeitos sociais das medidas de segurança. Seguimos pensando em como reformar. Reformamos para manter tudo como está. Diferenças pontuais ou "avanços" são extremamente tímidos. O modelo penal penal-psiquiátrico permanece. Segue destruindo laços familiares, personalidades. Segue a nulificação de vidas. Sem volta. Sem chance. Sem perdão.

O trabalho de Thayara constrói as bases legitimantes do aprisionamento de pessoas em sofrimento psíquico para, a seguir, desconstruir/denunciar as consequências desse modelo.

Como já disse Basaglia, ao conhecer hospitais de custódia brasileiros, em fins do século XX, inexistiu no mundo tragédia manicomial maior do que a nossa. A captação institucional da loucura parece ser mesmo o maior dos traços de irracionalidade de uma cultura punitiva genocida.

Introdução

Esta obra nasceu desde o término da minha graduação, quando decidi que deveria pesquisar sobre o sistema sancionador de dor e de morte que são as Medidas de Segurança. Foram longos anos de pesquisa na área, que culminaram no ingresso do Programa de Doutorado em Ciências Criminais da Pontifícia Universidade Católica do Rio Grande do Sul, o que me permitiu um enfretamento mais denso sobre o tema. E aqui está, na íntegra, esse processo de (des)construção, sobretudo de mim mesma. Mais que os primeiros resultados de uma tese que apresento ao público, esse é um dos frutos de um esforço conjunto de um pensar (crítico) sobre o sistema sancionatório brasileiro destinado às pessoas em sofrimento psíquico envolvidas em um fato delituoso, sistema esse em colapso.

As medidas de segurança são reconhecidas no ordenamento jurídico-penal brasileiro como sanções penais, fundadas na periculosidade do autor, destinadas aos sujeitos considerados inimputáveis e semi-imputáveis, admitidos no imaginário social como "loucos criminosos e perigosos". Na pesquisa sobre esse tema, segui um caminho situado em um intervalo entre direito, medicina – em especial (anti)psiquiatria e medicina social – criminologia, história, psicologia social, sociologia, antropologia, etc. Nesse trajeto pouco explorado pelo campo do direito, para além das ilegalidades (já velhas conhecidas) relacionadas aos fundamentos e à execução das referidas medidas, houve a necessidade de investigações mais profundas que pudessem explicar a formação dessa estrutura inocuizadora no Brasil, extremamente complexa e sofisticada, como também da resistente manutenção da mesma, apesar dos movimentos reformadores (não tão recentes) no campo da saúde mental.

Busquei trabalhar em outras perspectivas, desgarrando-me das "camisas de força" penais e das suas formas controladoras, que de alguma maneira, mascaram o que, em nome da dignidade humana, não podem ser mascarados. Foi, de certa forma, um processo de "des-idolatrização dos ídolos".[1]

Com essa finalidade, desenvolvi o caminho para responder a seguinte indagação: *quais os fundamentos que (re)legitimam a permanência das medidas de segurança (em especial a detentiva) no Sistema de Justiça Criminal brasileiro?*

Na tentativa de responder ao questionamento, trabalhei inicialmente com as seguintes *hipóteses*:

a) A preservação do *mito do tratamento e da ressocialização das medidas de segurança no âmbito do Sistema de Justiça Criminal*. A prevenção especial como contínuo ancoradouro de justificação da imposição das medidas;

b) Percepção de que *os conceitos e as estruturas que são criticadas e que dão a tônica da deslegitimação e da desfuncionalização das medidas de segurança são as mesmas que legitimam e atualizam sua permanência no Sistema de Justiça Criminal brasileiro*. Numa sociedade cada vez mais psiquiatrizada, normalizada, medicalizada, mantém-se o equívoco da construção positivista da periculosidade e do risco presumido, como eixos de ancoramento e verticalização.

Para isso, dividi o trabalho em duas partes: a) *Primeira parte*: apresenta a construção histórico-político-social da pedagogia da ordem e do controle, trabalhando toda a formação do paradigma racial-higienista-disciplinar, a prevalência da medicina social como programa político normalizador de controle social, o debate entre médicos e juristas, o surgimento das medidas de segurança Brasil, até o movimento antimanicomial e a luta pela desinstitucionalização; b) *Segunda parte*: trata do processo de (des)legitimação das medidas de segurança, abordando os fundamentos que, simultaneamente, deslegitimam e desfuncionalizam a imposição da referida sanção penal e reafirmam sua permanência, como também os modelos alternativos da via do não controle e a (in)viabilidade de superação do modelo penal-psiquiátrico.

Optei, então, por uma observação macro e interdisciplinar, evitando a posse do saber jurídico dominante, limitador e prisioneiro, tentando desarticular o monólogo egocêntrico de seus limites sistêmicos incapacitados pela complexidade que envolve a temática.

Tenho nitidamente que mais que uma análise de uma "sanção penal", ou um "instituto jurídico" estéril e frio, pesquisei sobre a ampliação máxima do alcance penal genocida e que, por trás de teorias,

---

[1] SOUZA, Ricardo Timm de. *Justiça em seus termos* – dignidade humana, dignidade do mundo. Rio de Janeiro: Lumen Juris, 2010, p.04.

metodologias e aparatos acadêmicos formais, são de seres humanos com vidas *ex-postas* que estou tratando. Isso foi o suficiente para intensificar meu comprometimento com a pesquisa – assumindo um caráter sensível e provisório de todos os argumentos –, superar as dificuldades próprias de uma abordagem heterogênea e fragmentada, que talvez não acarrete num trabalho fechado e formalmente adequado com pretensões de verdade, mas possa chamar atenção dos leitores, suscitando reflexões profundas sobre a crise que se apresenta e sobre a necessidade de ações afirmativas futuras que possam combater, em definitivo, essa realidade.

Que este livro ecoe pelas entrelinhas o sentido real de suas linhas na busca da sensibilização humana. É o que desejo verdadeiramente.

Primeira Parte

Da pedagogia da ordem e do controle à política antimanicomial

1. O paradigma racista-disciplinar e a criação dos hospitais psiquiátricos no Brasil

Em meados do século XIX, com os avanços das ciências biológicas, em contraponto à ideia monogenista (teoria consolidada pela Igreja), surgiu uma nova hipótese sobre a origem do homem: a *poligenia*. Os teóricos partiam da ideia da existência de várias fontes de criação do homem, que corresponderiam, por consequência, às diferentes raças humanas. Assim, aboliram a noção de que o homem teria surgido de uma via única e comum — Adão e Eva (segundo as Escrituras Sagradas cristãs).

Ocorreu então, a confirmação da biologização dos comportamentos humanos, que se tornaram resultado imediato das leis biológicas e naturais. Consequentemente, esses discursos produziram inúmeras orientações teóricas e práticas – como o evolucionismo, a antropometria,[2] a frenologia,[3] a antropologia o racismo científico, dentre outros – consolidando, precipuamente, o paradigma etiológico-determinista.

---

[2] Alphonse Bertillon foi o criminólogo francês que fundou, em 1870, o primeiro laboratório de identificação criminal baseada nas medidas do corpo humano, denominado de Antropometria Judicial. Oficial de polícia francês e conhecido como o criador da moderna Polícia Técnica, criou o método de identificação de criminosos por impressões digitais, denominado de antropometria. "Su procedimiento identificativo se dividía en tres partes: el señalamiento antropométrico; el señalamiento descriptivo, a saber, singularidades de la fisionomía del sujeto y señales o marcas indelebles de la misma; y sus marcas particulares (lunares, cicatrixes, tatuajes, etc.)". (…) Rechazada la teoria Lombrosiana del delincuente nato, es innecesario advertir que el Bertillonage sólo puede ser entendido como un método de identificación del delincuente, unido a otras técnicas más modernas, y siempre en el marco de la Criminalística. Pero que, en modo alguno, aporta una teoria explicativa del hecho criminal (criminología). (MOLINA, Antonio Garcia-Pablos de. *Criminología* – una introducción a sus fundamentos teóricos. Valencia: Tirant lo Blanch, 2013, p. 349).

[3] O médico Franz Joseph Gall (1758-1828) deu início aos estudos da frenologia, difundidos, sobretudo, pelo trabalho do seu discípulo Johann Gaspar Spurzheim (1776-1832). Entre 1812 e 1819, eles publicaram suas conclusões acerca da localização das funções físicas em distintas partes do cérebro. Desse modo, Gall chegaria a "comprovar" a superioridade da raça branca, caucásica, aquela a qual pertencia a burguesia do norte da Europa. O ponto de partida dos estudos frenológicos – que entravam em choque com os filósofos da época – era a impossibilidade de explicar o homem intelectual e moral sem estudar primordialmente o "homem físico". Para a frenologia, as

Entre as teorias etiológicas sobre as doenças mentais, dominaram as concepções organicistas. A esses estudos agregou-se a teoria da "degenerescência" ou "degeneração", baseada no pressuposto de que haveria progressiva degeneração mental em casos de miscigenação racial. Tal teoria foi redefinida à luz do evolucionismo, considerando que os desequilíbrios físico e mental do indivíduo degenerado interromperiam o progresso natural da espécie; ou seja, todo degenerado seria um desequilibrado mental.[4]

É no período novecentista que a apreensão das diferenças transforma-se na proposta teórica universal e globalizante: naturalizar as diferenças. "O projeto grandioso que pretendia retirar a diversidade humana do reino da cultura para localizá-la na moradia segura da ciência determinista do século XIX, deixava pouco espaço para o arbítrio do indivíduo".[5] Esse modelo populista e convincente pelo cientificismo que vendia foi plenamente desenvolvido pelos pesquisadores brasileiros.

Nesse sentido, como objetos históricos, trabalhar-se-á inicialmente com o surgimento do termo *raça*, com a teoria da degenerescência e a influência desses quesitos na autoimagem brasileira. Como complemento desse processo, será demonstrado como o negro passou a ser objeto científico e como se desencadeou a noção de branqueamento como forma de purificação e viabilidade da nação, em contraponto à suposta degradação da miscigenação racial, sendo esta a causadora das anormalidades, degenerações, enfermidades e criminalidade.

O terceiro item do capítulo trará uma breve construção do novo modelo de política brasileira a partir da 2ª metade do século XIX, modelo este apoiado na Medicina Social com seu programa político-normalizador-sanitário da sociedade. E nesse contexto será desenvolvida a nova relação entre a medicina e o Estado, passando pela instrumentalização da polícia médica.

---

forças que fazem ou motivam os atos dos homens não eram intelectuais (e assim rechaçava o livre arbítrio), mas físicas. Assim, para a frenologia a delinquência era determinada biologicamente e, por esse motivo, os esforços penais deveriam atentar para essas predisposições e não tanto para o fato delitivo em si, que seria uma consequência: deveria deixar-se de atender à doença expressa e agir em relação ao doente. Gall sugeria que a legislação penal deveria abandonar toda pretensão de justiça e encaminhar-se para a prevenção de delitos e a proteção da sociedade dos incorrigíveis, que poderiam ser facilmente identificados pelos métodos da craniologia. (ANITUA, Gabriel Ignacio. *Histórias dos pensamentos criminológicos*. Rio de Janeiro: Revan, 2008, p. 272-274).

[4] ODA, Ana Maria Galdini Raimundo. A teoria da degenerescência na fundação da psiquiatria brasileira: contraposição entre Raimundo Nina Rodrigues e Juliano Moreira. *Psychiatry on line Brasil*. Vol. 06, n. 12, dez 2001. Disponível em: <http://www.polbr.med.br/ano01/wal1201.php>. Acesso em: 20 de jun. 2013, p. 1.

[5] SCHWARCZ, Lilia Moritz. *O espetáculo das raças*: cientistas, instituições e questão racial no Brasil 1870-1930. São Paulo: Cia das Letras, 1993, p. 65.

A partir desse "moderno" conceito de política cientificizada, será introduzida, como último tópico, a estrutura de controle-terapêutico social, que se edificou sobre bases hospitalares (psiquiátricas), instituições estratégicas médico-políticas de controle e normalização, que naturalizaram a violência através do isolamento, da vigilância e da medicalização.

1.1. A questão das raças: diferenças e miscigenação

Até o final do século XVIII, os diversos grupos sociais, em sua origem, não eram definidos como "raças", mas sim como "povos" ou "nações", fruto da noção de igualdade que foi o ideário da Revolução Francesa. A partir do século XIX, o termo "raça" foi introduzido na literatura por Georges Cuvier,[6] e a visão do homem branco em relação aos outros povos (primitivos) passou a ser determinada pelo racismo científico. "Tratava-se de uma investida contra os pressupostos igualitários das revoluções burguesas, cujo novo suporte intelectual concentrava-se na ideia de raça",[7] que cada vez mais se aproximava da noção de "povo". Essa, portanto, era uma crença compartilhada com o paradigma científico, que teve uma importante articulação com a *teoria da degenerescência*.[8]

---

[6] "O Barão Georges L. C. Cuvier deu continuidade aos trabalhos de sistematização de Carl Von Linné. Este elaborou em 1758 o *"systema naturae"*, talvez a primeira grande obra das espécies vivas. Nesse estudo estão presentes a noção de espécie e o conceito de raça". (SCHWARCZ, Lilia Moritz. *O espetáculo das raças...*, p. 255).

[7] Ibidem, p. 47.

[8] É importante destacar que Benedict-Augustin Morel foi o grande formulador da *teoria da degenerescência*, fundamentando com critérios da etiologia uma nova classificação das loucuras. Para ele, a mais clara ideia da degenerescência da espécie humana era a de representá-la como um desvio doentio de um tipo primitivo. Esse desvio encerrava elementos de transmissibilidade hereditária de tal natureza que aquele que carregava seu germe tornava-se cada vez mais incapaz de cumprir sua função na humanidade e que o progresso intelectual, já bloqueado em sua pessoa, encontrava-se ameaçado em seus descendentes. No estado em que designava degenerescência, não notava nenhuma propensão do sujeito retornar ao estado de normalidade, tornando-se incapaz de formar na humanidade a cadeia de transmissibilidade de um progresso, como também passava a ser o seu maior obstáculo, por seu contato com a parte sadia da população. A duração de sua existência era limitada como a de todas as monstruosidades. Assim, degenerescência e desvio doentio do tipo normal da humanidade era a mesma coisa para o alienista francês. Ele buscava encontrar a unidade entre o quadro clínico, a evolução e a causa biológica de cada entidade diagnóstica. Era-lhe necessário distinguir entre as "causas ocasionais" e as "causas determinantes" de cada perturbação. É nesse contexto teórico que a degenerescência hereditária constituiria, em sua teoria, a causa mais importante das doenças psiquiátricas e permitiria uma sistematização coerente e científica dos diagnósticos e classificações. Morel indicava diferentes causas para a degenerescência que incluem o abuso do álcool, alimentação deficiente, meio social miserável, imoralidade dos costumes, conduta sexual desregrada, doenças da infância e a própria herança de uma carga de degenerescência (em outros termos, a degenerescência poderia ser herdada ou adquirida). Nessa perspectiva, a influência concreta da família sobre a criança desempenharia um papel central na instalação da degeneração no indivíduo. (MOREL, Benedict-Augustin. *Traité des dégénérescences physiques, intelectuelles et Morales de l'espèce humaine et les causes qui produisent ces variétés maladives*. Paris: Baillière, 1857).

Cuvier apresentou duas características importantes sobre a concepção de raças nesse período. São elas: 1) a representação das raças como uma hierarquia, com brancos no topo e negros na base; 2) as diferenças de cultura e qualidade mental produzidas pelas diferenças no físico. Logo, os caucasianos ganhariam o domínio sobre o mundo, pois os negros eram escravizados, embora fossem sensíveis e racionais.[9]

O positivismo estático deu lugar ao dinâmico – ideia de evolução[10] que dominou o pensamento europeu a partir de 1852. O mundo do devir, do movimento, do progresso, assumiu seu posto entre cientistas e antropólogos, muito embora os franceses preferissem o termo "transformismo" ao "evolucionismo".

Nesse novo modelo sociopolítico e econômico, era necessário legitimar a exploração operária no centro do poder mundial e o neocolonialismo na periferia, mas ao mesmo tempo deslegitimar a escravidão. Ao ferroviário Herbert Spencer coube justamente a formatação dos discursos justificadores dessas condutas díspares, o qual acabou elaborando uma espécie de *racismo otimista*. Spencer partia da concepção da sociedade como organismo e que tudo evoluía movido a catástrofes, das quais sobreviviam os mais aptos e os débeis sucumbiam, sendo os sobreviventes os mais bem dotados, selecionados naturalmente e era desse modo que os animais e os humanos progrediam.[11]

A evolução abria novas frentes na luta entre ciência e teologia; envolvia o próprio homem. Todas as coisas pareciam estar num fluxo perpétuo. Darwin[12] trouxe em suas pesquisas novos elementos ao pensamento evolucionário, já iniciado por Herbert Spencer e Henry Huxley. Apostou nas suas pesquisas empíricas, sobretudo nas realizadas na América do Sul (Ilhas Galápagos) durante a viagem do Beagle (1831--1836), regressando convicto da infinita divergência da natureza. Não foi o primeiro a basear-se na seleção natural,[13] mas o primeiro a torná-la

---

[9] BANTON, Michael. *A ideia de raça*. Lisboa: Edições 70, 1977.

[10] Chama atenção de que "a ideia de evolução, Darwiniana ou não, de nenhum modo era nova. Herbert Spencer escreveu um ensaio sobre este assunto em 1852 em que compara modos de pensamento estático e dinâmico e defende a evolução. [...] A consciência da vida num mundo de permanente mudança, constantemente em evolução, no século XIX não dependia da doutrina da evolução. Muito antes de Darwin, Matthew Arnold preocupou-se com o tempo, quando comparou a correria doentia da vida moderna com a vida estável da velha Inglaterra". (BAUMER, Franklin L. *O pensamento europeu moderno* – séculos XIX e XX. Vol II. Lisboa: Edições 70, 1977, p. 98).

[11] ZAFFARONI, Eugenio Raúl. *A palavra dos mortos*: conferências de criminologia cautelar. São Paulo: Saraiva, 2012, p. 92-93.

[12] DARWIN, Charles. *A Origem das Espécies*. São Paulo: Martin Claret, 2004.

[13] "Darwin carregou para sempre o peso da transferência de suas teorias à sociologia, pois até hoje se fala em darwinismo social, embora fosse mais correto falar de spencerianismo biologista, porque a ideia de levar a seleção natural à sociologia não foi de Darwin. [...] Ao se ler Darwin com maior atenção, o que na verdade ele teria querido dizer é que estavam destinados a sobreviver

central e considerá-la um mecanismo essencialmente progressivo que se combinava com as variações biológicas.[14]

Para Darwin, a desigualdade humana estava diferenciada em três áreas principais: *raças humanas, nações e indivíduos*. Distinguia as raças com base na cor da pele, formato do crânio, nádegas ou relacionava o comportamento mental e moral com a estrutura física, *reforçando a questão das raças inferiores e superiores*. Darwin combinou as teorias monogenistas e poligenistas,[15] que estavam na moda, afirmando que as várias raças humanas podiam descender de um tronco comum, mas que a partir de um determinado ponto, desenvolveram-se diferentes grupos ou variedades e seguiram rotas diferentes. Existia uma subsequente competição moral e mental entre as raças, sendo vitoriosa a classe de homens mais apta à reprodução.[16]

O *Homo Europaeus* ficou identificado como o tipo ariano, ou seja, como a espécie mais promissora e mais inteligente da raça branca, encontrando o seu representante supremo entre os alemães, os franceses ou qualquer outro grupo regional. Segundo Baumer,[17] Darwin vinculou-se aos eugenicistas, acentuando mais as diferenças entre os indivíduos que os grupos. Acreditava, embora achasse utópico, "que a *eugenia*[18] era o único meio de melhorar a raça humana, de controlar o

---

não os mais fortes no sentido de brutos, e sim os mais aptos a reprodução que, à diferença daqueles, seriam os mais bem dotados para a cooperação simbiótica". (ZAFFARONI, Eugenio Raúl. *A palavra dos mortos...*, p. 93).

[14] BAUMER, Franklin L. *O pensamento europeu moderno...*, p. 97-101.

[15] "No século XIX havia três escolas de teorias raciais, são elas: 1) Etnológico-biológica – afirmava a poligenia. Sustentava a criação das raças humanas por meio das mutações de várias espécies. Seu maior representante nos EUA foi Louis Agassiz. Sua *Journey in Brazil* foi largamente citada no Brasil e deu curso entre a elite às ideias de diferenças raciais inatas e de degenerescência mulata; 2) Escola histórica, bem representada por Gobineau. Esses pensadores afirmavam que as raças humanas, as mais diversas, podiam ser diferenciadas uma das outras – com a branca permanentemente e inerentemente superior a todas.; 3) Darwinismo social. Darwin defendia um processo evolutivo que por definição, começava com uma única espécie". (SKIDMORE, Thomas E. *Preto no branco*: raça e nacionalidade no pensamento brasileiro. Tradução de Raul Sá Barbosa. Rio de Janeiro: Paz e Terra, 1976, p. 67-68)

[16] BAUMER, Franklin L. *O pensamento europeu moderno...*, p. 112.

[17] Ibidem, p. 113-114.

[18] "Criada no século XIX por Francis Galton, a eugenia é um conjunto de ideias e práticas relativas a um 'melhoramento da raça humana' ou, como foi definida por um de seus seguidores, ao 'aprimoramento da raça humana pela seleção dos genitores tendo como base o estudo da hereditariedade. [...] A hereditariedade determinaria o destino do indivíduo. [...] O movimento eugenista, ao procurar melhorar a raça, deveria sanar a sociedade de pessoas que apresentassem determinadas enfermidades ou características consideradas indesejáveis (tais como doenças mentais ou impulsos criminosos), promovendo determinadas práticas para acabar com essas características nas gerações futuras. Todavia, esse quadro não era aplicado apenas a indivíduos, mas principalmente, às raças, baseando-se num determinismo racial (se pertence a tal raça, será de tal forma) fazia com que a hierarquia social fosse traduzida por hierarquia racial." (MACIEL, Maria Eunice de S. *A eugenia no Brasil*. 1999. Disponível em: <http://www.ufrgs.br/ppghist/anos90/11/11art7.pdf>. Acesso em: 05/10/2013, p. 121).

coeficiente de natalidade dos 'incapazes' e favorecer os 'capazes' através de casamentos entre jovens e do cultivo da saúde dos seus filhos".

Como contemporâneo de Darwin, destaca-se o *Conde de Gobineau*,[19] que por muitos é considerado um dos autores principais da afirmação das teorias racistas e pessimistas entre os séculos XIX e XX. O autor entendia cruzamentos raciais como combinação de heranças, mas não de forma igualitária. Olhava a raça superior – especialmente a ariana –, como um agente catalítico, destruidor da genética mais fraca e da miscigenação, sob uma óptica pessimista do racismo. Inaugurou o conceito de *"degeneração da raça"* (como é conhecido atualmente) e cortou os últimos laços com a monogenia e o evolucionismo social, quando da impossibilidade do progresso de algumas sociedades compostas por sub-raças, mestiças e incivilizadas.[20]

Gobineau entendia que o cruzamento entre as raças diversas levaria à degeneração dos tipos mais nobres e, portanto, à decadência do gênero humano. Em resumo, os mestiços eram uma sub-raça, decadente e degenerada.

Durante 14 meses (abril de 1869 a maio de 1870), o Conde de Gobineau foi Ministro da França junto à Corte de D. Pedro II, Imperador Constitucional do Brasil, e por isso, também, a sua importância em relação aos estudos raciais neste país. Era clara a sua indignação quanto à função designada e por isso resmungava que "o Brasil foi o túmulo de sua atividade política". Nas suas extravagantes teses racistas, afirmava que "no Brasil a mestiçagem estaria, como em qualquer outro lugar, fadada a debilitar a raça. Logo, os brasileiros viam-se condenados a desaparecer, prevendo a data do atestado de óbito coletivo brasileiro para dali a 270 anos".[21] Gobineau não hesitou em tirar conclusões drásticas

---

[19] Para Baumer "a obra mais influente sobre o pensamento da raça no século XIX é a do Conde de Gobineau, *Ensaio sobre a Desigualdade das Raças*, que apareceu em 1853, e a que se seguiu, em 1859, sobre o mito ariano, de Adolph Pictet, *'As Origens Indo-Europeias'*" (BAUMER, Franklin L. *O pensamento europeu moderno...*, p. 112). Segundo Readers, "O Conde de Gobineau foi uma pessoa polêmica e controvertida. Nasceu em 14 de julho de 1816, no vilarejo de Ville d´Avray, entre Versailles e Paris. Enquanto exercia funções menores, escrevia poesias e romances folhetinescos e publicava na imprensa crítica literária e artigos de política nacional. Ocupou a chefia de gabinete de Alexis de Tocqueville, então Ministro das Relações Exteriores. Foi Embaixador em Atenas, no Brasil e Estocolmo. Fez-se conde em 1853. Seus méritos diplomáticos eram questionados. Os colegas o consideravam um intruso que pouco interesse demonstrava pela *carrière*. Este homem franzino, de monóculo e suíças, tinha fama de arrogante e ranzinza, o que explica talvez sua transferência para o Brasil – castigo que muito ofendeu o seu orgulho". (READERS, Georges. *O inimigo cordial do Brasil* – o conde de Gobineau no Brasil. Tradução de Rosa Freire d´Aguiar. Rio de Janeiro: Paz e Terra, 1988, p. 9-10).

[20] BANTON, Michael. *A ideia de raça*. Lisboa: Edições 70, 1977.

[21] READERS, Georges. *O inimigo cordial do Brasil...*, p. 09-15.

em relatório oficial sobre a escravidão e exaltava que "os nativos brasileiros não eram nem trabalhadores, nem ativos, nem fecundos".²²

A *teoria das raças* instaurou um determinismo racial e um ideário político que via de forma altamente pessimista a questão da miscigenação. As raças constituiriam fenômenos finais, resultados imutáveis, e o cruzamento era entendido como um grande erro. "Os postulados eram claros: *a) enaltecer a existência dos tipos puros – não sujeitos a processos de miscigenação; b) compreender a mestiçagem como sinônimo de degeneração racial e social*".²³ A intolerância cega aos inferiores converteu-se na prática avançada da *eugenia*. Esta, por sua vez, tinha uma meta definida que era intervir na reprodução das pessoas, evitando a degeneração das espécies ditas "puras".

Outra consequência prática e não menos importante dessa teoria foi a criação de *estereótipos*²⁴ sobre o indivíduo delinquente. Isso mantém, de alguma forma, a estética na medida da burguesia do norte e do centro da Europa e será, portanto, a estética do séc. XIX. Indo além das intenções dos seus autores, toda a literatura, pintura e demais expressões de seu momento "justificam" o conceito de "pobre mau" e o de "classes perigosas".²⁵ Com isso se retorna a velha identificação "feio=mau" que já se havia observado no modelo anterior ao Iluminismo.²⁶

O aparecimento, a distinção, a hierarquia e a qualificação das raças vão servir como forma de fragmentar e defasar alguns grupos em

---

²² SKIDMORE, Thomas E. *Preto no branco...*, p. 46.

²³ SCHWARCZ, Lilia Moritz. *O espetáculo das raças...*, p. 47.

²⁴ "Estereótipos são, segundo a definição de Feest e Blankenburg, sistemas de representações parcialmente inconscientes e grandemente contraditórias entre si, que orientam as pessoas na sua atividade cotidiana. Walter Lippman, o autor que primeiro refletiu de forma sistemática sobre os estereótipos, define-os como *pictures in our minds*, sublinhando que o estereótipo perfeito (...) precede o uso da razão (...) e organiza os dados dos nossos sentidos antes de atingirem a inteligência". (DIAS, Jorge de Figueiredo; ANDRADE, Manoel da Costa. *Criminologia – o homem delinquente e a sociedade criminógena*. Coimbra: Coimbra editora, 1997, p. 347-348.

²⁵ Termo utilizado originariamente em 1840 por H. A. Frégier para caracterizar pessoas em "excesso", temporariamente excluídas e ainda não reintegradas, que a aceleração do progresso econômico havia privado da utilidade funcional, e de quem a rápida pulverização das redes de vínculos retirava, ao mesmo tempo, qualquer proteção (FRÉGIER, H.A. *Des classes dangereuses da population dans les grandes villes et des moyens de les rendre meilleures*. Paris: Chez J.-B. Baillière, 1840). "Frégier era um comissário de polícia parisiense e a obra foi escrita para um concurso convocado pela Academia de Ciências Morais e Políticas do Instituto da França, que a premiou em 1838. A expressão classes perigoras é utilizada ali pela primeira vez na própria convocatória da Academia Francesa, pelo menos 10 anos antes do Manifesto Comunista. A Academia reclamava uma política e um discurso adequados e justamente por isso promoveu o concurso". (ZAFFARONI, Eugenio Raúl. *A palavra dos mortos...*, p. 97). Sobre o assunto, ver também: ZAFFARONI, Eugenio Raúl. Las "Clases peligrosas": el fracaso de un discurso policial prepositivista. In: *Revista Sequência*. nº 51, dezembro de 2005.

²⁶ ANITUA, Gabriel Ignacio. *Histórias dos pensamentos criminológicos...*, p. 281.

relação a outros no interior da população. Essa é a *primeira* função do *racismo*: "fragmentar, fazer cesuras no interior desse contínuo biológico". Como segundo ponto, o racismo vai permitir estabelecer uma relação do tipo biológico: "quanto mais as espécies inferiores tenderem a desaparecer, quanto mais os indivíduos anormais forem eliminados, menos degenerados haverá em relação à espécie... mais eu viverei". É a ideia da eliminação do perigo biológico e consequentemente do fortalecimento da própria raça (superior), diretamente ligada a essa eliminação.[27]

Enquanto *ciência*, a eugenia visava ao nascimento de pessoas perfeitas (de raça pura), desejáveis e controladas;[28] enquanto *movimento social* preocupava-se em promover casamentos adequados – entre grupos determinados –, evitando uniões nocivas ao pleno desenvolvimento da sociedade. O movimento acabou adotando o termo *degeneração* (em detrimento à evolução), e o pensamento era de que o progresso estaria restrito às sociedades puras, livres de miscigenações, deixando de lado o evolucionismo enquanto processo social obrigatório. "A teoria das raças fez com que a naturalização dos diferentes fosse um projeto universal de correlações entre atributos físicos e morais".[29]

A cientificidade do século XIX originou uma nova dimensão temporal. A rigidez, a fixidez, as particularidades, tudo que fora considerada eterno, tornou-se transitório. Alguém ainda duvidava de que a ciência era a grande salvadora do mundo e que nada mais fizera senão o "bem", pelo menos nas suas intenções teóricas?

1.2. A eugenia e o branqueamento como purificação da população brasileira

As certezas científicas foram disseminadas em território brasileiro com muita intensidade. A partir da segunda metade do século XIX, a questão racial deu um salto de importância na formação da autoimagem do país: *"O Brasil passou a ser definido pela raça"*.[30]

A noção de raça impulsionou de forma significativa o regime escravista, que continuou sua domesticação sobre os corpos negros e

---

[27] FOUCAULT. Michel. *Em defesa da sociedade*: curso no Collège de France (1975-1976). São Paulo: Martins Fontes, 1999, p. 305.
[28] Sobre o assunto, ver: CONDE, Francisco Muñoz. *Edmund Mezger e o direito penal de seu tempo* – estudos sobre o direito penal no nacional socialismo. Rio de Janeiro: Lumen Juris, 2005.
[29] SCHWARCZ, Lilia Moritz. *O espetáculo das raças...*, p. 60-65.
[30] ODA, Ana Maria Galdini Raimundo. *A teoria da degenerescência na fundação da psiquiatria brasileira...*, p. 2.

mestiços mesmo após a abolição.[31] O movimento fomentou também outras contribuições: *a) a normalização de todos os comportamentos; b) a disciplinarização dos trabalhadores livres* (em especial imigrantes, brancos e operários).[32]

As elites brasileiras queriam livrar-se do "negro moralmente pernicioso", "intelectualmente carente" e manter a hierarquia social.[33] Para isso, interpretaram a nacionalidade exclusivamente pela raça, fornecendo as justificativas para o atraso brasileiro perante os países europeus (civilizados e evoluídos). Quanto mais ascendiam socialmente, mais repudiavam negros e mestiços (não os queriam como empregados, nem como criados domésticos). Mais do que preconceito, a questão era científica. Ora, o perigo estava na contaminação dos imigrantes com a indisciplina, a vadiagem e a afronta aos bons costumes.

A maioria dos abolicionistas percebia o processo "evolucionista"[34] com o triunfo gradual do homem branco.[35] Eram favoráveis à imigra-

---

[31] "As três grandes leis abolicionistas – Ventre Livre (1871), Saraiva Cotegipe ou dos Sexagenários (1885) e Áurea (1888) – revelam o andamento moderado do processo. Com efeito, a Lei Rio Branco (mais conhecida como a Lei do Ventre Livre) foi acima de tudo uma manobra política para acalmar a oposição, logo após o final da Guerra do Paraguai. (...) A lei representava um ato importante na política imperial. (...) A ideia era prorrogar o cativeiro, ao mesmo tempo em que se tornava o processo de abolição mais lento e controlado. A segunda lei, de tão vergonhosa, foi contestada já na época de sua promulgação. A Lei dos Sexagenários dava liberdade aos escravos maiores de 60 anos e previa a possibilidade de o prazo ser estendido até os 65. Sabemos que a média de vida dos trabalhadores no campo variava de 10 a 15 anos, ou seja, a lei era um instrumento a favor dos senhores e não dos cativos. Por fim, a Lei Áurea selava uma sorte que já estava determinada faz algum tempo. Na verdade, quando em 13 de maio de 1888 a princesa Isabel aboliu a escravidão, muitos cativos já haviam concretizado sua liberdade. O resultado imediato dessa versão organizada e pretensamente cordata de nossa libertação dos escravos foi jogar uma imensa população, despreparada e pouco instruída, num processo de competição desigual, sobretudo com a mão-de-obra imigrante que afluía ao país desde os anos de 1870. O certo é que a abolição era vendida como um presente e, enquanto tal, uma dádiva não negociada. O problema foi que se dissimulou um processo de confronto, para se investir numa imagem de superação lenta, ordenada, gradual e controlada pelo Estado. Além disso, no país se projetou a imagem de uma democracia racial, corolário da representação de uma escravidão benigna, extinta de forma 'harmoniosa'". (SCHWARCZ, Lilia Moritz. *Racismo no Brasil*. São Paulo: Publifolha, 2001, p. 44-46)

[32] LOBO, Lilia Ferreira. *Os infames da história*: pobres, escravos e deficientes no Brasil. Rio de Janeiro: Lamparina, 2008, p. 193.

[33] LOBO, Lilia Ferreira. *Os infames da história...*, p. 215.

[34] "O evolucionismo, como teoria explicativa da diferença, apareceu como ideia básica para toda uma grande fase da teoria antropológica. A noção de evolução estava ligada ao desenvolvimento orgânico e já se encontrava presente nos debates dos iluministas do século XVIII". (GAUER, Ruth Maria Chittó. *A fundação da norma: para além da racionalidade histórica*. Porto Alegre: Edipucrs, 2011, p. 61.)

[35] Por outro lado, alguns abolicionistas – com o pensamento divergente e preocupados com a questão étnica – partilhavam a crença (elitista e de efeito simbólico) de que a "sociedade brasileira não detinha preconceito racial, vide os debates das leis abolicionistas, que revelavam a prevalência de tal convicção no seio de todas as facções políticas". Para eles, a opinião aceita entre a elite era clara: o Brasil soubera evitar o preconceito da raça. Segue o discurso do então deputado por Minas Gerais, Perdigão Malheiro (1871), de reconhecida autoridade em matéria escravagista, em que condenava as injustificadas e caluniosas críticas à harmonia racial no Brasil: "Desde que para

ção europeia por dois grandes motivos: *a) ajudariam na escassez da mão de obra, em virtude do fim do trabalho escravo; b) aceleração do branqueamento do Brasil*. Como é sabido, o pensamento abolicionista nasceu do liberalismo europeu do século XIX, que seguiu a Revolução Industrial, a urbanização e o crescimento econômico, restando claro que a lógica do país "mais branco" trazia um objetivo mercadológico/patrimonial/produtivo evidente – "os abolicionistas queriam que os europeus trouxessem para o país uma corrente de sangue caucásico vivaz, enérgico e sadio, que pudéssemos absorver sem perigo".[36]

A dificuldade do movimento de "branqueamento" da raça brasileira, acredita-se, foi enfrentar o sistema multirracial. Não se tinha sectarismo no Brasil, muito por conta dos surtos de produção de açúcar (nordeste), ouro e diamante (centro-sul) e café (sul). E quais as origens do sistema multirracial? Segundo Skidmore,[37] o Brasil já tinha antes da abolição grande número de negros. Os escravos eram, provavelmente, em maior número que os homens livres (brancos e negros) no Brasil do século XVIII. Aparentemente, a população livre negra crescera muito depressa no século XIX e a fertilidade diferencial foi um segundo fator na criação do sistema multirracial. Os dados demográficos concluíram que essa população se reproduziu num ritmo mais lento depois da Abolição do que a branca e a mulata, e que em todos esses lugares tinha-se uma população significativa de escravos. Em 1819, segundo estimativa oficial, nenhuma dessas regiões tinha menos de 27% de escravos na população total. Então, como falar em branqueamento no Brasil?

Curiosamente, percebeu-se um aumento da população branca no Brasil entre 1890 e 1950. Os dados oficiais demonstravam que a porcentagem de brancos passou de 44% em 1890 para 62% em 1950. A imigração avassaladora de brancos (a partir de 1890, três milhões de europeus radicaram-se no Brasil), a baixa taxa de natalidade da população negra, a alta taxa de mortalidade dos filhos negros (pelas péssimas condições de sobrevivência), foram contribuintes para esse aumento. O "ideal de branqueamento, assim como o sistema social tradicionalista, ajudou a

---

o Brasil vieram negros da Costa d´África, nunca houve esse desprezo pela raça africana, que aliás, se notava em outros países, principalmente nos Estados Unidos. A escravidão se tornara menos perniciosa, principalmente depois de 1850. Preconceito de cor no Brasil? Senhores, eu conheço muitos indivíduos de pele escura que valem mais do que muitos de pele clara. Esta é a verdade. Não vemos nas escolas, nas academias, nas igrejas, ao nosso lado, homens distintos, bons estudantes, de pele de cor? Não vemos no parlamento, no governo, no Conselho de Estado, em missões diplomáticas, no exército, nas repartições públicas, gente de pele mais ou menos escura, de raça mestiça mesmo com a africana?" (SKIDMORE, Thomas E. *Preto no branco...*, p. 38-39).

[36] SKIDMORE, Thomas E. *Preto no branco...*, p. 40.

[37] Ibidem, p. 55-59.

definir também a escolha das fêmeas em relação à raça dos parceiros, optando assim, sempre pelos mais claros".[38]

"Quanto mais branco, melhor; quanto mais claro, superior".[39] O branco representa(va) muito mais que uma cor, era uma qualidade social de muito valor; simboliza(va) progresso, limpeza, normalidade, aceitação, inclusão social e vias de cidadania. Os negros (e miscigenados) eram (e ainda são) animalizados e estigmatizados (sobretudo pela ciência) como sujos, degenerados, anormais, criminosos, etc.; levariam à degeneração da raça "produtiva" brasileira e precisa(vam) ser excluídos de forma eficaz para não comprometer ainda mais o progresso do país.

Vivia-se a complexa passagem da escravização à ordem do trabalho "livre", que agora possuía novos personagens: de um lado negros (ex-escravos), de outro, imigrantes (brancos "livres"), que necessitavam de novas formas disciplinares. O trabalhador branco deveria estar sempre pronto para enfrentar o trabalho árduo e não estava isento dos efeitos racistas, ou seja, novas dinâmicas de relações sociais e de controle. O Estado, por sua vez, enfrentava a dificuldade do controle de pessoas livres (brancos imigrantes, negros e mestiços) sem trabalho, desocupadas, doentes, e com isso, desse novo corpo proveio "o modelo de fardo social, a produzir os sentidos do que passou a ser chamado de 'deficiência', objeto de novas coerções eugênicas ou sanções normalizadoras médico-pedagógicas".[40]

Na via racista, Nina Rodrigues[41] destaca:

> A Raça Negra no Brasil, por maiores que tenham sido os seus incontestáveis serviços à nossa civilização, por mais justificadas que sejam as simpatias de que a cercou o revoltante abuso da escravidão, por maiores que se revelem os generosos exageros dos seus turiferários, há de constituir sempre um dos fatores da nossa inferioridade como povo. (...) Este juízo obedece, na sua emissão franca e leal, não só ao mais rudimentar dever de uma convicção científica sincera, como aos ditames de um devotamento respeitável ao futuro da minha pátria.

Com o racismo científico e o evolucionismo, houve um deslocamento na observação: *o negro passou a ser um objeto da ciência*. E como tal, possuía feições múltiplas: "uma do passado –, estudo dos negros africanos que colonizaram o país; outra do presente: – Negros crioulos, Brancos e Mestiços; a última, do futuro: – Mestiços e Brancos crioulos".[42]

---

[38] SKIDMORE, Thomas E. *Preto no branco...*, p. 61-62.
[39] SCHWARCZ, Lilia Moritz. *Racismo no Brasil...*, p. 49.
[40] LOBO, Lilia Ferreira. *Os infames da história...*, p. 216-217.
[41] RODRIGUES, Nina. *Os africanos no Brasil*. Rio de Janeiro: Biblioteca virtual de Ciências Humanas do Centro Edelstein de Pesquisas Sociais, 2010, p. 14-15.
[42] Ibidem, p. 18.

"Futuro e valor social do Mestiço ário-africano no Brasil: tal, pois, a fórmula do nosso problema 'O Negro'".[43] Esse era o pensamento de Nina Rodrigues, que afirmava ser o problema de natureza complexa ao extremo e que demandava investigações em domínios das mais variadas competências, mas que acabava sendo muito difícil a observação num país governado sem estatísticas e, consequentemente, sem estrutura para executar tais pesquisas.

Para ele, *a miscigenação resultaria em indivíduos desequilibrados, híbridos fisicamente, degenerados intelectualmente e com desvios comportamentais, sendo fatal para o progresso da nação.* A imagem da miscigenação constituía o ponto inicial para o entendimento da situação sociopolítica do país, e por isso, tanta preocupação.

A saída digna para garantir o futuro da nação era realmente "purificar" o sangue dos brasileiros. A solução defendida por João Batista Lacerda, no I Congresso Internacional das Raças (em 1911) era prática: *o embranquecimento da população*. O objetivo principal não estava focado em aguardar a melhoria da raça pelo embranquecimento, nem tampouco em coibir os cruzamentos. O *movimento eugênico brasileiro*[44] no início do século XX[45] apostava em medidas preventivas: *(a) higienizá-los por meio do exame e do certificado pré-nupcial; (b) esterilização dos anormais.*[46] E não eram só negros e mestiços que ofereciam riscos para o futuro da nação, mas os "anormais" e todos os pobres, que sempre foram responsáveis pela miséria moral e material e, agora, pela degeneração da espécie. Tratava-se não mais do racismo propriamente étnico, mas do tipo evolucionista, biológico, científico.

---

[43] RODRIGUES, Nina. *Os africanos no Brasil...*, p. 17.

[44] Foi o inglês Francis Galton, primo de Darwin, que fundou o termo "eugenia", definindo que seria a ciência que explicaria as leis biológicas de Darwin da seleção natural da herança ao aperfeiçoamento da espécie humana. Isso "melhoraria" os futuros indivíduos e deste modo, forjaria sociedades mais saudáveis e nações mais ricas, pois Galton acreditava que da herança seletiva derivaria um Gênio hereditário que afetaria umas e outras. Galton afirmava que os antepassados ilustres tinham determinado que seus membros atuais fossem os "melhores". Para eliminar, no futuro, a delinquência, a prostituição e tudo aquilo que se considerava uma aberração individual com efeitos sociais, podia-se pensar, então, em impedir a reprodução dos seres assim estigmatizados na atualidade. Por isso o movimento eugênico teve maior popularidade na primeira metade do século XIX e no Brasil não foi diferente. Isso porque acabou sendo o encontro entre a tradição médica – psiquiátrica e higienista – do século XIX e a criminologia positivista racista. (ANITUA, Gabriel Ignacio. *Histórias dos pensamentos criminológicos...*, p. 383-384)

[45] Importante frisar que o auge do pensamento higienista brasileiro se deu no governo do Presidente Rodrigues Alves (1902-1906), que teve como meta, restaurar a cidade do Rio de Janeiro – capital da República na época- que teve um crescimento populacional desordenado no séc XIX. (NEVES, Noyelle Neumann das. O Alienista de Machado de Assis: teorias higienistas e controle das populações no Brasil do final do século XIX e do início do século XX. In: FRANÇA, Leandro Ayres (org.). *Literatura e pensamento científico*: discussões sobre ciência, política e violência nas obras literárias. Curitiba: iEA Academia, 2014, p. 35)

[46] LOBO, Lilia Ferreira. *Os infames da história...*, p. 203-204.

Nos anos 20, os psiquiatras adotaram a noção de "prevenção" como foco de ação, antes mesmo de se estabelecer algum quadro clínico desfavorável no sujeito analisado. A eugenia dominou o pensamento psiquiátrico brasileiro, sendo este um veículo da ideologia nazista. A lógica era neutralizar os inferiores para que não se reproduzissem e impulsionar o avanço dos superiores, esterilizando os "inúteis".

Seguindo essa linha, a *Liga Brasileira de Higiene Mental* (fundada em 1923) acabou elaborando um programa baseado na "prevenção eugênica", conceito científico e inquestionável oriundo da psiquiatria nazista. Passaram a pedir

> esterilização sexual dos indivíduos doentes, a pregar o aparecimento da miscigenação racial entre brasileiros, a exigir proibição da imigração de indivíduos não brancos, a solicitar a instalação de tribunais de eugenia e de salário paternidade eugênico, etc.[47]

Os vícios, a ociosidade, as doenças e a miscigenação racial precisavam ser combatidos para o progresso e a conservação moral e social da nação. A causalidade biológica em psiquiatria, como em política e moral, tornou-se um elemento apriorístico, ou seja, a biologia funcionava como uma cobertura semântica que servia de legitimação aos preceitos. O biologismo da Liga tinha um fundamento ideológico e não científico; "tinha inspiração nazi-fascista, com um programa racista, xenofóbico e discriminatório contra o louco e a doença mental".[48]

Em resumo, a grande preocupação dos médicos cientistas era com as elites, na reformulação da organização familiar (de origem colonial). O projeto era assegurar uma prole sadia, evitando a reprodução das taras[49] hereditárias que também degeneravam as raças.

O foco era o progresso da nação e a justificativa era romper com o atraso. *Ordem e progresso* era o lema moderno. Na hierarquia racial brasileira em que o branco europeu ocupava a alta cúpula social (como civilizado, superior e sadio), que o negro e o indígena eram classificados como selvagens, primitivos e inferiores, e que os miscigenados eram degenerados, o projeto político de salvação nacional – por critérios "científicos" – era a *prática eugênica* (que ia da discriminação até a exclusão dos seres subjulgados inferiores). Fazia-se necessário salvar o Brasil, com urgência e a qualquer custo.

---

[47] COSTA, Jurandir Freire. *História da psiquiatria no Brasil...*, p. 21-25.
[48] AMARANTE, Paulo (coord.). *Loucos pela vida*: a trajetória da Reforma Psiquiátrica no Brasil. Rio de Janeiro, Fiocruz, 1995, p. 97.
[49] "A palavra *tara*, dicionarizada como defeito físico ou moral e degeneração, depravação, tem sua origem na palavra árabe *tarah:* 'o que se rejeita (das mercadorias)'. De fato, pode-se depreender que os assim chamados 'tarados' (como cegos, surdos-mudos e outros) eram considerados refugo e, assim, rejeitados e excluídos". (MACIEL, Maria Eunice de S. *A eugenia no Brasil...*, p. 136)

1.3. A medicina social como programa político-normalizador--sanitário da sociedade

A nova relação saúde-sociedade, base da medicina social, desenvolvida na Europa no final do século XVII, constituiu-se basicamente por três etapas: *medicina de Estado, medicina urbana e medicina da força de trabalho*.

A chamada *medicina de estado*[50] foi desenvolvida precipuamente na Alemanha no final do século XVII e início do século XVIII, voltada para uma intervenção direta na vida do médico e do cidadão da cidade. A formação dos pequenos estados alemães, em processo de unificação, levou o Estado a reforçar o poder central e atuar tanto na política econômica quanto em outras atividades essenciais da população. Assim, "a Alemanha formou, no século XVIII, bem antes da França e da Inglaterra, o que se pôde chamar de *ciência do Estado*".[51]

A partir do século XVII, todas as nações europeias passaram a preocupar-se com o estado de saúde de suas populações em um clima político, econômico e científico, característico do período mercantilista.[52] Nessa via, a Alemanha desenvolveu uma prática médica efetivamente centrada na melhoria do nível de saúde da população, o que se chamou pela primeira vez de *política médica de um Estado*. Segundo Foucault:[53]

---

[50] FOUCAULT, Michel. *Microfísica do poder*. Rio de Janeiro: Graal. 1979, p. 80.

[51] "A noção de *Staatswissenschaft* uma noção alemã e sob o nome de ciência do Estado pode-se agrupar duas coisas, que aparecem, nesta época, na Alemanha: por um lado, um conhecimento que tem por objeto o Estado; não somente os recursos naturais de uma sociedade, nem o estado de sua população, mas também o funcionamento geral de seu aparelho político. Os inquéritos sobre os recursos e o funcionamento dos Estados foram uma especialidade, uma disciplina alemã do século XVIII; por outro lado, a expressão significa também o conjunto dos procedimentos pelos quais o Estado extraiu e acumulou conhecimentos para melhor assegurar seu funcionamento. O Estado, como objeto de conhecimento e como instrumento e lugar de formação de conhecimentos específicos, é algo que se desenvolveu, de modo mais rápido e concentrado, na Alemanha, antes da França e da Inglaterra. [...] Creio que isso se deve ao fato da Alemanha só ter se tornado um Estado unitário durante o século XIX, antes existindo unicamente uma justaposição de quase-estados, pseudo--estados, de pequenas unidades muito pouco estatais. Justamente quando as formas do Estado se iniciavam, desenvolveram-se esses conhecimentos estatais e a preocupação com o próprio funcionamento do Estado. As pequenas dimensões dos Estados, suas justaposições, seus perpétuos conflitos e seus afrontamentos, a balança de forças sempre desequilibradas e mutantes, fizeram com que eles estivessem obrigados a se medir uns aos outros, se comparar, imitar seus métodos e tentar mudar as relações de força. Enquanto os grandes Estados como a França e a Inglaterra podiam funcionar a um nível relativamente inconsciente, dotando-se de grandes aparelhos como o exército ou a policia, na Alemanha a pequena dimensão dos Estados tornou necessária e possível essa consciência discursiva do funcionamento estatal da sociedade. Outra razão desse desenvolvimento da ciência do Estado é o não-desenvolvimento econômico ou a estagnação do desenvolvimento econômico da Alemanha, no século XVII, depois da guerra dos 30 anos e dos grandes tratados entre a França e a Áustria". (FOUCAULT, Michel. *Microfísica do poder...*, p. 80-81)

[52] Sobre mercantilismo, medicina social e polícia médica, ver NUNES, Everardo Duarte (org.). *Medicina social*: aspectos históricos e teóricos. São Paulo: Global, 1983.

[53] FOUCAULT, Michel. *Microfísica do poder...*, p. 84.

Essa medicina de Estado que aparece de maneira bastante precoce, antes mesmo da formação da grande medicina científica de Morgani e Bichat, não tem, de modo algum, por objeto a formação de uma força de trabalho adaptada às necessidades das indústrias que se desenvolviam neste momento. Não é o corpo que trabalha, o corpo do proletário que é assumido por essa administração estatal da saúde, mas o próprio corpo dos indivíduos enquanto constituem globalmente o Estado: é a força, não do trabalho, mas estatal, a força do Estado em seus conflitos, econômicos, certamente, mas igualmente políticos, com seus vizinhos. E essa força estatal que a medicina deve aperfeiçoar e desenvolver. Há uma espécie de solidariedade econômico-política nesta preocupação da medicina de Estado. Seria, portanto, falso ligar isto ao cuidado imediato de obter uma força de trabalho disponível e válida.

As demais direções da medicina social desenvolvidas na Europa naquele mesmo período foram atenuações desse modelo profundamente "funcionarizado", coletivizado, estatizado e administrativo construído na Alemanha.

A segunda referência da medicina social na Europa foi a França que, a partir do fenômeno de urbanização das cidades, avançou no que se entendeu por *medicina urbana*. Esta surge em fins do século XVIII e não parece ter como suporte a estrutura do Estado (como na Alemanha), mas tem um fenômeno inteiramente diferente: a urbanização. "Sentiu-se necessidade, ao menos nas grandes cidades, de constituir a cidade como unidade, de organizar o corpo urbano de modo coerente, homogêneo, dependendo de um poder único e bem regulamentado".[54]

Esse modelo diferenciado da medicina francesa possuía três finalidades básicas: 1) analisar e controlar os acúmulos de tudo que pudesse causar perigo e doenças no espaço público; 2) controlar a circulação (das coisas e dos elementos naturais); 3) organizar a vida urbana – distribuições de sequências (praças, mercados, transportes e animais, locais para despejo de dejetos humanos, etc.).

Com a formação de uma plebe em vias de se proletarizar, de revoltas urbanas, aparecimento de pestes e da lepra, medo e pânico moral, a burguesia criou um modelo médico-político de *quarentena*.[55] Como explica Foucault:

---
[54] FOUCAULT, Michel. *Microfísica do poder...*, p. 86.
[55] "Esse esquema da quarentena foi um sonho político-médico da boa organização sanitária das cidades, no século XVIII. Houve fundamentalmente dois grandes modelos de organização médica na história ocidental: o modelo suscitado pela lepra e o modelo suscitado pela peste. Na Idade Média, o leproso era alguém que, logo que descoberto, era expulso do espaço comum, posto fora dos muros da cidade, exilado em um lugar confuso onde ia misturar sua lepra à lepra dos outros. O mecanismo da exclusão era o mecanismo do exílio, da purificação do espaço urbano. Medicalizar alguém era mandá-lo para fora e, por conseguinte, purificar os outros. A medicina era uma medicina de exclusão. O próprio internamento dos loucos, malfeitores, etc., em meados do século XVII, obedece ainda a esse esquema. Em compensação, existe um outro grande esquema político-médico que foi estabelecido, não mais contra a lepra, mas contra a peste. Neste caso, a medicina não exclui, não expulsa em uma região negra e confusa. O poder político da medicina consiste em

> O velho esquema médico de reação à lepra era de exclusão, de exílio, de forma religiosa, de purificação da cidade, de bode expiatório. E o esquema suscitado pela peste; não mais a exclusão, mas o internamento; não mais o agrupamento no exterior da cidade, mas, ao contrário, a análise minuciosa da cidade, a análise individualizante, o registro permanente; não mais um modelo religioso, mas militar. É a revista militar e não a purificação religiosa que serve, fundamentalmente, de modelo longínquo para esta organização político-médica. A medicina urbana com seus métodos de vigilância, de hospitalização, etc., não é mais do que um aperfeiçoamento, na segunda metade do século XVIII, do esquema político-médico da quarentena que tinha sido realizado no final da Idade Média, nos séculos XVI e XVII. A higiene pública é uma variação sofisticada do tema da quarentena e é daí que provém a grande medicina urbana que aparece na segunda metade do século XVIII e se desenvolve, sobretudo, na França.[56]

A terceira direção da medicina social foi representada pela Inglaterra. Na ordem de análise do desenvolvimento da medicina social na Europa, em primeiro lugar estava o Estado, em seguida a cidade e finalmente os pobres e trabalhadores como objetos desse processo de medicalização.

É na Inglaterra do crescente desenvolvimento industrial que aparece uma nova forma de medicina social. E essencialmente na *Lei dos pobres*[57] que a medicina inglesa começa a tornar-se social, na medida em que o conjunto dessa legislação comportava um controle médico do pobre. Com a *Lei dos pobres* aparece algo importante na história da medicina social: a ideia de uma assistência controlada; de uma intervenção médica que é tanto uma maneira de ajudar os mais vulneráveis em relação às suas necessidades de saúde pública, como também um controle pelo qual as classes ricas visam proteger-se e assegurar seu

---

distribuir os indivíduos uns ao lado dos outros, isolá-los, individualizá-los, vigiá-los um a um, constatar o estado de saúde de cada um, ver se está vivo ou morto e fixar, assim, a sociedade em um espaço esquadrinhado, dividido, inspecionado, percorrido por um olhar permanente e controlado por um registro, tanto quanto possível completo, de todos os fenômenos" (FOUCAULT, Michel. *Microfísica do poder...*, p. 88-89).

[56] Ibidem, p. 89.

[57] "Promulgada em 1601, a Lei dos Pobres foi a primeira lei assistencialista e política de bem estar social. Incumbiu a freguesia de assistir ao indigente. Cada freguesia passava a ser responsável pela manutenção de seus pobres e, consequentemente, tentava reduzir esse fardo ao máximo; acreditava-se que isso seria possível dando emprego a essas pessoas. Essa visão comungava com o desejo de estimular a prosperidade da nação pelo uso de desempregados nas manufaturas. Entre a restauração e o fim do século XVIII, escreveram-se inúmeros livros e panfletos e nasceram muitos projetos de criar centros de manufaturação, asilos de trabalhadores, onde os pobres pudessem aprender um ofício. Se o primeiro objetivo do Ato era a redução do percentual de pobres, sua finalidade mais ampla estava em liberar o mercado, primeiro passo para o investimento. A economia de mercado se afirmava e clamava pela transformação do trabalho humano em mercadoria. A lógica do sistema de mercado estabelecido pela reforma da Lei dos pobres (1834), determinou a história social do século XIX e nas décadas seguintes os homens começaram a olhar para a vida comunitária com uma nova ansiedade. Pois a instalação do mercado de trabalho introduziu uma pergunta maior: como organizar a vida em uma sociedade industrial e urbana?" (ROSEN, George. *Uma história da saúde pública*. São Paulo: Hucitec, 1994, p. 152).

bem-estar. Ou seja, a noção de "contenção médica" dos pobres para proteger os ricos, nobres e, portanto, sadios, inicia-se explicitamente aqui. Um *cordão sanitário autoritário* é estendido nas cidades entre ricos e pobres: os pobres encontrando a possibilidade de se tratarem gratuitamente e os ricos garantindo não serem vítimas de fenômenos epidêmicos que julgavam ser originários da classe pobre. Diferentemente da medicina urbana francesa e da medicina de Estado Alemã do século XVIII, "aparece, no século XIX e, sobretudo, na Inglaterra, uma medicina que é essencialmente um controle da saúde e do corpo das classes mais pobres para torná-las mais aptas ao trabalho e menos perigosas às classes mais ricas".[58]

Aqui no Brasil, o século XIX inaugurou uma série de transformações sociais, políticas, econômicas e científicas e, nesse ritmo, somando forças, a ciência médica tomou proporções significativas, estabelecendo duas características básicas naquele momento: "1) a penetração e fortalecimento na sociedade, que incorporou o local urbano como alvo de reflexão e da prática médica; 2) como apoio científico indispensável ao exercício de poder do Estado".[59]

Houve, portanto, um significativo deslocamento do objeto de análise da medicina, deixando de focar na doença para focar na saúde. O projeto do "médico político" estava no âmbito da prevenção, ou seja, deveria impedir o aparecimento de doenças e moléstias graves, atacando as causas primárias e tudo que pudesse atrapalhar o bem-estar físico e moral da população.

> Nasce o controle das virtualidades; nasce a periculosidade e com ela a prevenção. O médico torna-se cientista social integrando à sua lógica a estatística, a geografia, a demografia, a topografia, a história; torna-se planejador urbano: as grandes transformações da cidade estiveram a partir de então ligadas à questão da saúde; torna-se enfim, analista de instituições: transforma o hospital – antes órgão de assistência aos pobres – em "máquina de curar"; cria o hospício como enclausuramento disciplinar do louco tornado doente mental; inaugura o espaço da clínica condenando formas alternativas de cura; oferece um modelo de transformação à prisão e de formação à escola.[60]

Em meio à desordem socioeconômica e política que o Brasil enfrentava – crescimento populacional desestruturado, falta de moradia e abastecimento, ausência de saneamento básico, desemprego, insegurança, precariedade de serviços médicos –, a medicina social ofereceu um discurso científico convincente e sedutor na tentativa de opera-

---

[58] FOUCAULT, Michel. *Microfísica do poder...*, p. 96-97.
[59] MACHADO, Roberto (*et al*). *Danação da norma:* medicina social e constituição da psiquiatria no Brasil. Rio de Janeiro: Graal, 1978, p. 155.
[60] Ibidem, p. 156.

cionalizar um projeto baseado em ordem, disciplina e saúde pública eficaz.

O médico-político-cientista-sociólogo-planejador inaugurou um novo modelo de política no país: *a política cientificizada*. A fórmula de controle estatal oficial a partir dessa "moderna" figura sofisticou-se para atender as recentes demandas e objetivos. Passou-se a pensar primariamente na *prevenção e controle* de todas as ordens.

Como na França, assinalava-se que a medicina agora não tinha por objetivo apenas estudar e sanar as enfermidades, mas também e, sobretudo, estabelecer relações com a organização social. A medicina podia e devia ajudar o legislador a sancionar leis, ilustrar o magistrado a aplicá-las e vigiar, junto à administração, em prol da manutenção da saúde pública, que era o nome dado à ordem social. Começou-se, então, a analisar medicamente a população como um todo, guiando o governo aos novos "cânones científicos".[61]

O primeiro ponto desse ousado programa versava sobre higiene pública; lutar pela criação de regulamentos sanitários, intervenções em hospitais, prisões e lugares públicos, controle de venda de medicamentos e estudos de epidemias e doenças contagiosas. O segundo objetivo tratava da defesa do saber médico, com radical oposição a outras formas de curas.[62] Assim, os dois aspectos fundamentais da medicina social brasileira também contavam com os objetivos básicos da Sociedade de Medicina do Rio de Janeiro[63] que se formalizava naquele mesmo período.

Não se tinha mais uma medicina neutra, mas sim politizada que integrava uma diferente e inovadora estrutura de Estado. Para a viabilidade desse poder político científico fazia-se necessária a instrumentalização especializada, o saber médico como aliado e meio de *normalização* e *controle* (na esfera política e de saúde pública).

---

[61] ANITUA, Gabriel Ignacio. *Histórias dos pensamentos criminológicos*. Rio de Janeiro: Revan, 2008, p. 239.

[62] MACHADO, Roberto et al. *Danação da norma...*, p. 186-193.

[63] Foi criada a partir de 1830 por um grupo de médicos e higienistas. Serviram-se de alguns periódicos da época (*Seminário de Saúde Mental 1831-1833; Diário da Saúde, 1835-1836; Revista Médica Fluminense, 1835-1841*) para desencadear um importante movimento de opinião pública, com vistas à criação de asilo. Nos artigos destes jornais pode-se observar que, além da crítica ao modo como os "loucos" eram abandonados a si mesmos e perambulavam pela cidade, também eram criticados os métodos de tratamento empregados pelo pessoal da Santa Casa de Misericórdia. Em vez das celas insalubres dos hospitais gerais e dos castigos corporais, os médicos advogavam a necessidade de um asilo higiênico e arejado, onde os loucos pudessem ser tratados segundo os princípios do tratamento moral. Em outras palavras, o que se exigia era que os loucos, uma vez qualificados de doentes mentais, fossem tratados medicamente. (COSTA, Jurandir Freire. *História da psiquiatria no Brasil*: um corte ideológico. Rio de Janeiro: Campus, 1980, p. 21-22)

Importa aqui investir sobre o significado de *normalização*. Antes de qualquer análise, o termo está vinculado à norma, norma ideal, que Canguilhem[64] – remetendo-se ao *vocabulaire techique et critique de la philosophie* – classifica como uma "forma de esquadro, aquilo que não se inclina nem para a direita nem para a esquerda, que se conserva num justo meio-termo". Daí, derivam dois sentidos: aquilo que é como deve ser e aquilo que se encontra na maior parte dos casos, o usual, o que constitui a média de uma característica mensurável.

Partindo desse conceito, Foucault[65] – discípulo de Canguilhem – explica que os métodos de controle e de disciplina dos quais a medicina se utiliza acabam normalizando o sujeito e que essa disciplina consiste, resumidamente, em: 1) analisar, decompor os sujeitos, lugares, tempos, gestos, etc. suficientes para percebê-los e modificá-los; 2) estabelecer sequências e coordenações ótimas; 3) estabelecer procedimentos de adestramentos progressivos e controles permanentes.

Então, a partir dessa estrutura, estabelece-se a demarcação do normal e do anormal, dos aptos e inaptos a atenderem às demarcações construídas. Tem-se, portanto, a configuração da *normalização disciplinar*, que parte exatamente da referida *norma ideal*, de um modelo ótimo construído que passa a servir como parâmetro para esta operacionalização. O objetivo é transformar pessoas, gestos e atos conforme esse modelo ideal, sendo normal o plenamente capaz de segui-lo e anormal aquele que não o atende. Para Foucault, o que é fundamental e primeiro na normalização disciplinar é exatamente essa norma primitiva, pois é em relação a esta que a determinação e a identificação do normal e do anormal se tornam possíveis e viáveis. Logo, essa característica primeira da norma em relação ao anormal, o autor entende que se trata muito mais de uma *"normação"* que de uma *"normalização"*.[66]

Retomando o histórico da medicina social, no seio desta constituiu-se a *psiquiatria brasileira*[67] – diretamente influenciada pela escola

---

[64] CANGUILHEM, Georges. *O normal e o patológico*. Rio de Janeiro: Forense Universitária, 1990, p. 95.

[65] FOUCAULT. Michel. *Segurança, território, população*: curso dado no Collège de France (1977-1978). São Paulo: Martins Fontes, 2008, p. 74-75.

[66] Por filiar-se a esse conceito foucaultiano é que em alguns momentos do trabalho utilizar-se-á o termo normação, por estar ligado à norma ideal, mas, conforme o contexto, tratar-se-á de normalização, enquanto controle e disciplina dos sujeitos.

[67] Não se pretende (em hipótese alguma) trabalhar com densidade o histórico da psiquiatria brasileira, pois o foco da tese não é esse. Como se trata de um tema transdisciplinar e que perpassa de certa forma por esse item, suscitamos o assunto e sugerimos algumas leituras sobre o tema que foram apropriadas para o contexto da presente tese, são elas: COSTA, Jurandir Freire. *História da psiquiatria no Brasil...*, 1980; MACHADO, Roberto (*et al.*). *Danação da norma...*, 1978; CAPONI, Sandra. *Loucos e degenerados*: uma genealogia da psiquiatria ampliada. Rio de Janeiro: Fiocruz, 2012.

francesa de Philippe Pinel[68] – convencional e resumidamente definida como uma especialidade médica que se ocupa(va) do diagnóstico e do tratamento das doenças mentais,[69] assim compreendida no final do século XIX, mas que no início do século XX mudou suas bases teóricas, estruturando-se quase que exclusivamente na biologização dos comportamentos e na prevenção eugênica.

Diz-se, convencionalmente, uma especialidade médica porque até a metade do século XIX esta não era considerada um ramo da medicina geral, mas sim um *ramo da higiene pública*. Antes de ser uma especialidade médica, a psiquiatria institucionalizou-se como domínio particular da proteção social contra todos os perigos que a doença pudesse acarretar à sociedade, ou seja, como higiene do corpo social por inteiro. E para existir enquanto instituição de saber médico justificada e legitimada foi preciso que se adotassem algumas estratégias: 1) codificar a loucura como doença; 2) patologizar os distúrbios e as ilusões da loucura; 3) executar análises (prognósticos, observações, sintomatologia); 4) codificar a loucura como perigo. Em resumo, a psiquiatria (de forma infalível), por um lado fez funcionar toda uma parte da higiene pública

---

[68] Pinel foi uma espécie de padrinho da clínica médica brasileira, em virtude da forte influência de sua nosografia filosófica numa das primeiras obras médicas publicadas no Brasil, os Compêndios de Medicina (1815), de autoria de José Maria Bomtempo, professor da Academia médico-cirúrgica do Rio de Janeiro. Tal compêndio resultou dos esforços do autor de sistematizar as lições de Pinel para uso dos alunos da Academia. Desta forma, parte importante da produção científica do médico francês marcou presença muito cedo no ensino médico-psiquiátrico brasileiro. A influência de Pinel no alienismo brasileiro surge, sobretudo, em conjunto com as obras do seu discípulo Jean-Étienne Esquirol. Este teve um importante papel na consolidação da instituição psiquiátrica, o que incluiu a legislação francesa sobre alienados e consequentemente todas as concepções estruturais no que tange ao hospital psiquiátrico. Essas recomendações influenciaram diretamente os movimentos médicos quanto ao tratamento psiquiátrico mais adequado a ser estabelecido no Brasil. As legislações francesas eram a grande referência nacional. (ODA, Ana Maria Galdini Raimundo; DALGALARRONDO Paulo. Pinel no Brasil. In: PINEL, PHILIPPE. *Tratado médico-filosófico sobre a alienação mental ou a mania*. Porto Alegre: UFRGS, 2007, p. 32-34.). Cabe destacar ainda que Esquirol "é o primeiro especialista no sentido de que, a partir dele, abre-se toda uma carreira consagrada à alienação mental. Ele se reúne a Pinel na Salpêtrière a partir do ano VIII. Nos anos seguintes agrupa em torno de si todos aqueles que se tronarão os grandes nomes do movimento alienista: Falret, Pariset, Ferrus, Georget, Voisin, Leuret, Trèlat, Calmeil, Foville, Lassègue, Evrat, etc." (CASTEL Robert. *A ordem psiquiátrica*: a idade de ouro do alienismo. Rio de Janeiro: Edições Graal, 1978, p. 98).

[69] Na contramão desse entendimento, cabe aqui a posição de Thomas Szasz que afirma que "os becos-sem-saída intelectuais e morais da Psiquiatria permanecem desconhecidos e sem exames até hoje e que podem ser sucintamente colocados sob forma de questões que envolvam escolhas fundamentais sobre a natureza, objetivo, métodos e valores da psiquiatria, dentre elas: 1) O objetivo da psiquiatria é o estudo e tratamento de condições médicas ou o estudo de desempenhos sociais e das influências sobre elas?; 2) A finalidade da Psiquiatria é o estudo do comportamento humano ou o controle do (mau) comportamento humano?; 3) O método da Psiquiatria é o intercâmbio de comunicação ou o uso de testes diagnósticos e tratamentos terapêuticos?; 4) Finalmente, o valor diretivo da Psiquiatria é o individualismo ou o coletivismo? A Psiquiatria aspira servir ao indivíduo ou ao Estado?" (SZASZ, Thomas. *Ideologia e doença mental* – ensaios sobre a desumanização psiquiátrica do homem. Rio de Janeiro: Zahar editores, 1977, p. 17).

como medicina, e por outro, ao estabelecer a loucura como doença e percebê-la como perigo, fez a prevenção e a suposta cura funcionarem como precaução social.[70]

Com o mito do saber científico e do risco da degradação moral e social causada pela miscigenação, a medicina apropriou-se da função de "salvar" a sociedade e de definir o que era bom ou mau para os indivíduos, bem como as ditas representações (estereótipos) do bem e do mal que antes era uma função das instituições religiosas. "O médico tornou-se o sacerdote do corpo e o médico-psiquiatra, em particular, do espírito".[71]

Além da massa de desvalidos e delinquentes pelas ruas, miseráveis, desabrigados, alcoólatras, prostitutas, o Brasil (como toda colônia europeia) também era trecho-fim de deportação de indesejáveis de outros continentes. Além disso, os portadores de sofrimento psíquico ou transtorno mental[72] estavam por todas as partes: ruas, prisões, asilos de mendigos, porões das casas de misericórdia. Não se tinha um lugar específico para acolhê-los, nem espaços destinados para tais enfermidades nos hospitais gerais. Como política de *sanitarismo, higienismo, controle social e segurança*, a medicina social-psiquiátrica (como indicação política e clínica) exigiu perante a Corte para a criação de um local apropriado e específico para o tratamento desses enfermos, o que resultou posteriormente na criação do primeiro hospício brasileiro,[73] o D. Pedro II,[74] criado em 1852 no Rio de Janeiro.

A medicina social que se instalou no final do século XIX no Brasil, fruto das três linhas europeias (de estado, urbana e da força de trabalho) e talvez com uma certa predominância francesa, que procurou estabelecer-se e justificar-se na sociedade pelo viés da higiene pública, assinalou um novo tipo de existência enquanto saber (científico) e prática sociopolítica, distinguindo-se e opondo-se às várias formas de seu passado. Foi uma medicina não da terapêutica, que concentrou

---

[70] FOUCAULT, Michel. *Os anormais*: curso no Collège de France (1974-1975). São Paulo: Martins Fontes, 2001, p. 148-149.

[71] COSTA, Jurandir Freire. *História da psiquiatria no Brasil*..., p. 19.

[72] Utilizaremos na tese estes termos por nos filiarmos ao movimento antimanicomial brasileiro. Ademais, estes são as nomenclaturas adequadas estabelecidas pela Lei 10. 216/01, termos estes, menos pejorativos e estigmatizantes ao cidadão.

[73] Sobre a criação dos hospícios, enclausuramento, vigilância e controle, falaremos em seguida, em tópico específico.

[74] A criação do Hospício D. Pedro II foi resultado da influência de Pinel no Brasil. Ele foi construído nos moldes franceses, inclusive seus estatutos de funcionamento foram inspirados na Lei Francesa de 1838. Os livros de registros dos doentes foram impressos segundo o modelo francês. (ODA, Ana Maria Galdini Raimundo; DALGALARRONDO Paulo. Pinel no Brasil. In: PINEL, PHILIPPE. *Tratado médico-filosófico sobre a alienação mental ou a mania*. Porto Alegre: UFRGS, 2007, p. 39)

esforços numa futurologia perigosista da antecipação. Era "o poder dos médicos sobre o não patológico".⁷⁵ E mais, era o surgimento das "classes perigosas", como já explicado anteriormente, termo criado no séc. XVIII para classificar e controlar os sujeitos carentes que de certa forma incomodavam e tensionavam politicamente.

Com a nova forma de contenção social e administração pública, foi proposta a transformação geral das cidades, sugerindo um planejamento urbano nunca visto antes. A tarefa da medicina a serviço do progresso consistia em orientar racionalmente a ação transformadora da sociedade, conduzindo-a à "civilização".⁷⁶

Os interesses de saúde pública tornaram-se cúmplices da segurança pública, num casamento jurídico-científico-normalizador violento e (ir)racional. Os argumentos científicos dispostos sobre a questão criminal, para além de dar fundamentação à punição (sobre o ideal repressor ou preventivo), prescreviam (e continuam a prescrever) (ir)racionalmente, meios de erradicação do "resto bárbaro" que insistia em emergir entre os ditos "civilizados". Variando suas justificativas, a neutralização de um sujeito capturado pelo sistema penal (inimigo, estranho, louco, etc.), que carrega a diferenciação, era e será sempre o alvo político determinado. "Quando o ideal 'humanista' disciplinar passa a impor aos corpos dóceis a ortopedia da alma, que mais tarde tomará a roupagem de ressocialização, está em xeque a perene tentativa de eliminar este resto anacrônico individualizado em alguma essência criminosa".⁷⁷

Demonstrada aqui está uma nova *tecnologia de poder*,⁷⁸ uma *regulamentação da população*, dirigida ao homem enquanto ser vivo, não mais ao homem-corpo individualizado. Essa nova tecnologia foca na multiplicidade, na massa global, nos mecanismos mais sutis, mais racionais, na natalidade, nas incapacidades biológicas diversas, nos defeitos do meio, e assim, vai extrair seu saber e definir seu campo de intervenção, caracterizando-se como *biopolítica da espécie humana*.⁷⁹

---

⁷⁵ FOUCAULT, Michel. *Os anormais*: curso no Collège de France (1974-1975). São Paulo: Martins Fontes, 2001.

⁷⁶ MACHADO, Roberto (*et al.*). *Danação da norma...*, p. 276.

⁷⁷ AMARAL, Augusto Jobim do. Crônica do interior da laranja. In: FRANÇA, Leandro Ayres (org.). *Literatura e pensamento científico*: discussões sobre ciência, política e violência nas obras literárias. Curitiba: iEA Academia, 2014, p. 166.

⁷⁸ Cabe aqui destacar que não é exatamente com a sociedade que se lida nessa nova tecnologia de poder; nem é tampouco com o indivíduo-corpo. É um novo corpo: corpo múltiplo, corpo com inúmeras cabeças, se não infinito, pelo menos necessariamente numerável. É a noção de *população*. O que é importante também é a natureza dos fenômenos que são levados em consideração. São fenômenos coletivos, que só aparecem com seus efeitos econômicos e políticos, que só se tornam pertinentes no nível da massa. (FOUCAULT, Michel. *Em defesa da sociedade...*, p. 292-293).

⁷⁹ FOUCAULT, Michel. *Em defesa da sociedade...*, p. 288-292.

Lida-se com "a população, e a população como problema político, como problema a um só tempo científico e político, como problema biológico e como problema de poder".[80] Nessa dinâmica, porém, não há uma exclusão da técnica disciplinar, pelo contrário, esta é embutida e integrada à nova tecnologia, fortalecendo-a e modificando-a parcialmente.

É dessa estratégia *biopolítica*,[81] que não tinha o poder de curar ou normalizar os desvios como declarava, mas tão somente de antecipar um suposto "perigo" e instrumentalizar cientificamente a política estatal de controle social, que desencadeará uma série de conceitos jurídico-penais e toda a lógica das medidas de segurança enquanto sanções penais, cuja função estará baseada simbolicamente na prevenção especial positiva.[82]

---

[80] FOUCAULT, Michel. *Em defesa da sociedade...*, p. 293.

[81] Por não ser um conceito de fácil definição, optou-se pelas explicações de Edgardo Castro. Como ele mesmo explica, entre 1974 e 1979, uma parte importante das investigações de Foucault giraram em torno da biopolítica. Nestes anos Foucault ensaiava várias vias de acesso a esta problemática: a partir da medicina, do direito, da guerra e da economia. Por isso, não há nele um único conceito de biopolítica. Em todos eles, sem embargo, se trata do mesmo fenômeno, da maneira em que a política se encarrega da vida biológica da população. "Hay que entender por "biopolítica" la manera en que, a partir del siglo XVIII, se buscó racionalizar los problemas planteados a la práctica gubernamental por los fenómenos propios de un conjunto de vivientes en cuanto población: salud, higiene, natalidad, longevidad, raza. Esta nueva forma del poder se ocupará entonces de lo siguiente: 1) De la proporción de nacimientos, de decesos, de las tasas de reproducción, de la fecundidad de la población; en una palabra, de la demografía. 2) De las enfermedades endémicas: de la naturaleza, de la extensión, de la duración, de la intensidad de las enfermedades reinantes en la población; de la higiene pública. 3) De la vejez, de las enfermedades que dejan al individuo fuera del mercado del trabajo; también, entonces, de los seguros individuales y colectivos, de la jubilación. 4) De las relaciones con el medio geográfico, con el clima; del urbanismo y la ecología. Disciplina. Si comparamos una y otra forma de poder, las podemos diferenciar como sigue: 1) En cuanto al objeto: la disciplina tiene como objeto el cuerpo individual; la biopolítica, el cuerpo múltiple, la población, el hombre como ser viviente, como perteneciente a una especie biológica. 2) En cuanto a los fenómenos considerados: mientras las disciplinas consideran los fenómenos individuales, la biopolítica estudia fenómenos de masa, en serie, de larga duración. 3) En cuanto a sus mecanismos: los mecanismos de las disciplinas son del orden del adiestramiento del cuerpo (vigilancia jerárquica, exámenes individuales, ejercicios repetitivos); los de la biopolítica son mecanismos de previsión, de estimación estadística, medidas globales. 4) En cuanto a la finalidad: la disciplina se propone obtener cuerpos útiles económicamente y dóciles políticamente; la biopolítica persigue el equilibrio de la población, su homeostasis, su regulación". (CASTRO, Edgardo. *El vocabulario de Michel Foucault* – Um recorrido alfabético por sus tema, conceptos y autores. Buenos Aires: Universidad Nacional de Quilmes, 2004, p. 61)

[82] "A função de prevenção especial da pena criminal, dominante no Direito Penal dos séculos XIX e XX, é atribuição legal dos sujeitos da aplicação e da execução penal: primeiro, o programa de prevenção especial é definido pelo juiz no momento de aplicação da pena, através da sentença criminal, individualizada conforme necessário e suficiente para prevenir o crime (art. 59 CP); segundo, o programa de prevenção especial definido na sentença criminal é realizado pelos técnicos da execução da pena criminal – os chamados ortopedistas da moral, na concepção de Foucault – com o objetivo de promover a harmônica integração social do condenado (art. 1°, LEP). A execução do programa de prevenção especial ocorreria em duas dimensões simultâneas, pelas quais o Estado espera evitar crimes futuros do criminoso: por um lado, a prevenção especial negativa de segurança social através da neutralização (ou da inocuização) do criminoso, consistente na inca-

1.3.1. A polícia médica e a nova relação entre a medicina e o Estado

A medicina construída na Europa no final do século XVIII foi considerada uma prática social que teve como base uma tecnologia do corpo social. O capitalismo não fez uma passagem de uma medicina coletiva para uma medicina privada, pelo contrário, socializou primeiramente o corpo enquanto força de produção, força de trabalho; isso porque o controle da sociedade sobre os indivíduos não se operou e não se opera simplesmente pela consciência ou pela ideologia, mas começa no corpo, com o corpo. "Foi no biológico, no somático, no corporal que, antes de tudo, investiu a sociedade capitalista. *O corpo é uma realidade biopolítica. A medicina é uma estratégia biopolitica*".[83]

A medicina social sentia-se responsável pela desordem urbana (física e moral), desordem esta que se tornava uma ameaça ao Estado e que para ser resguardado necessitava de um poder de polícia disciplinador, controlador e repressor, capaz de proteger o homem dele mesmo e da violência comunitária. A medicina era uma instância gerenciadora da vida social.

No esquema cameralista, a teoria e a prática da administração pública vieram a ser conhecidas como *"polizeiwissenschaft"* (a ciência da polícia), e o ramo que tratava com a administração da saúde recebeu o nome de *"medizinichepolizei"* (polícia médica),[84] expressão utilizada pela primeira vez na Alemanha em 1764, por Wolfong Thomas Rau, dando origem a um novo programa de administração da saúde pública, sob os seguintes eixos: 1) Registro mais completo de observação da morbidade e dos diferentes fenômenos epidêmicos ou endêmicos; todo monarca precisava de súditos saudáveis; 2) Normalização da prática

---

pacitação do preso para praticar novos crimes contra a coletividade social durante a execução da pena; por outro lado, a prevenção especial positiva de correção (ou de ressocialização, ou de reeducação, etc) do criminoso, realizada pelo trabalho de psicólogos, sociólogos, assistentes sociais e outros funcionários da ortopedia moral do estabelecimento penitenciário, durante a execução da pena – segundo outra fórmula antiga: *punitur, ne peccetur*. (...) A crítica criminológica da função da prevenção especial positiva da pena criminal – como se sabe, baseada na noção de crime como problema individual e na concepção de pena como tratamento curativo, demonstra o fracasso histórico do projeto técnico-corretivo da prisão, caracterizado pelo reconhecimento continuado do fracasso e pela reposição reiterada do mesmo projeto fracassado – segundo o célebre isomorfismo reformista de Foucault. (...) O fracasso do projeto técnico-corretivo de prevenção especial positiva pode ser demonstrado pelo estudo dos momentos de aplicação e de execução da pena criminal". (SANTOS, Juarez Cirino dos. *Teoria da pena*: fundamentos políticos e aplicação judicial. Curitiba: ICPC, Lumen Juris, 2005, p. 7-26).

[83] FOUCAULT, Michel. *Microfísica do poder...*, p. 80.

[84] Nos fins do século XVIII e mais no século XIX, a ideia de polícia médica apareceu não somente na Hungria, Itália, Dinamarca, Rússia, mas também na França, Grã-Bretanha e Estados Unidos. (ROSEN, George. A evolução da medicina social. In: NUNES, Everardo Duarte (org.). *Medicina social*: aspectos históricos e teóricos. São Paulo: Global, 1983, p. 40)

e do saber médicos. Ideia de uma normalização do ensino médico e, sobretudo, de um controle, pelo Estado, dos programas de ensino e da atribuição dos diplomas. A medicina e o médico viraram o primeiro objeto da normalização; 3) Uma organização administrativa para controlar a atividade dos médicos; 4) A criação de um corpo de funcionários médicos nomeados pelo governo para interferir diretamente com seu conhecimento e sua autoridade sobre uma determinada região.[85]

O médico passou a ser um administrador da saúde. Com a organização de um saber médico estatal, a normalização da profissão médica e a submissão dos médicos a uma administração central, teve-se uma série de fenômenos inteiramente novos que caracterizaram a *medicina de Estado*. E com ela transformou-se a ideia de polícia na teoria e na prática dessa administração pública.

Assim, para o principal representante do cameralismo do fim do século XVIII, Johannes Heinrich Gottob Von Justi, as pessoas que sofressem de doenças hereditárias ou que fossem incapazes de procriar não poderiam casar. O vício deveria ser combatido severamente, e as doenças deveriam ser prevenidas sempre que possível. Dessa forma, o governo deveria aumentar a longevidade de sua população através da melhoria da administração sanitária. Nessa concepção do conceito de polícia médica na Alemanha, os médicos não eram obrigados somente a tratar seus pacientes, mas também a supervisionar a saúde da população.[86]

Em resumo, o desenvolvimento e a aplicação do conceito de polícia médica foi uma tentativa pioneira de análise sistemática dos problemas de saúde da vida comunitária. Fica evidente que nem o conceito de polícia médica, nem as soluções desenvolvidas nos países que adotaram essa estratégia foram aplicados de forma igualitária. A noção foi materialmente alterada para cada realidade política e social, como no caso do Brasil.

No início do século XIX, com a chegada de D. João, observou-se a necessidade da criação de uma polícia médica no Brasil. Criada em 1808, a *Intendência Geral de Polícia* tinha como função ocupar-se da realização de um governo civil na Corte, diretamente responsável pelo aumento e melhoria da população. Organizada em corpos de guarda sediados em quartéis, essa polícia focava para além dos limites urbanos da província, ou seja, era responsável pelo registro de estrangeiros

---

[85] FOUCAULT, Michel. *Microfísica do poder...*, p. 83.
[86] ROSEN, George. A evolução da medicina social. In: NUNES, Everardo Duarte (org.). *Medicina social...*, p. 37.

que chegavam à Corte. Para Roberto Machado,[87] "instala-se, portanto, um governo policial que conhece e ordena a população cujo poder se estende até a competência propriamente jurídica sobre os infratores da ordem que promove".

Como a velha engrenagem jurídico-policial[88] não conseguia ordenar o meio urbano, uma nova estratégia, com novos agentes de coerção, foi aliciada. Nasceu, então, o primeiro conceito policialesco do Estado brasileiro *vinculado diretamente à noção de saúde e higiene pública*. A saúde vista como problema social era vislumbrada pelo Estado como objeto passível de controle, norma e intervenção (policial). O alvo da polícia médica era a população livre, como estratégia de "zelo" e "promoção de saúde e bem-estar" para que esta "evoluísse".

Esse novo *governo policial dos municípios* tinha como meta responder à desordem urbana, intervindo fundamentalmente em três aspectos: 1) *aspecto urbanístico* – caracterizado por medidas de engenharia, alinhamento, limpeza, iluminação, desimpedimento de cais, ruas e praças e construções públicas; 2) *aspecto econômico* – o governo deveria policiar a agricultura, o comércio e a indústria; 3) *aspecto populacional* – relacionado diretamente com a vigilância da população.[89]

Por um lado, a população era vista como perigo e por conta disso as Câmaras deveriam tomar medidas contra a divagação de portadores de transtornos mentais e embriagados. Por outro lado, as Câmaras deveriam promover o bem-estar da população através da proteção de sua saúde e educação.

O fomento ao bem-estar através da proteção à saúde passou a desenvolver-se pela via policialesca. A busca por saúde, higiene, salubridade, ligada ao controle e exclusão dos perigosos e indesejáveis, tinha a medicina como justificativa científica, que não estava ligada tão somente ao Estado, mas ao Estado de vigilância e contenção. Instalava-se a *era do controle médico-policial* surgindo, assim, "o maior impulso do positivismo disciplinante nas cidades".[90]

---

[87] MACHADO, Roberto et al. *Danação da norma...*, p. 169.

[88] "No século XVIII as infrações eram punidas pela justiça e pela polícia com a truculência característica da época: enforcamento, exílio, açoite, etc... os instrumentos homeostáticos da lei colonial restringiam-se ao aparelho jurídico-policial. Esse aparelho, pouco a pouco, tronou-se incapaz de conter o caos urbano. A estratégia punitiva da Colônia esgotou suas possibilidades de ação sem modificar o perfil insurreto da população citadina. O século XIX recebeu a desordem urbana praticamente intocada". (COSTA, Jurandir Freire. *Ordem médica e norma familiar*. Rio de Janeiro: Graal, 1999, p. 20).

[89] MACHADO, Roberto et al. *Danação da norma...*, p. 182.

[90] ZAFFARONI, Eugenio Raúl. Clases peligrosas. In: *Revista Psicología*. Jueves, 10 de diciembre de 2009, p. 12.

A medicina, que desde o século XIX lutava contra a tutela jurídico-administrativa herdada da Colônia, deu um passo pela independência aliando-se ao novo sistema. Incorporou a cidade e a população ao campo do saber médico, administrando antigas técnicas de submissão, formulando novos conceitos científicos, transformando a população em técnicas de intervenção e congregando interesses da corporação médica aos objetivos da elite agrária. Estabilizou-se um compromisso com base na salubridade: o Estado aceitou medicalizar suas ações políticas, reconhecendo o valor político das ações médicas.[91]

A partir de então, o projeto da medicina social de operacionalizar o discurso de ordem e normalização no país tinha como base aliada e instrumento de trabalho a estrutura policial (ideologia importada da Europa), acreditando ser esta a melhor e mais eficiente resposta aos distúrbios políticos e urbanos da época. O Estado medicalizava e policializava as ações governamentais e assim nasceu a noção de doença diretamente vinculada à lógica de perigo, crime, polícia, controle, exclusão, inocuização – agravado no caso de "doença mental",[92] pestes e epidemias – noção esta que desenvolveu sistemas de controle cruéis e genocidas (sobretudo no âmbito da saúde mental e do direito penal).

O vínculo era perfeito. Como a polícia tinha poder sem discurso, e os médicos, discurso sem poder, a nova parceria era certeira: o poder policial urbano estava agora legitimado pelo discurso médico. Porém, o discurso médico não se bitolava nos sujeitos ameaçadores, mas funcionava como um capítulo dentro do grande paradigma que começava a se instalar: o do *reducionismo biologista racista.*[93]

Aqui fica claro que a patologização dos "incivilizados" e "diferentes" e a categorização como "anormais" foi uma construção sociopolítica que desvalorizou o homem como pessoa, oprimindo-o como cidadão. Atos ilegais foram declarados como "sintomas de doenças mentais", criando-se a figura do "criminoso-doente".

A colocação de algumas pessoas fisicamente saudáveis na categoria de doentes pode ser de fato justificada pela política, mas não pela ciência (médica). "Diversidade não é doença e o anormal não é o patológico".[94] Isso porque até a metade do século XIX *doença significava uma desordem corporal* cuja manifestação típica era a alteração da estrutura

---

[91] COSTA, Jurandir Freire. *Ordem médica e norma familiar...*, p. 28.
[92] Utilizam-se as expressões "doença mental" e "doente mental" propositadamente entre aspas ao longo do trabalho para colocar, de fato, sob suspeita, a possibilidade desses conceitos, tal como preconiza a psiquiatria tradicional, darem conta da complexidade que representam.
[93] ZAFFARONI, Eugenio Raúl. *A questão criminal*. Rio de Janeiro: Revan, 2013, p. 76.
[94] CANGUILHEM, Georges. *O normal e o patológico...*, p. 106.

física. A moderna psiquiatria criou um novo critério para conceituar doença, não mais pela observação corpórea, mas pela observação do comportamento. Assim foi construído um paralelo forçado entre as doenças físicas e mentais, ou seja, desordens corporais foram colocadas no mesmo patamar que desordens comportamentais e sofrimentos humanos. Os novos itens adicionados à categoria inicial de doença, determinada pela medicina moderna, desencadearam um significado metafórico para o termo. Todo comportamento ou experiência humana que se pudesse detectar ou atribuir a um "mau funcionamento" ou sofrimento foi rotulado como "doença mental".[95]

Criou-se, então, no Brasil o que Thomas Szasz denominou de "Ideologia da Insanidade",[96] expressa através do jargão científico dos diagnósticos, prognósticos e tratamentos psiquiátricos incorporados no sistema burocrático da psiquiatria institucional (e mais tarde no de justiça criminal), e seus campos de concentração chamados hospitais psiquiátricos e manicômios judiciários.[97]

1.4. O enclausuramento disciplinar dos "alienados fabricados": os hospitais psiquiátricos

A prática de acolhimento de pessoas em sofrimento psíquico em ambientes específicos não é recente. Segundo Foucault,[98] os primeiros hospícios de que se tem notícia estariam no século VII, no mundo árabe, possivelmente em Fez; no final do século XII, em Bagdad; no século XIII, no Cairo. A ocupação árabe na Espanha teria ocasionado a fundação dessas instituições totais,[99] e as mais antigas datam do século XV (Valência, 1409; Saragoça, 1425; Sevilha e Valladolid, 1436; Palma de Maiorca, 1456; Toledo, 1438; Barcelona, 1412). Para Ugolotti,[100] os

---

[95] SZASZ, Thomas. *O mito da doença mental*. Rio de Janeiro: Zahar Editores, 1979, p. 48.
[96] SZASZ, Thomas. *Ideologia e doença mental*..., p. 13.
[97] Com a reforma de 1984, foram denominados de hospitais de custódia e tratamento psiquiátrico (art. 96 do Código Penal).
[98] FOUCAULT, Michel. *História da loucura*: na idade clássica. 8ª.ed. São Paulo: Perspectiva, 2005.
[99] "Uma instituição total pode ser definida como um local de residência e trabalho onde um grande número de indivíduos com situação semelhante, separado da sociedade mais ampla por considerável período de tempo, leva uma vida fechada e formalmente administrada. As instituições totais podem ser enumeradas em cinco agrupamentos e um deles, são os locais destinados para cuidar de pessoas consideradas incapazes de cuidarem de si mesmas e que também são uma ameaça à sociedade, embora de maneira não intencional, são eles: sanatórios para tuberculosos, hospitais para doentes mentais e leprosários". (GOFFMAN, Erving. *Manicômios, prisões e conventos*. São Paulo: Perspectiva, 2005, p. 16-17)
[100] UGOLOTTI, F. *Panorama storico dell'assistenza ai malati di mente in Italia*. Pesaro: Federici, 1949.

primeiros hospícios italianos teriam surgido nos séculos XIV e XV, em Florença, Pádua e Bérgamo; e em Roma no século XVI.

No final do século XVII, a França passou a regulamentar a questão dos leprosários, mas mesmo após a regressão da doença, as estruturas permaneceram e reorganizaram-se, retomando os "jogos de exclusão"[101] três séculos mais tarde. Pobres, vagabundos, presidiários, alienados, assumiram, a partir de então, o papel abandonado pelo lazarento à espera da salvação. A lepra fora substituída inicialmente pelas doenças venéreas e, sob a influência do modo de internamento – tal como se constituiu no século XVII – as mesmas se isolaram e se integraram, ao lado da loucura,[102] num espaço moral de exclusão.

Esse mundo do começo do século XVII[103] é estranhamente *hospitaleiro* para com a loucura. Ela ali está presente no coração das coisas e dos homens; torna-se uma forma relativa à razão, ou melhor, entram numa relação reversível, que faz com que toda loucura tenha sua razão que a julga e controla e toda razão sua loucura.[104] Cada uma é a medida da outra e nesse movimento recíproco elas se recusam e se fundamentam. Assim, vê-se aparecer o tema literário do "Hospital dos Loucos".

Em 1656, assinou-se o decreto da fundação do *Hospital Geral em Paris* (um marco da internação de doentes mentais). Diversos estabelecimentos já existentes foram agrupados sob uma administração única e todos destinados, inicialmente, aos *pobres da cidade*. O destaque deste hospital é que não era só um estabelecimento médico, mas uma

---

[101] FOUCAULT, Michel. *História da loucura...*, p. 6-8.

[102] "Antes de a loucura ser dominada, por volta da metade do século XVII, antes que se ressuscitem, em seu favor, velhos ritos, ela tinha estado ligada, obstinadamente, a todas as experiências maiores da Renascença. Um objeto novo acaba de fazer seu aparecimento na paisagem imaginária da Renascença; e nela, logo ocupará lugar privilegiado: é a *Nau dos Loucos*, estranho barco que desliza ao longo dos calmos rios da Renânia e dos canais flamengos. A moda é a composição dessas naus cuja equipagem e heróis imaginários, modelos éticos ou tipos sociais, embarcam para uma grande viagem simbólica que lhe traz, senão fortuna, pelo menos a figura de seus destinos ou suas verdades. (...) A *Narrenschiff* é a única que teve existência real, pois eles existiram, esses barcos que levavam sua carga insana de uma cidade para a outra. Os loucos tinham então uma existência facilmente errante. As cidades escorraçavam-nos de seus muros. Esse costume era frequente particularmente na Alemanha." (FOUCAULT, Michel. *História da loucura...*, p. 9)

[103] "É no século XVII que proliferam os hospícios, custodiando loucos, ao lado de outros marginalizados. Em Londres era conhecido o velho Betlehem, coloquialmente chamado de Bedlam, com seu hospício. Em Paris havia as Petites Maisons que, em 1657, abrigavam 44 mentecaptos. Surgiram, depois, hospícios específicos para doentes mentais, como o Hôtel Dieu, o hospício dos frades da caridade de Charenton e outros. Em meados do século XVII, abriram-se hospícios na Inglaterra e na Escócia. Em Paris, o hospício de Bicêtre e o da Salpêtrière, que seriam reformados radicalmente sob a direção de Pinel e seus sucessores mais próximos. Na Alemanha surgiram os hospícios de Sonnenstein e o de Alt-Scherbitz. Na Bélgica aparece a aldeia de Gheel, que será pioneira na implantação do tratamento psiquiátrico". (PESSOTTI, Isaias. *O século dos manicômios*. São Paulo: Ed 34, 1996, p. 153)

[104] FOUCAULT, Michel. *História da loucura...*, p. 30-44.

estrutura semijurídica que, ao lado dos poderes já constituídos, decidia, julgava e executava. O Hospital era um estranho poder que o rei estabeleceu entre a polícia e a justiça, nos limites da lei: *era visto como a terceira ordem da repressão*.[105]

O Classicismo sofisticou o internamento, a segregação e cooptou novos alvos: *os indesejáveis em geral*. O gesto que aprisiona deixou de ser exclusivamente médico e passou a ter significados políticos, sociais, religiosos, econômicos e morais. Surgiu, então, em toda a Europa, essa categoria da ordem clássica que em cinquenta anos se tornou um instituto abusivo de elementos heterogêneos. O internamento significou uma nova reação à miséria diante dos problemas econômicos, do desemprego e da ociosidade, sob as formas autoritárias de coação que foram perpetuadas ao longo dos anos.

O século XIX exigiu que se atribuíssem exclusivamente às pessoas em sofrimento psíquico esses lugares de internação, que tinham destinatários diversos nos anos anteriores e, assim, mereceu o título de "século dos manicômios".[106] Jamais o número de hospitais destinados a alienados foi tão grande, a terapêutica da loucura foi tão vinculada à internação, bem como os números de internações atingiu proporções tão grandes. Enfim, em nenhum outro momento histórico a variedade de diagnósticos de loucura para justificar a internação foi tão vasta, nem tampouco a medicina da loucura floresceu tanto.

A noção de estabelecimento especial não é apenas contemporânea do nascimento da psiquiatria, ela a funda. Para Robert Castel, *o internamento* se instaura como a modalidade massiva, quase exclusiva, do "assumir os cuidados" dos doentes mentais, impondo o corte fundamental entre a loucura e a normalidade, do qual a psiquiatria moderna ainda não saiu. "O internamento é uma noção extremamente complexa. Liga indissoluvelmente a medida médica ou paramédica de isolamento e a medida político-administrativa de sequestro".[107]

Isso se deve a Pinel, especialmente. Este reformulou o conceito de alienação mental e afirmou que nos alienados estava a tendência do mal. Essa conjugação entre o *deficit* permanente e as manifestações do mal moral se destacam na construção conceitual pineliana. Nessa linha, os alienados sofreriam de um *deficit* moral intrínseco, donde é correto presumir, a violência, a crueldade, a maldade. Se no horizonte da loucura estava o mal, o tratamento correto deveria ser moral; logo, os sujeitos não seriam responsáveis, nem delinquentes, *mas doentes*. É

---

[105] FOUCAULT, Michel. *História da loucura...*, p. 50.
[106] PESSOTTI, Isaias. *O século dos manicômios...*, p. 9.
[107] CASTEL, Robert. *O psicanalismo*. Rio de Janeiro: Edições Graal, 1978, p. 140.

a partir desse conceito que ocorre a separação entre os sujeitos "doentes mentais", os "criminosos" (considerados normais) e os "criminosos doentes mentais", implicando a partir daí tratamentos diversos, assim como locais de privação específicos. Pinel, então, inaugura a ideia de *loucura perigosa*.[108]

No Brasil não foi diferente. O lugar das separações dos indivíduos "doentes mentais" e pobres em espaços físicos próprios começou a delinear-se em meados do século XIX, exatamente porque essas pessoas eram encontradas em todos os lugares da cidade (ruas, prisões, asilos de mendigos, porões da Santa Casa de Misericórdia)[109] sem tratamento adequado.

Durante o período colonial, as principais cidades brasileiras detinham somente um hospital (Santa Casa de Misericórdia), que funcionava precariamente e pouco se importavam com o destino de doentes, inválidos, indigentes e pessoas em sofrimento psíquico. "Até o século XIX os hospitais no Brasil não eram lugares de cura, mas de salvação".[110] Almas caridosas encontrariam sua "salvação" na penitência do trabalho com os doentes e os enfermos amontoados no mesmo leito ou em esteiras, contavam com a glória espiritual nas santas missas dominicais que ocorriam no próprio espaço de internação.

A instituição hospitalar como instrumento terapêutico é uma invenção relativamente nova, que data do final do século XVIII.[111] Antes disso, o hospital era uma instituição de assistência aos pobres, como também de exclusão e separação. O pobre, como pobre, tinha necessidade de assistência e, como doente, era perigoso. Logo, o hospital deveria estar pronto tanto para recolhê-lo quanto para proteger a comunidade do perigo que ele representava.

---

[108] BARROS-BRISSET, Fernanda Otoni. Genealogia do conceito de periculosidade. In: *Responsabilidades: revista interdisciplinar do programa de atenção integral ao paciente judiciário – PAI-PJ*. Belo Horizonte: Tribunal de Justiça do Estado de Minas Gerais, 2011, p. 44.

[109] "Herança cultural típica dos territórios de colonização portuguesa, a confraria leiga católica 'Irmandade da Misericórdia' esteve presente nas principais cidades brasileiras desde o século XVI. Embora inicialmente nem todas as Irmandades brasileiras mantivessem hospitais de caridade, com o passar do tempo, uma de suas principais atribuições tornou-se o denominado cuidado curativo dos pobres, que se estendeu aos alienados a partir do século XIX". (ODA, Ana Maria Galdini Raimundo; DALGALARRONDO, P. História das primeiras instituições para alienados no Brasil. In: *História, Ciências, Saúde – Manguinhos*. v. 12, nº 3, set-dez, 2005, p. 985). "Coube à cidade de Santos, na capitania de São Vicente, a primeira Misericórdia do Brasil em 1543, seguindo-se de várias outras – Vitória em 1551, Olinda e Ilheus em 1560 e, no final do mesmo século, São Paulo e Porto Seguro. No século XVII a irmandade acrescentou outras Santas Casas em Sergipe, Paraíba, Belém, Igarassu e São Luís. A data da fundação da Misericórdia de Salvador é incerta e a do Rio de Janeiro possui controvérsias interessantes para a genealogia das instituições de caridade e o caráter de suas iniciativas" (LOBO, Lilia Ferreira. *Os infames da história...*, p. 279-284).

[110] LOBO, Lilia Ferreira. *Os infames da história...*, p. 284.

[111] FOUCAULT, Michel. *Microfísica do poder...*, p. 99-101.

A Colônia sofria com a insuficiência de médicos e com a falta de profissionais especializados e capacitados. A maior parte da atividade médica era realizada por curandeiros, herdeiros de conhecimentos africanos e indígenas, ou por práticos que tinham suas atividades fiscalizadas, até 1872, pelos cirurgiões-mores do Reino. Após esse período, essa figura foi substituída pela junta perpétua do Proto-Medicato, que aqui eram representado por deputados e enfermeiros diplomados em Coimbra. Estes não passavam de iniciantes, geralmente mestiços, analfabetos, cuja atuação não gerava prestígio social algum.[112]

Segundo Lilia Lobo,[113] os enfermeiros não tinham nenhuma formação, sendo exigido somente que fossem brancos, cristãos-velhos e em geral eram analfabetos. Os médicos eram escassos, submetidos às ordens da administração leiga das Santas Casas, sendo que muitas das tarefas eram desempenhadas por cirurgiões-barbeiros,[114] geralmente escravos que conheciam a arte de sangrar.

Em 1829, criou-se a Sociedade de Medicina e a partir daí as academias médico-cirúrgicas foram transformadas em "faculdades de medicina", atribuindo a concessão do título de doutor em medicina aos formados. Apesar da grande dificuldade de colocar em funcionamento a escola médica brasileira – com pouca capacitação dos professores, escassez de livros, falta de verbas, falta de estrutura – os primeiros 40 anos desse audacioso projeto foram fundamentais para a consolidação do saber médico-científico no Brasil. A partir de 1860, a medicina passou a ter uma grande produção científica e literária, formaram-se novos grupos de estudiosos, e as especialidades médicas começaram a consolidar-se.

Influenciados pelos movimentos europeus e pela medicina social, os especialistas[115] pressionavam pela construção de uma instituição

---

[112] SCHWARCZ, Lilia Moritz. *O espetáculo das raças...*, p. 192.

[113] LOBO, Lilia Ferreira. *Os infames da história...*, p. 287.

[114] Somente "em 1808 quem João VI, de passagem pela Bahia, criou a "Escola Cirúrgica", seguindo a sugestão do cirurgião-mor do Reino, José Correia Picanço. Procedente da Bahia, o regente chegou ao Rio de Janeiro a 7 de março de 1808. Já a 2 de abril inaugurava a escola cirúrgica do Rio de Janeiro". (SCHWARCZ, Lilia Moritz. *O espetáculo das raças...*, p. 194)

[115] Sobre a participação dos médicos nesse episódio da construção do Hospício, há controvérsias. "Estudos recentes demonstram que os especialistas colaboraram apenas com componentes científicos para o discurso filantrópico. As novas descobertas históricas indicam que José Clemente Pereira, Provedor da Santa Casa, líder maçom e um dos artífices da independência do Brasil, conseguiu vender a ideia que a maioridade de D. Pedro II fosse marcada pela construção de um asilo majestoso. Essa mobilização, com verbas do Imperador, com loterias e com o chamado "imposto da vaidade" (venda de títulos de nobreza não hereditários), permitiu não só a construção do Hospício Pedro II, como a remodelação de prédios da Santa Casa e outras obras de filantropia: foi construído o Cemitério do Caju, o Hospital de tuberculosos, etc. Quem mandava efetivamente no asilo eram as religiosas incumbidas dos doentes e a mesa diretora da Santa Casa, sendo que os médicos só assumiram sua administração com a República". (PICCININI, Walmor; ODA, Ana

asilar específica para transtornos mentais e, em 1841, D. Pedro II assinou o decreto da fundação do primeiro hospital psiquiátrico brasileiro, inaugurado em 1852 na cidade do Rio de Janeiro, ainda sob a administração da Santa Casa de Misericórdia. Os declarados "loucos" passaram a ser considerados doentes mentais, com um local próprio para reclusão e, simbolicamente, para "tratamento".

Mas quem eram, de fato, essas pessoas rotuladas como "loucas" e "perigosas"? Como eram e por que eram assim classificadas? Quais foram as consequências dessa rotulação?

As esparsas referências que se têm sobre o assunto demonstram que essas pessoas estavam entre os miseráveis espalhados pela cidade, índios, negros degenerados, trabalhadores, camponeses, imigrantes,[116] mendigos, desempregados, retirantes, ou seja, os considerados perigosos para a ordem pública e a sociedade de bem, que estavam longe de oferecer riscos ou apresentar transtornos mentais efetivos, sendo nada muito diferente da Europa.[117]

Como bem determinava o plano político de *normalização* da medicina social, era preciso *conter e vigiar* os indesejáveis, *garantir segurança* e *limpar/higienizar* o espaço público. E essa classificação dava-se por algo que a psiquiatria – que ali se iniciava – convencionou chamar de doença mental. Não havia nenhum rigor médico-psiquiátrico-científico para tal categorização, melhor dizendo, a condição era ser considerado um *indesejado social*, exclusivamente.

A denominação de "louco potencialmente perigoso" estava diretamente vinculada à condição social. Os ricos que, por ventura, apresentassem algum sofrimento psíquico, jamais seriam considerados perigosos e/ou encaminhados para uma instituição asilar, pelo contrário, eram vistos de forma humanitária, tratados em ambiente domiciliar com todo o cuidado, sendo preservado, sobretudo, o convívio social. Logo, o "tratamento" de exclusão e contenção tinha seu alvo certo: pobres e miseráveis que incomodassem de alguma forma. "O destino

---

Maria G. R. *História da psiquiatria* – a loucura e os legisladores. Disponível em: <http://www.polbr.med.br/ano06/wal0306.php>. Acesso em 01/04/2015).

[116] Especificamente sobre a questão da influência do positivismo e das teorias racistas no que tange à perseguição e à criminalização dos estrangeiros ("profilaxia da imigração"), indica-se a tese de doutorado: MOARES, Ana Luisa Zago de. *"Crimigração"*: a relação entre política migratória e política criminal no Brasil. Tese de doutorado. Programa de Pós-Graduação em Ciências Criminais. Pontifícia Universidade do Rio Grande do Sul. Porto Alegre, 2015.

[117] AMARANTE, Paulo. Asilos, alienados e alienistas: pequena história da psiquiatria no Brasil. In: AMARANTE, Paulo (org.). *Psiquiatria social e reforma psiquiátrica*. Rio de Janeiro: Fiocruz, 1994, p. 75.

asilar é predominantemente decorrente do lugar social do paciente e não consequência de uma patologia".[118]

Sobre a questão da falta de critério[119] para o ingresso nos asilos psiquiátricos, cabe aqui referenciar um exemplo clássico,[120] que confi-

---

[118] TUNDIS, Silvério Almeida; COSTA, Nilson do Rosário. Cidadania, classes populares e doença mental. In: TUNDIS, Silvério Almeida; COSTA, Nilson do Rosário (orgs.). *Cidadania e Loucura*: políticas de saúde mental no Brasil. 7ª ed. Petrópolis: Vozes, 2001, p. 12.

[119] O problema é crônico e era autorizado de forma legal. "O Decreto nº 1.132 de 22 de dezembro de 1903 que *reorganiza a assistência a alienados* foi a primeira lei nacional que abordou a questão dos alienados. Era composto por 23 artigos que tratavam dos motivos que determinam a internação e dos procedimentos necessários para a realização da mesma; da guarda dos bens dos alienados; da possibilidade de alta; da proibição em se manter alienados em cadeias públicas; da inspeção dos asilos feita por comissão a mando do ministro da justiça e negócios interiores; das condições necessárias para o funcionamento do asilo; do pagamento das diárias dos doentes; da composição dos trabalhadores do Hospício Nacional e das colônias de alienados; da penalidade pelo descumprimento da lei. A internação era determinada por questões de segurança pública e não se relacionava com o bem-estar ou o cuidado para com o alienado. O exame médico apresentava papel secundário na determinação da internação e era realizado após a pessoa ter sido internada com o objetivo confirmar o quadro de alienação. Como na legislação francesa, a ordem pública e a segurança da sociedade eram os fatores determinantes da realização da internação, estando a perícia médica em segundo plano neste procedimento. (...) No caso da internação ser requerida por algum particular, a lei não menciona a necessidade de comprovação de parentesco ou outro tipo de relação. Desta forma, qualquer pessoa poderia requerer a internação de alguém que fosse suspeito de alienação ou que ameaçasse a segurança da sociedade. (...) A Lei Federal de 1934 dispunha *sobre a profilaxia mental, a assistência e proteção à pessoa e aos bens dos psicopatas, a fiscalização dos serviços psiquiátricos e dá outras providências*. (...) De modo geral, este tipo de estabelecimento mantinha as características do decreto anterior: falta de critério para a internação". (BRITTO, Renata Corrêa. *A Internação Psiquiátrica Involuntária e a Lei 10.216/01. Reflexões acerca da garantia de proteção aos direitos da pessoa com transtorno mental*. 2004. Dissertação (Mestrado em Saúde Pública). Ministério da Saúde Fundação Oswaldo Cruz – Escola Nacional de Saúde Pública, Rio de Janeiro, 2004, p. 70-77).

[120] Não menos importante exemplo a ser referenciado é o caso do hospital psiquiátrico do Juquery. Considerado um dos maiores hospícios do Brasil, o *Asylo de Alienados do Juquery* – projetado por Ramos Azevedo e fundado por Franco da Rocha em 1898 em São Paulo –, abriga mais de um século de história (velada) de mortes, torturas e maus tratos. Na inauguração o hospital tinha 80 pacientes, e como Barbacena, muitos "sem diagnóstico algum de doença mental", representantes de um setor improdutivo e inútil da sociedade. Em 1922 um pavilhão para menores foi inaugurado, chegando ao número de 3.520 crianças em 1957. Entre 1957 e 1958 o número de pacientes *passou de 7.099 para 11.009* e neste último ano atingiu a marca de *14.000 internados*. Em 1981 o complexo contava com 4.200 pacientes entre o Juquery e o Manicômio Judiciário, instalados na mesma área. Sobre as "terapias" utilizadas no hospital, "além da Malarioterapia, outras terapias foram aplicadas, como as injeções de substâncias químicas como o Protinjetól, o Sulfurpiretógeno, o "Dmelcos", injeções de leite, cálcio, etc. Foi a terapia biológica mais utilizada no Juquery, mas foi perdendo força com o uso das demais terapias biológicas e finalmente com o advento dos psicofármacos e dos Antibióticos. (...)No final da década de 30, o choque cardiazólico foi introduzido. Este inaugurou as "terapias convulsivantes" que pretendiam curar casos de Esquizofrenia e de diversas psicoses. Inicialmente essa forma terapêutica era ministrada através de injeções de Cânfora e, por provocar uma crise convulsiva mais forte, foi substituída pela injeção de Cardiazol" (TARELOW, Gustavo Querodia. *Humores, choques e laboratórios*: o juquery administrado por Pacheco e Silva (1923-1937). Disponível em: <http://www.anpuhsp.org.br/sp/downloads/CD%20XX%20Encontro/PDF/Autores%20e%20Artigos/Gustavo%20Querodia%20Tarelow.pdf>). Nas festividades(?) dos cem anos do hospital (final dos anos 90), o perfil dos internos do Juquery não era muito diferente do da inauguração. Dos 1.670 pacientes, apenas 25% eram "doentes mentais". Internados há muitas décadas os pacientes eram ociosos, deslocando-se apenas para comer, dormir e, esporadicamente, tomar banho de sol. As queixas de má alimentação e falta de higiene ainda eram constantes. No início dos anos 2000 (antes da promulgação da Lei Antimanicomial), *o Brasil detinha o título de*

gurou o maior extermínio[121] já visto na história brasileira, o caso do *Hospital Colônia de Barbacena*, em Minas Gerais,[122] Fundado em 1903, com capacidade para 200 leitos, o hospital contava com uma média de 5.000 mil pacientes em 1961 e ficou conhecido pelo genocídio ocorrido especialmente entre 1960 e 1980. Trens com vagões lotados[123] (chamados de "trens de doido"), semelhantes aos dos campos de concentração alemães, despejavam diariamente os "indesejáveis" para "tratamento". Sob a batuta da medicina e seus argumentos científicos, o resultado do "tratamento" manicomial executado nesse local foi o sangue e a dor de 60.000 (sessenta mil) mortos.[124]

O mais importante a ser frisado nesse contexto é que se deduz que cerca de 70% dos internados não tinham qualquer diagnóstico de doença mental. O hospital era destinado para a contenção única e exclusiva de pessoas não agradáveis e incômodas, e sob as bases da teoria eugênica[125] do século XIX, eram enviados opositores políticos, prosti-

---

país com o maior parque manicomial do mundo, com quase 100 mil pacientes confinados. Nesse período, o Juquery somava um histórico de *120 mil pacientes e só num período de 10 anos – entre as décadas de 70 e 80 – chegou a abrigar entre 16 e 20 mil pacientes*. Em 2005 houve um incêndio que atingiu o setor administrativo do hospital, a biblioteca e destruiu praticamente todos os registros de internação. Afirmam ex-funcionários que nesses livros constavam uma média de 33.977 óbitos. No meio destes estavam dois mil menores, dentre eles: adolescentes, crianças e natimortos. O incêndio impediu uma série de investigações e comprovações documentais do genocídio que ali ocorreu.

[121] Sobre o Holocausto Brasileiro, como ficou conhecido esse trecho da história, ver: ARBEX, Daniela. *Holocausto brasileiro – vida, genocídio e 60 mil mortes no maior hospício do Brasil*. São Paulo: Geração Editorial, 2013.

[122] Foi o primeiro hospício de Minas Gerais. Antes dessa construção, as pessoas eram encaminhadas para o Hospital Nacional dos Alienados do Rio de Janeiro. Esta prática era dispendiosa para o governo mineiro, o que, somado ao crescimento da demanda e às exigências de modernização e urbanização do estado, levaram à criação em 1900, na cidade de Barbacena, da primeira Assistência a Alienados que se tornaria, três anos depois, o primeiro hospício do Estado, A escolha da cidade foi uma decisão meramente política, por influência dos políticos locais de projeção nacional. (...) Outras instituições se seguiram ao primeiro hospício: em 1922, na jovem capital mineira é construído seu primeiro Nosocômio, o Instituto Raul Soares; em 1927, vizinha a Barbacena é inaugurado o Hospital Colônia de Oliveira, para abrigar mulheres alienadas e crianças;e também em Barbacena , em 1929, abre-se o primeiro e único Manicômio Judiciário do estado, o Jorge Vaz. (PASSOS, Izabel Christina Friche. *Loucura e sociedade*: discursos, práticas e significações sociais. Belo Horizonte: Argvmentvm, 2009, p. 108-109).

[123] Além do trem muitas pessoas chegavam ao hospital de ônibus ou em viaturas policiais. Várias requisições de internações eram assinadas por delegados, isso porque, antes do Hospital Colônia, muitas pessoas que se achava ter sofrimento psíquico em MG eram colocadas em cadeias publicas ou Santas Casas de Misericórdia.

[124] Os 60 mil mortos estão enterrados no Cemitério da Paz, construído junto com o Hospital Colônia no início do século XX, cuja área pertence à Fundação Hospitalar do Estado de Minas Gerais. Está desativado desde a década de 80 e a explicação do psiquiatra Jairo Toledo, que respondeu pela direção do centro Hospitalar Psiquiátrico Barbacena até março de 2013, é que o terreno está saturado. (ARBEX, Daniela. *Holocausto brasileiro...*, p. 65).

[125] O interessante é que o fundamento eugênico para consubstanciar as práticas do Hospital Colônia, nem sequer, coaduna-se com a teoria eugênica desenvolvida no Brasil no início do século XX, muito menos com a teoria nazista de Hitler. Isso porque, "o movimento eugênico brasileiro do início do século XX, apostava em medidas preventivas para o melhoramento da raça, como:

tutas, homossexuais, mendigos, pessoas sem documentos, epiléticos, alcoólatras, meninas grávidas e violentadas por seus patrões, esposas confinadas para que o marido pudesse morar com a amante, filhas de fazendeiros que perderam a virgindade antes do casamento, entre outros grupos marginalizados na sociedade.

Em resumo: era preciso livrar-se da escória,[126] do mal social e do incômodo em um local onde ninguém pudesse ter acesso. Para finalizar a observação, destaca-se que os números exorbitantes e silenciados (por mais de 50 anos) das execuções sumárias, frias e violentas que ocorreram no hospital Colônia de Barbacena superaram, e muito, as mortes registradas e ocultadas na ditadura militar brasileira (dentre índios, camponeses, perseguidos políticos, etc.) superaram inclusive os números das mais sangrentas ditaduras da América Latina, do Chile, com mais de 40 mil, e Argentina com mais de 30 mil mortos.

Retomando a história dos hospitais psiquiátricos, em 1881, Nuno de Andrade assumiu como diretor do Hospital D. Pedro II e, em 1886, Teixeira Brandão ocupou o cargo como primeiro médico-psiquiatra. Nesse período iniciou-se o ensino regular de psiquiatria aos médicos em geral. Em 1890, o referido hospital mudou o nome para Hospital Nacional dos Alienados, passando da tutela da Santa Casa para o Estado. Em poucos anos (já em 1902), um inquérito levado ao governo revelou que "o hospital nacional era simplesmente uma casa para detenção de loucos, e que não havia tratamento adequado, nem disciplina, nem qualquer fiscalização".[127] Com isso, sob a nova direção de Juliano Moreira,[128] iniciou-se um novo ciclo da instituição. A Psiquiatria tornou-se

---

(a) higienização da população por meio do exame e do certificado pré-nupcial; (b) esterilização dos anormais. E não eram só negros e mestiços que ofereciam riscos para o futuro da nação, mas os 'anormais' e todos os pobres, que sempre foram responsáveis pela miséria moral e material e agora, pela degeneração da espécie. Em resumo, a grande preocupação dos médicos cientistas era com as elites, na reformulação da organização familiar (de origem colonial)." (LOBO, Lilia Ferreira. *Os infames da história...*, p. 203-204). Ou seja, no caso do Hospital Colônia não havia nenhum interesse em melhoramento da raça brasileira. O que se executava naquela instituição total ia para além da brutalidade humana, tratava-se de extermínio puro e simples, no contexto mais desumano e genocida possível. Inocuizava-se e matava-se pelos motivos mais abomináveis.

[126] "Os pacientes do Colônia morriam de frio, de fome, de doença. Morriam também de choque. Em alguns dias, os eletrochoques eram tantos e tão fortes que a sobrecarga derrubava a rede do município. Nos períodos de maior lotação, 16 pessoas morriam a cada dia e ao morrer, davam lucro. Entre 1969 e 1980, mais de 1.800 corpos de pacientes do manicômio foram vendidos para 17 faculdades de medicina do país, sem que ninguém questionasse. Quando houve excesso de cadáveres e o mercado encolheu, os corpos passaram a ser decompostos em ácido, no pátio da Colônia, na frente dos pacientes ainda vivos, para que as ossadas pudessem ser comercializadas". (ARBEX, Daniela. *Holocausto brasileiro...*, p. 14).

[127] COSTA, Jurandir Freire. *História da psiquiatria no Brasil...*, p. 22.

[128] Sob sua influência, foi promulgada em 1903 a "Lei Federal de Assistência aos Alienados", em 1905 surgiram os *Arquivos Brasileiros de Psiquiatria, Neurologia e Ciências Afins* e em 1907 a Sociedade *Brasileira de Psiquiatria, Neurologia e Medicina-Legal*.

especialidade médica autônoma, e de 1912 até 1920, ocorreu um aumento significativo das instituições totais destinadas especificamente às pessoas em sofrimento psíquico no país. Tinha-se um novo objeto de sujeição institucionalmente reconhecido, com um novo sujeito do saber.

Nesse cenário, parece claro o que Foucault[129] chamou de "emergência das técnicas de normalização", que são poderes não somente entendidos como efeito de conexão entre saber médico, judiciário e político, mas que se constituíram com autonomia e regras próprias, atravessando e estendendo sua soberania em toda a sociedade, sem apoiar-se exclusivamente em nenhuma instituição específica. Os poderes de normalização utilizam um discurso que não se organiza apenas em torno da perversidade, mas do medo, da moralização, da contenção e da hipocrisia.

Utilizando-se de dispositivos discursivos e não discursivos, articulados a objetivos amplos de poder, foi possível a partir de verbas públicas, donativos e loterias, durante o Segundo Reinado, construir várias instituições exclusivas para os reconhecidos pelo Estado como "alienados", inicialmente nas províncias de Rio de Janeiro, São Paulo, Pernambuco, Pará, Bahia, Rio Grande do Sul e Ceará; e, já na República, nos estados de Alagoas, Paraíba, Minas Gerais e Paraná, conforme o quadro abaixo:

Província/Estado	Ano	Estabelecimento (município)
Rio de Janeiro	1852	Hospício de Pedro II (Rio de Janeiro)
	1878	Enfermaria de Alienados anexa ao Hospital São João Batista (Niterói)
	1890	Colônias de São Bento e Conde de Mesquita (Ilha do Governador)
São Paulo	1852	Hospício Provisório de Alienados de São Paulo (Rua São João)
	1864	Hospício de Alienados de São Paulo (Chácara da Tabatingüera)
	1895	Hospício-colônia provisório de Sorocaba
	1898	Hospício-colônia de Juqueri (atual Franco da Rocha)
Pernambuco	1864	Hospício de Alienados de Recife-Olinda (da Visitação de Santa Isabel)
	1883	Hospício da Tamarineira (Recife)
Pará	1873	Hospício Provisório de Alienados (Belém, próximo ao Hospício dos Lázaros).
	1892	Hospício do Marco da Légua (Belém)
Bahia	1874	Asilo de Alienados São João de Deus (Salvador)
Rio Grande do Sul	1884	Hospício de Alienados São Pedro (Porto Alegre)
Ceará	1886	Asilo de Alienados São Vicente de Paula (Fortaleza)

---

[129] FOUCAULT, Michel. *Os anormais...*, p. 32.

Alagoas	1891	Asilo de Santa Leopoldina (Maceió)
Paraíba	1890	Asilo de Alienados do Hospital Santa Ana (João Pessoa)
Amazonas	1894	Hospício Eduardo Ribeiro (Manaus)
Minas Gerais	1903	Hospício de Barbacena
Paraná	1903	Hospício Nossa Senhora da Luz (Curitiba)
Maranhão	1905	Hospício de Alienados (São Luis do Maranhão)

Fonte: MEDEIROS, T. A. *Formação do modelo assistencial psiquiátrico no Brasil*. Dissertação de mestrado (Universidade Federal do Rio de Janeiro), 1977, *apud* PICCININI, Walmor; ODA, Ana Maria G. R. História da psiquiatria – a loucura e os legisladores. Disponível em: <http://www.polbr.med.br/ano06/wal0306.php>.

A criação do Hospital D. Pedro II e dos demais hospitais psiquiátricos no final do século XIX e início do século XX não cumpriu satisfatoriamente a função simbólica (de tratamento),[130] mas sim as funções reais perante a sociedade, como instituições que pudessem "sanar" o problema sanitário e da segurança pública. Por atender a esses objetivos (primários), a questão da superlotação era uma constante nesses locais. Até 1862, o hospital D. Pedro II recebia todos os entendidos como "alienados" pelas autoridades públicas. Durante quase 50 anos teriam sido recolhidos "um total de 6.040 pessoas e só entre 1890 e 1894 teriam sido internados 3.201".[131]

Tinha-se uma superpopulação psiquiátrica (de certa forma carcerária) de "alienados fabricados", que com o passar dos anos, crescia abruptamente correspondendo às políticas públicas traçadas pela medicina social. Estes estabelecimentos, portanto, "tornaram-se lugares exclusivos de guarda, terrenos devastados por uma gestão puramente administrativa do desvio. Os psiquiatras repetiram o ritualismo monótono da segregação social".[132]

A partir daí, passou-se a ter um arsenal de armas e uma estrutura de guerra configurada. Instrumentos terapêuticos violentos, a dura disciplina da conduta clínica, as práticas repressivas da vida manicomial, tudo isso demonstrou (e ainda demonstra) o quanto a *medicina* se aproximava do categorizado (e constituído oficialmente) portador de sofrimento psíquico como *inimigo* que, "além de *perigoso*, por isso sempre vigiado de perto, carrega(va) em si uma 'natureza', 'instintos', 'impulsos', ou seja, uma animalidade que precisa(va) ser domada".[133] Eis o

---

[130] "Segundo o estatuto de fundação de 1852, o Hospício Pedro II destinava-se privativamente para asilo, tratamento e curativo dos alienados". (ENGEL, Magali Gouveia. *Os delírios da razão*: médicos, loucos e hospícios (Rio de Janeiro 1830-1930). Rio de Janeiro: Fiocruz, 2001, p. 209)

[131] LOBO, Lilia Ferreira. *Os infames da história...*, p. 398.

[132] CASTEL, Robert. *O psicanalismo...*, p. 142.

[133] PESSOTTI, Isaias. *O século dos manicômios...*, p. 13.

inevitável objetivo das instituições psiquiátricas, destinadas à figurada proteção do paciente da fúria da comunidade e dele mesmo, como também à representativa proteção da comunidade em relação ao indivíduo instituído como doente e perigoso.

1.4.1. Naturalização da violência: isolamento, vigilância e medicalização dos corpos

Do processo de medicalização e padronização da sociedade, elaborado e desenvolvido pela medicina social – que explicitamente se estruturou como política oficial –, surge o projeto (característico da psiquiatria) de patologizar o comportamento do "louco", a partir de então considerado anormal e, portanto, medicalizável.[134] Assim, o hospital psiquiátrico, visto como meio instrumental para o exercício da psiquiatria, foi o lugar escolhido estrategicamente para ação terapêutica, de benefício social, com o objetivo (ainda que figurado) de acabar com a loucura; foi uma instituição concebida medicamente.

O hospital tinha como fundamento o isolamento dos pacientes, sendo este um princípio formulado nas teses de Esquirol (na França) e que foi absorvido pelo Brasil desde 1816. Para os psiquiatras da época, o espaço asilar era o meio capaz de reestruturar o contato entre o paciente e a família, sendo a reclusão aplicada de acordo com a doença e o tratamento. Não seria possível atingir a cura sem tratamento asilar.

O afastamento como intervenção terapêutica era uma característica básica do regime médico-policial dos hospitais psiquiátricos do final do século XIX e início do século XX. Construídos taticamente fora do aglomerado urbano, era "um espaço fechado, com uma única entrada constantemente vigiada, de onde os alienados não saíam, a não ser para passeios pela redondeza, mas sempre acompanhados pelos enfermeiros, onde ninguém poderia interferir na relação da psiquiatria com seu doente".[135]

No entanto, o isolamento em relação ao meio social era específico para um tipo de doente: o "louco" pobre. As famílias ricas não eram obrigadas a internar um parente em sofrimento psíquico. A riqueza poderia oferecer garantias quanto à segurança e ao tratamento e a internação não deveria ser imposta obrigatoriamente. O pobre já não tinha a mesma sorte; para o Estado, ele não tinha possibilidade de garantir o tratamento ou a segurança, logo, o isolamento era inevitável e

---

[134] MACHADO, Roberto et al. Danação da norma..., p. 376.
[135] Ibidem, p. 432.

obrigatório. E por isso, não era considerado um sequestro, ato arbitrário de uma autoridade usurpadora; era uma internação requerida pela situação particular do sujeito em sofrimento mental. "Medida, portanto, sem dúvida, tão rigorosa, tão imperiosa e tão segura quanto a mais policial das detenções".[136]

Os declarados "loucos" (pobres) eram associados aos bêbados e aos animais ferozes, cuja presença nos espaços públicos poderia representar ameaça não apenas à ordem e à tranquilidade pública, mas também à própria integridade física e moral da população urbana. Mais do que exilar a loucura, o hospital deveria ser organizado para não haver contatos entre os sexos, entre as diferentes condições sociais e, sobretudo, entre os diferentes tipos de doença mental. O espaço asilar representava a conquista da ciência, colocando os doentes sob o controle exclusivo do alienista. Este, na tentativa de conquistar o poder absoluto sobre a loucura, retirava do paciente qualquer resíduo de poder sobre si mesmo e sobre a loucura possivelmente preservada. O ambiente hospitalar atribuía ao médico o direito e o poder de falar pelo doente.[137]

Outra propriedade do hospital psiquiátrico era a rigorosa vigilância do local. Nada muito diferente da prisão, o doente deveria ser vigiado em todos os lugares e em todos os momentos, submetido a um olhar permanente.

> A diferença entre o panopticon e o hospício parece estar no modo de realização da vigilância. Não se trata mais, no hospício, de uma vigilância central caracterizada espacialmente. Embora no centro do edifício esteja o local da administração, este só muito longinquamente poderia lembrar a torre do panopticon. (...) O fundamental na relação com o modelo ideal de uma instituição de vigilância é que no hospício está presente o "princípio da inspeção" definido por Bentham no Panopticon, segundo o qual deve haver uma presença total e constante do diretor do estabelecimento junto aos indivíduos, presença essa que deve induzir neles um estado consciente e permanente de visibilidade que assegura o funcionamento automático de poder. No hospício quem se ocupa dessa função de vigilância é sobretudo o enfermeiro, que deve acompanhar os doentes por todos os lugares e em todos os momentos.[138]

O hospital estabelecia normas de comportamentos que deveriam ser seguidas e interiorizadas, transformando e criando a docilidade das mentes e dos corpos, agora medicalizados. Caso a docilidade não fosse atingida por meios cordiais, seriam necessários os meios de repressão

---

[136] CASTEL, Robert. *A ordem psiquiátrica*: a idade de ouro do alienismo. Rio de Janeiro: Edições Graal, 1978, p. 188.
[137] ENGEL, Magali Gouveia. *Os delírios da razão...*, p. 184-195.
[138] MACHADO, Roberto *et al. Danação da norma...*, p. 436.

que, para os psiquiatras, "não visavam a marcar o corpo, mas a transformar o corpo violento em corpo pacífico".[139]

A disciplina fabrica(va) corpos pacíficos, submissos e exercitados. Aumenta(va) as forças do corpo (em termos econômicos de utilidade) e diminuí(a) essas mesmas forças (em termos políticos de obediência). Dissocia(va) o poder do corpo, retirando-lhe a potência e acentuando a dominação. Essa *normalização disciplinar* classifica(va) os elementos em função de objetivos determinados, estabelecendo sequências e coordenações otimizadas, adestrando e controlando ininterruptamente.[140]

Como já assinalado, a psiquiatria brasileira constituiu-se atingindo diretamente os corpos e as almas das pessoas. Ela passou a ditar as normas de conduta aos comportamentos desregrados e "anormais", gerindo a vida desses sujeitos. Esse poder disciplinar contava com dispositivos específicos, profissionais especializados e população cuidadosamente selecionada. Na luta que a medicina travava para ter seu lugar ao sol na política nacional, obteve sucesso estabelecendo padrões sociais normalizadores, resultando numa das principais características da nossa sociedade. A criação sociopolítica da categoria "doença mental"[141] e a aplicação do tratamento moral, pautado na cientificidade inquestionável trataram de tornar o hospital psiquiátrico um executor da "pedagogia da ordem" e da moral, porém *"um fracasso como uma instância terapêutica"*.[142]

O corpo (denominado doente e perigoso) está diretamente mergulhado num campo político; as relações de poder têm alcance imediato sobre ele. Elas o investem, marcam-no, dirigem-no, supliciam-no, sujeitam-no a trabalhos, obrigam-no à submissão, exigem-lhe sinais, comportamentos e respostas padrões. O corpo é investido por relações de poder e de dominação e há uma verdadeira economia política em torno dele.

Nessa linha, é preciso admitir que esse poder produz saber e que poder e saber estão diretamente implicados. Não há relação de poder sem constituição correlata de um campo de saber, nem saber que não suponha e não constitua, ao mesmo tempo, relações de poder.[143]

---

[139] MACHADO, Roberto *et al. Danação da norma*..., p. 445.

[140] AMARAL, Augusto Jobim do. *A política da prova e cultura punitiva*: a governabilidade inquisitiva do processo penal brasileiro contemporâneo. São Paulo: Almedina, 2014, p. 317.

[141] Sobre a ideologia e o mito da doença mental e a fabricação da loucura, ver: SZASZ. Thomas S. *A fabricação da loucura* – um estudo comparativo entre a inquisição e o movimento de saúde mental. Rio de Janeiro: Zahar editores, 1976; SZASZ. Thomas S. *Ideologia e doença mental*..., 1977; SZASZ. Thomas S. *O mito da doença mental*..., 1979.

[142] MACHADO, Roberto *et al. Danação da norma*..., p. 450.

[143] FOUCAULT, Michel. *Vigiar e punir*: nascimento da prisão. Petrópolis: Vozes, 1987, p. 25-27.

Na modernidade, a dimensão do político era compreendida à luz da razão, que era critério e base da busca da verdade e não havia mais espaço para o metafísico e crenças religiosas. A supervalorização do racional e do sujeito de conhecimento transformou o governo dos loucos, dos pobres, dos mendigos, das prostitutas, dos estrangeiros, dos moradores de rua, dos ex-escravos, dos operários, numa compulsão pela marginalização dos desvios e ordenação das diferenças, permitindo a um Estado, medicamente orientado, investir em suas técnicas de controle: *o exercício do biopoder*.

Trata-se de uma demanda de governo autoritário, que se utilizou da medicina (e vice-versa) e seus instrumentos de contenção para poder isolar e sequestrar justificadamente, sendo uma luta constante dos médicos a de medicalizar a legislação.

2. O debate entre médicos e juristas em nome da "sciencia"

No Brasil do final do século XIX, o conflito médico-jurídico estava instaurado, e o dilema era saber qual ciência seria capaz de solucionar eficientemente os problemas sociais, inclusive os de "incivilidades". A partir do paradigma etiológico-determinista (com seus devidos rearranjos teóricos), a medicina julgava-se plenamente apta a desenvolver seu projeto político de controle e urbanização, aplicando um modelo de dominação normalizadora e sanitária junto ao governo. O homem de direito seria um mero assessor que colocaria sob forma de lei o que o perito médico já diagnosticara e com o tempo trataria de sanar. Os juristas, por sua vez, levantavam a bandeira de salvadores da pátria, achando-se genuinamente capazes de livrar o Estado do caos. Para eles, "cabia ao jurista codificar e dar uma forma unificada ao país, sendo o médico assimilado como um técnico que auxiliaria no bom desempenho desses profissionais".[144]

Partindo desses níveis de análise, o segundo capítulo abordará inicialmente a questão da fundação da *Escola Nina Rodrigues*: seus fundamentos, seus focos, suas influências e suas contribuições no âmbito médico-jurídico. Trabalhando em contextos mais específicos de discussão, optou-se por aprofundar as investigações de Nina Rodrigues – como representante da escola médica da Bahia – por se entender que seus estudos sobre degenerescência racial, criminalidade, medicina judiciária e controle social dos degenerados foram fundamentais para a construção do que se reconhece como controle social e penal destinado ao sujeito em sofrimento psíquico no Brasil.

Nessa linha, tratar-se-á do debate médico nas publicações da Gazeta Médica da Bahia, que no final do século XIX e início do século XX retomava a importância de fixar a ciência médica como saber científico capaz de solucionar os problemas sociopolíticos do país. Entre 1866

---
[144] SCHWARCZ, Lilia Moritz. *O espetáculo das raças...*, p. 190.

(seu surgimento) e 1930, o periódico teve diversas abordagens sobre variados temas, atendendo a necessidade política da época.

A proposta, então, é averiguar as contribuições dos ensaios, como objetos históricos para a formação do positivismo criminológico no Brasil, observando em que medida influenciaram as práticas sociojurídicas da época. Ademais, a investigação torna-se interessante como um modo de recuperação dos debates intelectuais entre as diferentes instituições naquele período histórico.

Os estudos do negro e miscigenado delinquente, bêbado, libidinoso, alienado e imoral não ficaram restritos às análises das escolas médicas e da antropologia, mas como projeto do positivismo do século XIX também foram focos das Escolas de Direito, em especial a de Recife, que tinha como representantes Tobias Barreto e Silvio Romero, militantes desse papel científico de investigação.

Assim, para além do discurso médico, o último item desse capítulo abordará a referida Escola jurídica, enfatizando esses autores como maiores expoentes e por seus contrapontos à Escola Médica (em especial a de Nina Rodrigues) que se formava no Brasil, e seus subsídios a uma nova concepção jurídico-penal, confirmando o marco de um novo tempo intelectual distante de dogmas religiosos e metafísicos.

2.1. "Escola Nina Rodrigues" e a antropologia criminal à brasileira

Raimundo Nina Rodrigues é reconhecido como o grande nome da Medicina Legal brasileira. Fundador do que se denominou de Escola Nina Rodrigues,[145] trouxe como nexo comum na sua extensa obra

---

[145] Os dois grandes nomes da Escola Nina Rodrigues são Afrânio Peixoto e Arthur Ramos. Seu primeiro e maior discípulo, o médico (romancista, político e crítico literário) *Afrânio Peixoto*, tornou a obra do médico maranhense nacionalmente reconhecida, difundindo o pensamento da Escola e proporcionando reformas promissoras. Era contra a imigração de negros no Brasil, exatamente por compactuar com a teoria da degenerescência e considerar todas as consequências desastrosas na população oriundas da miscigenação. Em 1897, escreveu sua tese inaugural *Epilepsia e crime*, trabalho que abordava a "persistência das percepções e da consciência, até nas grandes crises convulsivas", derrubando assim os velhos dogmas da psiquiatria sobre a inconsciência das crises de qualquer gênero. Em 1907, reformou o serviço médico-legal do Distrito Federal, dando continuidade ao legado de Nina (CORRÊA, Mariza. *As ilusões da liberdade* – a escola Nina Rodrigues e a antropologia no Brasil. 1982. Tese (doutorado em Ciências Sociais). Faculdade de Filosofia, Letras e Ciências Humanas da Universidade de São Paulo. São Paulo, 1982, p. 189). Arthur Ramos foi outro discípulo de destaque da referida Escola. Estudou medicina na Bahia, onde ficou famoso pelo seu interesse em psicanálise. Junto com Afrânio Peixoto, deu início às reedições dos livros esgotados de Nina Rodrigues. Estava em busca da solução mais científica e mais humanizada para a mistura de raças e culturas. Foi o pioneiro dos modernos estudos brasileiros de antropologia social, história cultural e social. Nina Rodrigues "foi um sábio que criou um nome científico que ultrapassou fronteiras do nosso país, impondo-se à consideração dos circuitos internacionais, sem haver saído da província, sem intervenções diplomáticas e sem recomendações oficiais".

os estudos sobre perícia médico-legal e antropologia das relações raciais, contribuindo intensamente para o desenvolvimento das ciências sociais no Brasil. Professor da Faculdade de Medicina da Bahia, talvez tenha sido o maior representante do spencerianismo no país.

Como mulato e com grande trânsito na elite branca brasileira, enfrentava relações raciais ambíguas que lhe permitiam conciliar sua condição sociorracial com as pesquisas sobre inferioridade dos negros e degeneração dos mestiços. Tentando amenizar suas contradições entre sua raça e suas pesquisas científicas, tratou de afirmar logo que nem todos os mestiços eram degradados. Seguindo a linha de Gobineau, nem todas as grandes civilizações foram construídas por brancos, embranquecendo assim os negros camitas (ário-africanos), responsáveis pela civilização egípcia e que teriam vindo para o Brasil e dado origem aos negros mais intelectuais do país, justificando, quem sabe, sua própria existência.

Um dos focos de Nina Rodrigues e seus seguidores era a definição da sociedade brasileira enquanto povo e do país enquanto nação, colocando as relações raciais como questão principal. Seus trabalhos impregnados de teorias científicas e de interesses políticos procuravam respostas para estas questões, bem como critérios de acessos à plena cidadania e à construção de imagens ideais do país.

Afirmava que a raça negra, que "fundamentou com suor a argamassa de nossa nação e independência, não apenas predominava em números em relação a brancos e índios, como já preparava, diluída na miscigenação, o predomínio que lhe caberia na direção do futuro do povo".[146] Os negros possuíam o direito legítimo de serem devidamente reconhecidos e investigados.

As pesquisas de Nina Rodrigues[147] sobre a diversidade étnico-cultural e social do Brasil estruturaram-se na linha racial-evolucionista (advinda dos estudos antropológicos europeus), visando a estratégias que possibilitassem compreensões e soluções sobre a questão da unidade nacional. E nessa época, o saber médico passara a regular, de forma muito mais intensa, a vida individual das populações e das instituições urbanas. No período de produção científica de Nina Rodrigues,

---

(RAMOS, Arthur. *Loucura e crime*: questões de psychiatria, medicina forense e psychologia social. Porto Alegre: Livraria do Globo, 1937, p. 188).

[146] RODRIGUES, Raimundo Nina. *Os africanos no Brasil*. São Paulo: Madras, 2008, p. 28.

[147] Não só Nina Rodrigues, mas vários autores da época debruçaram-se sobre o tema, tais como Juliano Moreira, Arthur Ramos, dentre outros.

esse caráter regulador da medicina, embora estabelecido, necessitava de maior consolidação e esse autor trabalhou em tal sentido.[148]

Apoiado na *teoria da degenerescência* (ou degeneração) de Morel, Nina criou uma *antropologia criminal*[149] – que deveria ser aplicada como elemento purificador e preventivo dos processos de degeneração que, para ele, se encontravam ativos na população – sendo considerado o verdadeiro fundador da criminologia brasileira, afirma Zaffaroni.[150]

2.1.1. Nina Rodrigues e os estudos sobre degenerescência: quais as causas e as consequências?

Nina não negava a sua filiação à escola italiana. As ideias de Lombroso, Ferri e Garófalo – que buscavam as causas do crime e da criminalidade em âmbitos individuais, físicos e sociais – chegaram ao Brasil e foram absorvidas por este e por outros pesquisadores nacionais. A Criminologia Positivista,[151] atrelada às teorias raciais, "gerava uma aliança entre técnica e ciência, possibilitando o deslocamento da problemática das diferenças entre as raças e da superioridade da raça branca, desde um problema de justificação da ordem atual para a implementação de uma política de controle social efetivo".[152]

Sobre a inviabilidade social do mestiço, com o reconhecimento de uma influência degenerativa nos cruzamentos humanos, Nina considerava que foi a psicologia criminal que afirmou a possibilidade dessa consequência do cruzamento. "No segundo Congresso de Antropologia

---

[148] MACHADO, Roberto *et al. Danação da norma:* medicina social e constituição da psiquiatria no Brasil. Rio de Janeiro: Graal, 1978.

[149] O pioneiro da oficialização da antropologia criminal foi Alexandre Lacassagne. Ele tomou de Morel a combinação de caracteres herdados e adquiridos e combinou as teses frenológicas do alemão Gall com a estratificação social, sustentando que a etiologia criminosa dependa de modificações do cérebro que podiam afetar a região occipital, a frontal ou parietal: as afecções no occipital produziam os criminosos de classes baixas, instintivos; as na região parietal, do equilíbrio, produziam os ocasionais ou impulsivos da classe média; as da região frontal, do pensamento, os delinquentes alienados de classe alta. (Zaffaroni, Eugenio Raúl. *A palavra dos mortos...* p. 105.)

[150] ZAFFARONI, Eugenio Raúl. *A palavra dos mortos...* p. 105.

[151] Para Elena Larrauri e José Moliné, "la originalidad de la Escuela Positiva no consiste tanto en aplicar métodos experimentales para conocer el fenómeno delictivo (pues en ello habían sido precedidos por Quetelet y Guerry, los llamados estadísticos morales) sino más bien en defender la revolucionaria idea de que la delincuencia está determinada biológicamente. Los autores de la escuela positiva no sostienen que la criminalidad se deba únicamente a factores biológicos – son además relevantes factores de carácter ambiental – pero sí postulan que en caso de que la persona carezca de predisposición biológica en ningún caso delinquirá. Es por ello que una idea clave de la Escuela Positiva es la defensa de la anormalidad biológica del delincuente". (PIJOAN, Elena Larrauri; MOLINÉ, José Cid. *Teorías criminológicas* – explicación y prevención de la delincuencia. Barcelona: Editorial Bosch, 2001, p. 57-58)

[152] DUARTE, Evandro Charles Piza. *Criminologia e racismo*: introdução à criminologia brasileira. Curitiba: Juruá, 2006, p. 138.

Criminal, em Paris, em 1889, Clémence Royer invocou pela primeira vez a influência degenerativa da mestiçagem na etiologia do crime".[153] Em tais condições, fazia-se necessário resolver o problema através da observação direta e imediata da sociedade.

Nina Rodrigues entendia que a observação voltada para todo um povo ou para casos muito específicos não poderia trazer provas "com as luzes soberanas da verdade".[154] Num país sem o recurso de estatísticas, era quase impossível distinguir a influência da mestiçagem entre as outras causas complexas, suscetíveis de produzir sua decadência. Para evitar esses problemas, em suas pesquisas empíricas procurou preencher duas condições fundamentais: "(a) estudar pequenas localidades (pois seria mais fácil distinguir as diferentes causas degenerativas); (b) completar o estudo da capacidade social da população através do exame de sua capacidade biológica escalonada sobre sua história médica".

Dessa forma, resolveu pesquisar a comarca de Serrinha (na Bahia). Esse lugar era conhecido por apresentar índices significativos de tuberculose pulmonar. Não havia endemias sérias, mas a malária se destacava na época. A população era composta predominantemente de mestiços, mas se encontravam, de forma geral, três tipos raciais: o *pardo* (que reunia as três raças, branca, negra e amarela), os *negros* (em grande maioria) e os *brancos* (em pequeno número). Os *curibocas* também se faziam presentes; eram descendentes diretos dos índios, mas encontrados muito raramente.[155]

---

[153] RODRIGUES, Nina. Mestiçagem, degenerescência e crime. In: *História, Ciências e saúde – Manguinhos*, vol. 15, n°4. Rio de Janeiro, 2008, p. 01-03. Disponível em: <http://www.scielo.br/scielo.php?pid=S0104-59702008000400014&script=sci_arttext>. Acesso em: 13 de outubro de 2013.

[154] RODRIGUES, Nina. *Mestiçagem, degenerescência e crime...*, p. 05-07.

[155] Podia-se distinguir na população brasileira (em geral) uma grande maioria de mestiços dos mais variados cruzamentos e uma minoria de elementos antropológicos puros não cruzados, são eles: " (1) *a raça branca* – representada pelos brancos crioulos não mesclados e pelos europeus, ou de raça latina, principalmente portugueses e hoje italianos em São Paulo, Minas, etc., ou de raça germânica, os teuto-brasileiros do sul da república; (2) *a raça negra* – representada pelos poucos africanos ainda existentes no Brasil, principalmente Estado, e pelos negros crioulos não mesclados; (3) *a raça vermelha, ou indígena* – representada pelo brasilio-guarani selvagem que ainda vagueia nas florestas dos grandes estados do oeste e extremo norte. (...) Os mestiços brasileiros carecem de unidade antropológica e também podem ser distribuídos por um número variável de classes ou grupos, compreendem: (1) *os mulatos* – produto do cruzamento do branco com o negro, grupo muito numeroso, constituindo quase toda a população de certas regiões do país é divisível em: a)mulatos dos primeiros sangues; b) mulatos claros, de retorno à raça branca e que ameaçam absorvê-la de todo; c) mulatos escuros, cabras produtos do retorno à raça negra, uns quase completamente confundidos com os negros crioulos, outros de mais fácil distinção ainda; (2) *os mamelucos ou caboclos* – produto do cruzamento do branco com índio; (3) *curibocas ou cafusos* – produto do cruzamento do negro com índio. Este mestiço é extremamente raro na população. (4) *Pardos* – produto do cruzamento das três raças e proveniente principalmente do cruzamento do mulato com o índio ou com os mamelucos caboclos". (RODRIGUES, Raimundo Nina. *As raças humanas e a responsabilidade penal no Brasil*. Salvador: Livraria Progresso Editora, 1957, p. 84-86).

Propôs-se a verificar se a população tinha o vigor e a atividade que se podia esperar de uma população nova, saudável e fortificada pelo cruzamento. Partindo dessa hipótese,[156] constatou que a tendência à degenerescência era tão acentuada em Serrinha quanto poderia ser num povo decadente e esgotado. "A propensão às doenças mentais, às afecções graves do sistema nervoso, à degenerescência física e psíquica era das mais acentuadas".[157] Para o autor, fazia-se necessário investigar quais os motivos e as causas que fomentavam a significativa tendência degenerativa da população do município. Então, *quais eram as causas e as condições originárias que fomentavam tal quadro?*

Nina concluiu que as condições locais, climáticas, higiênicas, sanitárias e de consanguinidade eram as respostas mais importantes, mas destacou que especialmente esta última era a causa maior dessas manifestações:

> As causas reais das manifestações mórbidas ou de degenerescência estudadas na população de Serrinha devem ser mais longínquas e mais poderosas, e essas causas não são outras senão as más condições nas quais se efetivaram os cruzamentos raciais dos quais saiu a população da localidade analisada. O cruzamento de raças tão diferentes antropologicamente, como são as raças branca, negra e vermelha, resultou num produto desequilibrado e de frágil resistência física e moral, não podendo se adaptar ao clima do Brasil nem às condições da luta social das raças superiores.[158]

Por um viés diferente de Morel, mas inspirado nele, o médico maranhense chegou à ligação da *degenerescência-enfermidade*, cuja análise é fundamental para o presente trabalho. Com estas pesquisas, pela primeira vez[159] um autor brasileiro aproximou categorias distintas (raciais, biológicas e psiquiátricas), sobretudo a questão racial, na identificação do criminoso. Eis a conexão ideal para a análise sobre controle social no Brasil: NEGRO/MESTIÇO → DEGENERADO → DOENTE MENTAL → CRIMINOSO.

Por desconhecer os efeitos práticos desses elementos que ele elegeu serem vetores da fórmula do degenerado moral e perigoso, almejava descobrir as consequências possíveis dessa conexão. Era imprescindível saber, então: *quais os efeitos da mistura de raças na natureza mental e em termos de criminalidade?* Essa certamente era uma pergunta fundamental

---

[156] Sobre detalhes metodológicos da pesquisa, ver Rodrigues (2008).
[157] RODRIGUES, Nina. *Mestiçagem, degenerescência e crime*..., p. 8.
[158] Ibidem, p. 18.
[159] Faz-se interessante destacar que Lombroso trabalhou a tese do criminoso nato, procurando as causas do crime no criminoso, utilizando paradigmas biológicos, mas não trabalhou especificamente a teoria da degenerescência, inaugurada por Morel. Sobre o assunto ver, LOMBROSO, Cesare. *L´uomo delinquente* – all´antropologia, Allá giurisprudenza Ed alle discipline carcerarie. 5ª ed. Roma: Fratelli Boca Editori, 1896.

para os novos propósitos dos estudos de Nina, que agora estavam voltados para a garantia da ordem social.

Para o autor, a mistura entre raças de homens muito diferentes produzia um tipo mental sem valor, que não servia nem para levar a vida da raça superior, nem da inferior, e não era apropriada a nenhum gênero de vida. A dissolução do caráter provinha dos desdobramentos de tendências hereditárias opostas,[160] que criavam no mesmo indivíduo motivos de deliberação e de ação, diferentes ou contraditórios.

No que se refere à questão da criminalidade dos povos mestiços, Nina julgava estar suficientemente demonstrada a alta violência. A impulsividade das raças inferiores representava um fator de primeira ordem na criminalidade, mas compreendia-se facilmente que a impulsividade criminal poderia ser, em grande medida, uma simples manifestação da anomalia que fazia com que os criminosos não conseguissem adaptar-se ao meio social. Concluiu que o crime, como as outras manifestações de degenerescência dos povos mestiços, tais como a teratologia e a degenerescência-enfermidade, "estava intimamente ligado, no Brasil, à decadência produzida pela mestiçagem defeituosa de raças antropologicamente muito diferentes e cada uma não adaptável, ou pouco adaptável, a um dos climas extremos do país: a branca ao norte, a negra ao sul".[161] Para ele, a associação do crime às manifestações degenerativas e seu retorno aos sentimentos indomáveis (dos instintos bárbaros ou selvagens), não deixava qualquer dúvida a esse respeito.

A conexão criada e identificada nas pesquisas de Nina gerou e ainda gera consequências diretas na construção do pensamento jurídico-penal, nas práticas político-criminais, no senso comum teórico (microssistemas penais individuais) e em todo o funcionamento do Sistema de Justiça Criminal brasileiro. Ou seja, o controle social formal e informal é, até hoje, baseado (com ênfase) nessa equação perpetuada desde o final do século XIX, que diariamente é (re)legitimada como uma das grandes justificativas (científicas) dos mecanismos de punição (de todas as ordens).

O estereótipo do *criminoso nato brasileiro* engloba (de forma geral) as características observadas por Nina e, posteriormente, foi sendo complementado por outras categorias: *homem = negro/mestiço = pobre/ excluído = degenerado = doente = perigoso = criminoso.*

A incalculável dignidade é reduzida à lógica matemática cujo código hegemônico da violência não casualmente coincide com a descrição

---

[160] RODRIGUES, Nina. *Mestiçagem, degenerescência e crime...*, p. 23.
[161] Ibidem, p. 27-44.

de alguns crimes (contra os corpos e patrimônio) no Código Penal, com as lições manualescas da Criminologia tradicional e com a seletiva clientela do sistema penal. "O senso comum da criminalidade coloniza inteiramente, submetendo ao seu reduto o senso comum da violência".[162]

Por outro lado, esse racismo (étnico, científico, biológico, evolucionista) desenvolveu-se agregado ao genocídio colonizador, passando a ser a condição de aceitabilidade de tirar a vida numa sociedade de normalização. Se o poder de normalização quiser exercer o velho direito soberano de matar (sobretudo por via penal-psiquiátrica), terá necessariamente que passar pelo racismo, enfatiza acertadamente Foucault.[163] Ressalta o autor, que ao falar em matar, não se refere necessariamente à morte física e direta, mas também ao fato de expor à morte, de multiplicar os riscos de morte, a morte política, a expulsão, a rejeição, a criminalização, a internação, etc. O vínculo que se estabeleceu entre a teoria biológica do século XIX e o discurso de poder tornou-se não simplesmente uma maneira de transcrever em termos biológicos o discurso político, mas realmente "uma maneira de pensar relações de colonização, a necessidade das guerras, a criminalidade, os fenômenos da loucura e da doença mental, a história das diferentes classes, etc.".[164]

O resultado disso é que os sujeitos em sofrimento psíquico que estão submetidos ao Sistema de Justiça Criminal (controle social formal) também se encaixam nessa moldura construída para controle e regulação, já estabelecida pela medicina social, como explicitado em tópico anterior. Na realidade, Nina, quando fez essas aproximações, estabeleceu que o criminoso era fruto de uma degenerescência (racial), que levaria a uma debilidade (mental), tornando-o potencialmente perigoso e consequentemente criminoso. Era a partir da miscigenação que se previa a loucura e se entendia a criminalidade. Ou seja, o comportamento desviante sempre existiu (e sempre existirá), mas foi científica e politicamente aproximado da categoria de doença mental como estratégia político-médico-criminal de segregação da pobreza. Era uma verdadeira *economia penal psiquiátrica*.

Por isso, também, tem-se de forma corriqueira e, exclusivamente em casos de crimes sanguinários com apelos midiáticos intensos, a aproximação entre crime e doença mental, como forma de comprovação das causas do ocorrido. Diz-se exclusivamente, exatamente porque não há aproximação do autor à sua condição biopsicopatológica em cri-

---

[162] ANDRADE, Vera Regina Pereira de. *A ilusão da segurança jurídica*: do controle da violência à violência do controle penal. Porto Alegre: Livraria do Advogado, 2003.
[163] FOUCAULT, Michel. *Em defesa da sociedade*..., p. 306-307.
[164] Ibidem, p. 307.

mes de ordem socioeconômica e tributária, contra a administração pública, contra a administração da justiça, enfim, em crimes de "colarinho branco". Para Sutherland,[165] nenhum homem de negócios é reconhecido como portador de desvio de caráter, seja nato ou adquirido, eis que ocupa alta posição social e é valorizado como alguém profundamente capaz no mercado de trabalho. Aliás, para o autor, "a questão significativa sobre o crime de colarinho branco é que ele não está associado à pobreza ou às patologias sociais e pessoais".

Nessa lógica, destaca Amaral que:

> A dignidade é reduzida à calculabilidade racional, característica mais antiga ainda que a própria civilização moderna, mas que não deixa de reinar soberana e subordinar o uso austero da violência. E se o emprego do poder do Estado é aqui originariamente abusivo, havendo algo de canalha na onipotência soberana que o determina, salvar a honra da razão passa de qualquer forma em fazê-la razoar – contar com o incalculável e, mais ainda, tomá-lo justamente em conta.[166]

Nina Rodrigues conseguiu então um novo feito para a escola positiva brasileira: identificar de forma mais precisa utilizando a teoria da degenerescência – diferenciando-se, nesse aspecto, totalmente das pesquisas lombrosianas[167] e aproximando-se de Morel – as origens do potencial de periculosidade social (indevidamente associada pelos positivistas ao conceito de anormalidade), indicando assim, a pena privativa de liberdade e as medidas de segurança como meios ideais de *defesa social*.[168]

Apesar de Lombroso enviar-nos, há mais de um século, a melhor e mais cuidada descrição dos estereótipos criminosos de seu tempo, o seu erro foi interpretar esses signos como causas do delito, e não da criminalização, alerta Zaffaroni.[169] Ademais, em nenhum momento de sua trajetória científica fica evidenciado se ele chegou a utilizar a teoria da degenerescência e, exatamente por isso, Nina Rodrigues diferencia-se e inaugura um novo horizonte (ou arrisca-se a afirmar, sem traçar nenhum juízo valorativo, que foi um novo modelo), do positivismo criminológico brasileiro.

---

[165] SUTHERLAND, Edwin H. *Crime de colarinho branco* – versão sem cortes. Rio de Janeiro: Revan, 2015, p. 34.
[166] AMARAL, Augusto Jobim do. Crônica do interior da laranja. In: FRANÇA, Leandro Ayres (org.). *Literatura e pensamento científico...*, p. 162-163.
[167] ZAFFARONI, Eugenio Raúl. *A palavra dos mortos...*, p. 101.
[168] Nesse contexto do positivismo, defesa social é a proteção da sociedade contra o crime, na medida em quem se procura obter essa proteção através de uma repressão rigorosa das infrações penais. Foi Romagnosi que lançou decisivamente o critério de *defesa social* como fundamento do direito penal. Para ele, direito penal é "unicamente direito de defesa atual contra uma ameaça permanente, nascida da injustiça intemperança". (ROMAGNOSI, Giandomenico. *Génesis del derecho penal*. Tradución de Carmelo González Cortina y de Jorge Guerrero. Bogotá: Themis, 1956).
[169] ZAFFARONI, Eugenio Raúl. *A palavra dos mortos...*, p. 101.

Com o foco em saúde pública e ordem social, Nina Rodrigues também admitiu que, além de as práticas criminosas serem manifestações de degenerescência dos povos mestiços, os brancos também cometiam crimes. Ambos eram ameaças sociais, e os dois deveriam ser retirados da vida em sociedade, mas por razões diferentes: "os negros porque estavam historicamente defasados em relação a ela, os brancos por não terem se adaptado às normas de conduta que eles próprios produziram".[170]

Para o mesmo fim (cometimento de delitos), e com soluções aparentemente semelhantes (retirada do indivíduo do convívio social), o autor construiu justificativas muito bem definidas e distintas, com ênfase racista e biológica, buscando as causas (científicas) desses impulsos criminais.

> Pode-se exigir que todas estas raças distintas respondam por seus atos perante a lei com igual plenitude de responsabilidade penal? Pode-se conceber que a consciência do direito e do dever que têm essas raças inferiores, seja a mesma que possui a raça branca civilizada? Ou que, pela simples convivência e submissão, possam aquelas adquirir, de um momento para outro, essa consciência, a ponto de se adotar para elas conceito de responsabilidade penal idêntico ao dos italianos, a quem fomos copiar nosso código?[171]

Realmente responder a essas questões exigiria um bom conhecimento em ciências biológicas. Destacava que o Código Penal brasileiro, até então, longe desses estudos, refletia um ensino religioso arcaico (pelo princípio da igualdade), que do ponto de vista do livre arbítrio devia ser tão injusto nos domínios penais, quanto nos domínios sociais.[172] Em resumo, a grande dificuldade estava em avaliar a responsabilidade do índio e do negro (já incorporados à nossa sociedade) gozando dos mesmos direitos dos brancos e colaborando na civilização do país.

Sem abandonar a hereditariedade, a consequência mais relevante dessa nova perspectiva penal e política foi o *deslocamento da questão da responsabilidade*. "A liberdade de vontade, a intenção de atuar conscientemente de determinada maneira, deixava de ser relevante no julgamento de um ato, uma vez que cada um estava predeterminado pela sua pertinência a certas classes biológicas".[173]

A questão da responsabilidade não girava mais em torno do livre-arbítrio (como considerava a escola clássica), passando-se a investigar quais as medidas de defesa social seriam mais adequadas para lidar

---

[170] CORRÊA, Mariza. *As ilusões da liberdade...*, p. 8.
[171] RODRIGUES, Raimundo Nina. *As raças humanas e a responsabilidade penal no Brasil...*, p. 106.
[172] Ibidem, p. 107-108.
[173] CORRÊA, Mariza. *As ilusões da liberdade...*, p. 65.

com aquelas ameaças. Para Nina Rodrigues e seus seguidores, a noção de igualdade e de livre-arbítrio era ultrapassada, e para evitar o obscurantismo social, utilizava a ideia de relatividade do crime: para certas raças, valia a responsabilidade penal plena, enquanto para outras, a aplicação seria atenuada, pois não se podia cobrar o que não possuíam. "Se o liberalismo é uma teoria do indivíduo, o racismo anula a individualidade para fazer dele apenas o resumo das vantagens ou defeitos de seu grupo racial de origem".[174]

No modelo liberal contratualista, o pressuposto da punição era exatamente a possibilidade de conhecimento da norma incriminadora e sua violação voluntária. Logo, a *culpabilidade*[175] (estruturada no conceito de livre-arbítrio) fundamentava e legitimava a aplicação da pena. Com o surgimento da criminologia positivista, o conceito de *periculosidade*[176] entrou em cena, colocando em xeque a ideia de reprovabilidade penal pautada na culpabilidade. O positivismo criminológico *negava a culpabilidade* sustentando que o crime em nada se atrelava ao livre arbítrio, mas às causas biológicas ou exógenas, que justificariam a conduta.

A periculosidade passou a ser entendida, desde então, como o grau de probabilidade do impulso criminal do indivíduo. O crime perdia identidade por si mesmo e o signo da periculosidade do agente passou a ser o grande protagonista da história. "Era a consagração mais pura da ideologia policial e do chamado direito penal do autor".[177] Nessa ordem, fez-se necessário aprimorar as perícias médico-legais para promover diagnósticos e prognoses futuras "confiáveis".

2.1.2. A luta por uma medicina judiciária

O crime já não era uma entidade simplesmente teórica, uma abstração jurídica, mas um fato concreto, "jogado à mercê de rijos

---

[174] SCHWARCZ, Lilia Moritz. *Nem preto nem branco, muito pelo contrário*: cor e raça na sociabilidade brasileira. São Paulo: Claro Enigma, 2012, p. 22.

[175] Sobre o tema, consultar: TANGERINO, Davi de Paiva Costa. *Culpabilidade*. Rio de Janeiro: Elsevier, 2011.

[176] No âmbito jurídico Ferri foi o grande jurista do positivismo, expondo a tese de que o determinismo ao crime devia chamar-se periculosidade e a defesa social exigia sua neutralização por parte do poder punitivo (FERRI, Enrico. *Sociología criminal*. Version Española de Antonio Soto y Hernández. Madri: Centro Editorial de Góngora).
"A pena não passava de ser um resultado do determinismo que levava o organismo social a defender-se, expelindo os germes patógenos que o alteravam, em um jogo de determinações em que o criminoso podia dizer ao juiz que estava determinado a delinquir e este lhe responder que estava determinado a aplicar-lhe uma pena. Para Ferri, o juiz passava a ser um leucócito social, do que os juízes nunca se perceberam e às vezes até hoje invocam a periculosidade ferriana". (ZAFFARONI, Eugenio Raúl. *A palavra dos mortos...*, p. 101).

[177] Idem.

determinismos".[178] Os positivistas precisavam de um estudo investigativo forte sobre as causas da criminalidade, como meio de assegurar uma defesa social eficaz. Os estudos raciais, por si só, não sustentavam tais propósitos, então, era preciso avançar por outras vias: o estudo *antropo-psicológico dos delinquentes* (que sucedeu ao lombrosionismo puro das simples anomalias morfológicas) passou a ser a preocupação de todos os criminólogos.

Utilizando uma teoria que deslocava a ênfase da saúde ou da doença para o doente, transformava-o em objeto individualizado de um saber autorizado e autoritário, pautado no paradigma etiológico. Os modelos (jurídico e médico) deixavam de ser heterogêneos, passando a fundir-se (em saberes específicos), na produção de mecanismos técnicos que pudessem diagnosticar (quando necessário) e punir os indivíduos que causassem danos à sociedade. A intersecção dos saberes médicos e legais produziria um terceiro tipo de conhecimento, o qual observaria a sociedade como um corpo a ser conhecido em todas as suas etapas (nascimento, desenvolvimento, enfermidades e mortificação). Assim, se a medicina (clínica) curava ou prevenia (higiene), a sua versão *médico-legal*[179] seria fundamental para diagnosticar e indicar o tratamento adequado, dentro dos ditames médico-jurídicos, em casos de atentados contra a normalidade da vida social.[180]

Um dos legados de Nina é que ele alargou demasiadamente o campo teórico e prático da medicina legal, não restringindo as investigações aos problemas de laboratório, autópsia ou clínica forense, mas estendendo às questões de psicologia patológica, antropologia criminal, etnografia religiosa, sociologia, entre outros campos de conhecimento.

Nina Rodrigues sustentava a necessidade de uma assistência médico-judiciária aos alienados, bem como os estudos científicos do crime e do criminoso, juntamente com todas as formas modificadoras da responsabilidade. Para ele, deveria existir uma clínica psiquiátrica junto à Faculdade de Medicina, exigindo para todos os estudantes da área um estágio na psiquiatria, e para os médicos peritos de asilos e prisões uma frequência mais prolongada nesses estabelecimentos. Nesse período da Faculdade médica baiana, *associou a Criminologia à Medicina Legal*. Esta

---
[178] RAMOS, Arthur. *Loucura e crime...*, p. 167.

[179] "A medicina legal foi uma das primeiras disciplinas a conquistar um espaço institucional próprio e a definir seu agente: *o perito*. Tempos depois a perícia médico-legal se fragmentará nas mãos de muitos especialistas, mas sua metodologia e alguns dos objetos que Nina Rodrigues definiu ao enfatizar sua autonomia nacional, serão apropriados pela Antropologia". (CORRÊA, Mariza. *As ilusões da liberdade...*, p. 69)

[180] CORRÊA, Mariza. *As ilusões da liberdade...*, p. 68.

obteve uma função mais ampla que a simples tarefa pericial: deixou a modesta ciência dos médicos auxiliares da justiça e passou a guiar também os legisladores.[181]

A partir daí, a sentença que condenava ou absolvia deixou de ser um julgamento de culpa, uma decisão que sancionava uma pena proporcionalmente ao delito cometido, mas uma apreciação de normalidade e uma prescrição técnica para uma normalização possível. "O juiz de nossos dias faz outra coisa, bem diferente de 'julgar'".[182] E a consequência disso é que ao longo do processo penal e da execução prolifera uma série de instâncias anexas, diga-se, pequenas justiças e juízes paralelos que fracionam o poder de punir para muito além da sentença, afirma Foucault.

"Indagava-se a via higiênica e social; esse seria o caminho para corrigir a natureza e aperfeiçoar o homem".[183] A medicina legal, com a nova figura do perito, ao lado da polícia (e do Judiciário) explicaria a criminalidade e determinaria a loucura. E mais, com a nova figura do perito, tudo estava ajustado, tinha-se a segregação (penal-psiquiátrica) cientificamente justificada. Cabia ao médico alertar sobre a "segurança nacional", e sob essa perspectiva, "a aplicação da lei deveria ser condicionada aos diferentes estágios de civilização e dimensionada pelos estudos das raças".[184] Segundo Foucault,[185] o racismo tornar-se-ia indispensável para tirar a vida de alguém nesse processo. E quando se fala aqui em tirar a vida, entende-se o contexto mórbido da forma mais ampliada possível: prisões que matam, internações que matam, polícias que matam, laudos que matam, sentenças que matam, etc.

A constituição da medicina legal como disciplina autônoma era uma luta de Nina pela preservação da medicina institucional. Essa especialização serviria tanto como organização interna do saber médico quanto para cumprir uma função político-ideológica.

Uma proposta diferente estava em questão. Ao elemento racial de investigação, agregavam-se as pesquisas sanitaristas, os modelos de educação e os moldes disciplinares. Os "novos olhares" aproximavam-se, com saberes científicos diversos, com ditas "novas" explicações, causas, diagnósticos, tratamentos e controles, mas com velhos ranços do passado.

---

[181] RAMOS, Arthur. *Loucura e crime...*, p. 197-199.
[182] FOUCAULT, Michel. *Vigiar e punir...*, p. 21-22.
[183] REVISTA ACADÊMICA DA FACULDADE DE DIREITO DO RECIFE. 1919, p. 54. Disponível em: <https://archive.org/details/revistaacademica27reciuoft>. Acesso em: 24 de jan. 2014, p. 54.
[184] SCHWARCZ, Lilia Moritz. *Nem preto nem branco, muito pelo contrário...*, p. 24.
[185] FOUCAULT, Michel. *Em defesa da sociedade...*, p. 306.

2.1.3. O controle social dos degenerados

Os autores do final do século XIX alertavam sobre os perigos da miscigenação e, dessa forma, a impossibilidade da cidadania. Logo após a abolição da escravatura, em nome do determinismo biológico e racial, Nina Rodrigues passava a desconhecer a própria igualdade e o livre-arbítrio. Para ele, faziam-se necessários, no mínimo, dois códigos no país, um para negros e um para brancos, tamanha era a diferença entre as raças. Como a questão nacional passou a ser entendida pela raça, anulava-se a discussão sobre cidadania no contexto da nova República.

Na opinião de Mariza Corrêa,[186] a tentativa de hierarquizar culturalmente essas categorias raciais confessava seu interesse em ordenar a diversidade étnica percebida na população brasileira sem anular as diferenças internas, com o intento de demonstrar o equívoco da prescrição de igualdade do Código Penal, inteligível apenas politicamente. Nessa ordem, passou a criticar a legislação penal brasileira, *sugerindo ao Legislador o preenchimento de lacunas, em busca de uma defesa social com atenção aos modificadores da imputabilidade*, recaindo diretamente sobre a garantia eficaz da ordem social.

É importante frisar que as ideias de Nina sobre tratamento diverso para as diferentes raças e para os alienados são oriundas de Philippe Pinel,[187] na França. Este, por sua vez, após uma disposição normativa de 1793 – que exigia o recolhimento de desviantes das ruas aos asilos e hospícios – foi nomeado o primeiro diretor de um hospital exclusivo para alienados. Pinel foi o fundador da psiquiatria, não apenas por sua atuação em prol das reformas dos hospícios de alienados, mas, sobretudo, por introduzir uma diferenciação metodológica entre a observação dos fenômenos psicológicos e a tentativa de explicá-los. Defendeu que era preciso separar os loucos dos marginais, enfatizando que era necessário reconhecer os alienados pela sua condição de doentes, mesmo tendo cometido algum tipo de "delito". A solução para esses casos seria o asilo em instituições psiquiátricas. Entregues aos cuidados médicos, receberiam a devida assistência no controle de sua doença, através da promoção do tratamento moral em seu corpo sensível. A ideia era reprimir a violência natural dos alienados. Nesse sistema terapêutico criado por Pinel, o confinamento e o isolamento eram fundamentais e visavam, ao mesmo tempo, afastá-lo do ambiente costumeiro, oferecer

---

[186] CORRÊA, Mariza. *As ilusões da liberdade...*, p. 132.
[187] PINEL, Philippe. *Tratado medico-filosófico sobre a alienação mental ou a mania*. Tradução de Joice Armani Galli. Porto Alegre: Editora da UFRGS, 2007.

medidas de segurança à sociedade e ao próprio alienado e melhor observá-lo para melhor tratá-lo. O impacto do tratado de Pinel (em 1800) reformulou o Código Penal francês de 1810. "Pela primeira vez a loucura obteve uma importância significativa, e esta condição de diferente gerou um *estado de exceção*".[188]

A adoção de um Código Penal único era um grande equívoco, na concepção de Nina, por não corresponder à realidade social e não atentar aos princípios mais elementares da natureza humana, ou seja, não levava em consideração as diversidades étnicas. Devido às acentuadas diferenças (inclusive climáticas) do Brasil, para efeitos de legislação penal, ele sugeria uma *divisão entre as quatro grandes regiões do país e diferentes formas de punição*.

Em crítica à Escola Clássica, entendia que esta não só era irracional e insustentável por se firmar em contradições, como insuficiente. E argumentava:

> Infelizmente o Brasil é país em que a Constituição republicana cometeu o grande duplo erro em adotar, com a unidade do código penal, a dualidade da magistratura; [... em que a execução das penas, os meios penais, nunca obedecem ainda hoje, a um sistema racional qualquer; [...] em que os alienados, a não ser no Rio de Janeiro, estão em condições mais precárias do que os da França antes de Pinel; em que além da ausência completa de meios educativos de eficácia real, a infância se acha de todo sem proteção contra a aprendizagem e a educação do crime.[189]

Para ele, o negro tinha caráter instável como o da criança e, por isso, possuía uma "cerebração incompleta". Num meio de civilização adiantada, ele destoava dos demais. "As suas impulsividades são tanto melhor e mais frequentemente para o ato antissocial, quanto às obrigações lhes aparecem mais vagas e menos adaptáveis às condições da sua moralidade e do seu psíquico".[190] Tinha-se uma presunção: *a responsabilidade penal, fundada na liberdade do querer, das raças inferiores, não poderia ser equiparada a das raças brancas civilizadas*. No entanto, o problema requereria sempre uma apreciação das individualidades no caso concreto, e não deveria ser solucionado em termos gerais de raça.

Seu argumento fundamental era a *negação do livre-arbítrio*. Apoiado em Spencer, Haeckel, Ribot, Clóvis Beviláqua, ele contestava a liberdade da vontade, afirmando que a escolha de motivos era "tão somente

---

[188] BARROS-BRISSET, Fernanda Otoni. Responsabilidades. In: *Responsabilidades: revista interdisciplinar do programa de atenção integral ao paciente judiciário* – PAI-PJ. Belo Horizonte: Tribunal de Justiça do Estado de Minas Gerais, 2011, p. 11-12.

[189] RODRIGUES, Raimundo Nina. *As raças humanas e a responsabilidade penal no Brasil*. Salvador: Livraria Progresso Editora, 1957, p. 165-166.

[190] Ibidem, p. 117-118.

a resultante da organização psicofisiológica do indivíduo".[191] Era preciso abandonar tais critérios, formalmente desmentido pela biologia e substituir por meios educadores à prisão celular. Era simples na visão do referido médico, ou punia-se sacrificando o livre-arbítrio, ou respeitava-se tal princípio em detrimento da segurança social.

Além dos encarcerados, sua preocupação perpassava pelas pessoas em sofrimento psíquico em geral, pontualmente sobre os baianos. Nina Rodrigues, por várias vezes, manifestou-se quanto à insalubridade dos alojamentos do hospital destinados ao setor, denunciando práticas indevidas numa série de artigos no Jornal de Notícias (1904). "Clamava por um hospital de alienados modelar, com o emprego de métodos psiquiátricos mais delicados e modernos".[192] E chamava a atenção de que o Brasil tinha (tem) um péssimo hábito de transplantar modelos que só se adapta(vam) às condições muito particulares de outros povos; ou seja, não funciona(ria) no Estado brasileiro.

Apesar das críticas ácidas ao sistema, Rodrigues tinha uma proposta prática: criar (na Bahia) um pequeno asilo-hospital, onde seriam incorporados todos os asilos conhecidos. Este modelo inicial (vinculado a uma proposta de legislação estadual) permitiria uma expansão gradual do sistema, proporcionando à cidade a assistência asilar satisfatória, é ela:[193] *o hospital* para os casos graves; *a colônia* para os crônicos que pudessem trabalhar e *o hospício* para os alienados incorrigíveis e inválidos. Explicando que o asilo-hospital poderia funcionar com uma dinâmica aberta ou fechada e que funcionaria também como escola técnica para médicos. Assim, defendia esse sistema asilar diferenciado como contraponto à prisão, "que servia como segregação desumana e perigosa dos pobres".

Nessa linha tinha-se um novo debate. A medicina, quando deparada ao Direito, tentava afirmar-se enquanto saber superior. "O objetivo era curar um país enfermo, tendo como base um projeto médico-eugênico, amputando a parte gangrenada do país, restando uma população de possível perfectibilidade".[194] O homem do direito seria um assessor que colocaria na lei o que o perito médico indicasse e com o tempo sanaria o problema. Nas faculdades de Direito, o discurso era outro. Cabia ao jurista codificar e dar uma forma unificada ao país, sendo o médico apenas um técnico que auxiliaria no desempenho daquele profissional.

---

[191] RODRIGUES, Raimundo Nina. *As raças humanas e a responsabilidade penal no Brasil...*, p. 55.
[192] CORRÊA, Mariza. *As ilusões da liberdade...*, p. 121.
[193] Ibidem, p. 123.
[194] SCHWARCZ, Lilia Moritz. *O espetáculo das raças...*, p. 190.

Ergueram-se dois grandes importantes sistemas formais de controle: um sustentado pelo discurso jurídico-pena, outro apoiado pelos saberes médicos-psiquiátricos. Apesar da intersecção e das relações de dependência entre eles, seus fundamentos, suas técnicas e seus procedimentos eram diferentes. Entretanto, a meta do discurso prático e funcional era uma só: eficácia e (re)legitimação do controle social formal.

2.1.4. A Gazeta Médica da Bahia e os debates do saber médico para "salvar" o país

A era da medicina no Brasil do século XIX tinha como missão a prevenção, cura e intervenção, e ao mesmo tempo, a consolidação da medicina legal com as atenções voltadas para o criminoso, gerando discussões sobre os limites e as formas de atuação desses novos profissionais.

Nesse período as revistas médicas passaram a ter um papel significativo, enquanto práticas discursivas, no processo de constituição do conhecimento médico brasileiro. A dificuldade de acesso à bibliografia especializada e a escassez de obras e de pesquisas contribuíram para que as revistas fossem o expoente das novas formas de se executar "as medicinas" no Brasil.

Ao contrário dos jornais médicos – que tiveram pequenas tiragens – duas grandes revistas tiveram destaque pela difusão e longa duração: o Brazil Medico e a Gazeta Médica da Bahia. Do Rio de Janeiro vieram os textos sobre higiene pública e combate às epidemias. A Bahia trouxe prioritariamente os estudos sobre *medicina legal, higiene pública, sanitarismo e a partir de 1920 (em especial), a preocupação com a alienação e as doenças mentais.* Mas nas duas revistas aparece uma nova compreensão e representação da sociedade: *um corpo doente.*[195] Tratava-se de pensar na nação enfraquecida e carente de intervenção.

Por isso a preferência por abordar especificamente a Gazeta Médica da Bahia nesse tópico. A exposição da população de um povo pobre e doente (como um grande laboratório humano) gerava e exemplificava teorias, demonstrava desvios, fomentava discussões, artigos e teses científicas. Esse movimento (político, jurídico, acadêmico, científico, literário), confirmava a figura do já conhecido médico político, que disputava novos espaços, que orientava cientificamente a população e que confiava ser o melhor profissional para guiar o progresso da nação.

---

[195] SCHWARCZ, Lilia Moritz. *O espetáculo das raças...*, p. 199-200.

A Gazeta tinha esse perfil. A partir de 1866, começou a propagar-se com o objetivo de dar autonomia e prestígio à profissão. Circulou regularmente entre 1866 e 1934, depois entre 1966 e 1972, com um número avulso em 1976. Em 1984, foi organizado o índice cumulativo dos anos entre 1866 e 1976, com todos os 3.870 trabalhos publicados naquele período. Em 2002, foram digitalizados todos os trabalhos publicados até 1976. Quando recomeçou em 2004, as publicações tinham como foco as teses de doutorado da Faculdade de Medicina da Bahia de 1840 a 1928. A última edição disponível na Internet é de 2011, com artigos originais, de opinião e resumos de teses e dissertações do Programa de Pós-Graduação em Patologia Humana da Faculdade de Medicina da Bahia.[196]

Considerando a importância dos temas enfrentados pela Gazeta Médica da Bahia, optou-se por apresentar uma amostra dessas correntes doutrinárias referentes à primeira circulação regular da revista (1866 a 1930), compreendendo esses documentos como produção histórica e política, considerando a linguagem ali presente constitutiva das práticas a que eles se referem. A justificativa se dá, sobretudo, porque dentre o período escolhido produziu-se muito sobre grandes epidemias, higiene pública, sanitarismo, reforma legislativa (sanitária), preocupação com o ensino médico, estudos sobre medicina legal e antropologia criminal, e por volta dos anos 20, o eixo estava voltado para a alienação e a doença mental, temas que dialogam diretamente com o presente trabalho. Por isso, trabalharam todos os textos que tratavam dos temas referidos, no presente lapso temporal, utilizando-os como mais uma ferramenta histórica do pleno e vitorioso desenvolvimento do projeto político-sanitário-normalizador da medicina social e da psiquiatria brasileira.

No seu primeiro número, no ano de 1866, a Gazeta destacava que num país onde não abundavam publicações desse gênero, era indispensável a difusão dos conhecimentos com que diariamente se enriquecia a ciência, deixando claro o seu propósito inicial:

> Concentrar, quanto for possível os elementos activos da classe medica, afim de que, mais unidos e fortificando-se mutuamente, concorram para argumentar-lhe os creditos e a consideração pública; diffundir todos os conhecimentos que a observação própria ou alheia nos possa revelar; acompanhar o progresso da sciencia nos paizes mais cultos; estudar as questões que mais particularmente interessam ao nosso paiz; e pugnar pela união, dignidade e independencia da nossa profissão.[197]

---

[196] Mais informações disponíveis em: <http://www.gmbahia.ufba.br/index.php/gmbahia/index>.

[197] GAZETA MÉDICA DA BAHIA. Julho. 1866, p. 3. Disponível em: <http://www.gmbahia.ufba.br/index.php/gmbahia/index>.

Essa edição ressaltava o chamamento de todos os colegas da área para colaborarem com os estudos práticos, como contribuição para a ciência em geral e para a "ilustrada e especial" classe profissional a quem a Gazeta atendia.

Com o passar dos anos, o número de publicações e a diversidade de temas foram expandidos, chegando a ter duas publicações no mesmo mês durante alguns anos. As áreas de investigação e as matérias de análise foram sendo ampliadas, passando da clínica médica e cirúrgica para asilos de alienados, ciências naturais e posteriormente para a questão da higiene pública, sanitarismo, medicina legal, ensino médico, antropologia criminal e doença mental.

Em 1868, publicou-se na Gazeta Médica o primeiro relatório sobre o Hospício D. Pedro II, feito pelo novo diretor Dr. José Joaquim da Silva, o qual foi apresentado ao provedor da Santa Casa de Misericórdia do Rio de Janeiro. Nesse documento, o diretor ressaltava a importância e a necessidade do hospital atender alguns requisitos estruturais para que pudesse funcionar adequadamente. Destacava a ideia de se criarem categorias de classificação das moléstias mentais como meio de melhor executar o tratamento, visando à disciplina, higiene e moral do estabelecimento asilar. E por fim acrescentava:

> O Hospício tal qual se acha hoje é insuficiente para accudir as requisições de admissões de doentes feitas de todos os pontos do Imperio, porque carrega actualmente com um grande número de doentes que deveriam existir em outro estabelecimento, em um asylo de incuráveis.[198]

Com apenas 16 anos de funcionamento, o Hospital psiquiátrico D. Pedro II já apresentava superlotação e problemas estruturais, tornando-se insuficiente para atender a grande demanda oriunda de todo o Império, fruto da política de higiene e contenção dos miseráveis. O que parecia um prédio amplo e mais que satisfatório para sua destinação inicial, já refletia sinais de incapacidade para o tratamento de "alienados".

Entre os anos de 1870 e 1880, em meio ao caos social, de problemas com infraestrutura, pavimentação, urbanização, limpeza e saneamento básico, havia uma grande preocupação com a higiene pública, sanitarismo e ensino médico, fruto dos movimentos da nova política social implantada pelos médicos-políticos-administradores que entendiam a prática higienista como forma revolucionária de atuação na coletividade.

> Conectada à noção de higiene estava a ideia de saneamento, ou seja, caberia aos médicos a implantação de grandes projetos de atuação nos espaços públicos e privados,

---

[198] GAZETA MÉDICA DA BAHIA. Fevereiro. 1868, p. 188. Disponível em: <http://www.gmbahia.ufba.br/index.php/gmbahia/index>.

enquanto os higienistas seriam responsáveis pelas pesquisas e pela atuação do combate às epidemias e às doenças urbanas.[199]

No entanto, na prática, as duas formas de atuação apareceram individualizadas; não havia vinculação entre os setores.

Ainda com publicações escassas sobre asilos para pessoas em sofrimento psíquico, após quase 10 anos, a Gazeta Médica publicou em 1876 o primeiro relatório sobre o asilo João de Deus (inaugurado em 1874 na Bahia), "considerado um estabelecimento de caridade, situado na fazenda Boa Vista e administrado pela Santa Casa de Misericórdia". Neste documento, o diretor do estabelecimento, Dr. Silva Lima, destaca que "a população era maior do que se esperava porque além dos alienados curáveis, foram admitidos epilépticos, idiotas e imbecis". Informa ainda que:

> [...] vivem quasi todos em comum e com maior somma de liberdade, mas vigiados de modo que não possam d´ella abusar. A reclusão e a coacção, tenho eu observado, tornam o alienado mais agitado e furioso. (...) Um agitado, algumas horas depois da reclusão, está furioso e um furioso é uma fera a uivar em uma jaula.

Era adepto da musicoterapia e afirmava que "é possível que a música possa curar alguma vez a loucura, despertando uma nova ordem de idéas, recordando algum sentimento caro ao coração, determinando novas sensações, produzindo uma distração útil, agradável e vantajosa à saúde".[200]

Por esses dois relatórios, fica claro o que se demonstrou anteriormente sobre a política da medicina social no Brasil na segunda metade do século XIX: era preciso conter e "curar" o país dos indesejáveis. A superpopulação de "pseudoalienados" (de todas as ordens) refletia o objetivo de patologizar para conter e excluir os que não serviam socialmente. Cura (?) era a simbologia já vendida nessa época como estratégia política pseudo-humanizada do "processo que tinha (e tem) como nome de progresso e que ostenta(va) desavergonhadamente os escombros de uma violência infinitamente maior do que aquela que pretende(ia) suprimir".[201]

No relatório de 1880, do mesmo asilo, o diretor Demétrio Tourinho destacava a importância do hospital no suposto tratamento e cura aplicada às mais variadas formas de "alienação mental". "Em estabelecimentos dessa natureza os loucos acham-se em um meio onde se

---

[199] SCHWARCZ, Lilia Moritz. *O espetáculo das raças*..., p. 206.
[200] GAZETA MÉDICA DA BAHIA. Fevereiro. 1876, p. 79-81. Disponível em: <http://www.gmbahia.ufba.br/index.php/gmbahia/index>.
[201] AMARAL, Augusto Jobim do. Crônica do interior da laranja..., p. 162.

exerce mais facilmente a influência de medico, despida de toda a condescendência e inspirada unicamente pela caridade e pela sciencia".

> Internar um alienado n´um hospital não é encarcerá-lo: é subtrai-lo não só as influências do mundo exterior, como também pol-o ao abrigo das causas que possam entreter o seu delírio, excitar sua irritabilidade ou levá-lo a determinações nocivas. E´em estabelecimentos especiaes que o alienado encontra uma therapeutica apropriada e mais – a disciplina – a ordem – o exemplo, e sobretudo o trabalho methodico e convinhável. (...) O louco não é um ferido, um febriciante commum a quem baste fazer um curativo ou prescrever um cosimento. É um doente sui generis, que offerece umas vezes accidentes de natureza somática, outras vezes de ordem intellectual.[202]

É interessante observar que o diretor do estabelecimento, ao mencionar que "internar o indivíduo subtraindo-lhe o convívio do mundo exterior com disciplina, ordem e trabalho metódico, não caracterizava *encarceramento*", tenta desvincular a aproximação do conceito de polícia médica. No entanto, o isolamento, a vigilância, a disciplina dos corpos e a medicalização desses espaços só reforçam o regime médico-policial dos hospitais psiquiátricos do século XIX, que tinham como finalidade a erradicação do mal criminoso, inimigo da ordem social. Reafirma ainda a hipótese de Pinel, tendo o hospital de alienados como o meio mais adequado de cura e reabilitação do mal moral.

A partir de 1879, a revista inaugurava textos sobre medicina legal e anatomia, e o cunho do periódico passava por significativas modificações. Com a elevada taxa de mortalidade em decorrência das epidemias de febre amarela, cólera, febre tifoide, beribéri, malária, tuberculose, peste, havia necessidade de uma preocupação maior com a higiene nas escolas e com a reorganização do serviço sanitário terrestre. Em abril de 1890, Nina Rodrigues, com suas pesquisas de campo, publicou contribuições para o estudo da lepra no Maranhão, fazendo denúncias e críticas severas. Nesse contexto, reconstituiu-se o conselho de saúde pública e a independência da polícia sanitária.

No aniversário de 25 anos, o boletim destacava a importante missão da Gazeta de "doutrinar toda uma classe social e de plantar os germens de uma organisação scientifica, fecunda e duradoura". E enfatizava que:

> Está destinada a dar às gerações futuras o extranho espetáculo de uma collectanea de trabalhos médicos nacionaes, accumulados pela boa vontade de muitos poucos, quasi que sem conhecimento de muitos contemporâneos a quem a grave incumbência de uma assimilação parasitária dos trabalhos estrangeiros distrahiu sempre do estudo do

---

[202] GAZETA MÉDICA DA BAHIA. Dezembro. 1880, p. 263-264. Disponível em: <http://www.gmbahia.ufba.br/index.php/gmbahia/index>.

que nos pertence, assim como das preocupações de uma constituição regular de boas escolas medicas futuras.²⁰³

Os editores desse número ilustravam o projeto de *superioridade científica* e de coautoria da história da medicina no Brasil, afirmando que continuariam a zelar pelos interesses da classe e das instituições médicas, promovendo o estudo completo e eficaz das ciências médicas no Brasil. E deixavam explícito que as publicações não eram impessoais e que a intervenção editorial nas relações da medicina com a administração pública continuaria, como também na organização do ensino e do exercício da medicina.

A partir de 1892, Nina Rodrigues estreou com escritos sobre antropologia criminal, trabalhando a questão da craniometria no caso do "salteador Lucas e do índio assassino". Apontava a importância da sociologia criminal e da antropologia como estudos científicos sobre o criminoso e os múltiplos fatores do crime. O objeto de análise do médico maranhense passava a ser agora o criminoso e suas deformações – fruto da degenerescência racial – e não mais os problemas de saúde pública. Expunha ser adepto à escola positivista italiana e mencionava que a população, fruto de três raças distintas, misturadas em proporções muito variadas, acabava sendo um campo de estudo do criminoso tanto no aspecto biológico como sociológico. Adotando as técnicas lombrosianas de pesquisa, apresentou estudos do crânio de um salteador morto, visando a comprovar – de forma determinista – a ligação entre as hipotéticas alterações físicas (biológicas) e o comportamento criminoso.²⁰⁴

O apego aos modelos raciais de análise tornava-se mais evidente na Bahia com o fortalecimento da medicina legal. Essas pesquisas permitiram a utilização mais direta de várias teorias spencerianas e darwinistas sociais, assim como deram a essa escola, pela primeira vez, um papel de destaque nacional. Os estudos de craniologia e frenologia na escola da Bahia estavam limitados a identificar e fazer análises quanto às fragilidades do cruzamento das raças.²⁰⁵

É importante frisar que em quase todas as edições avaliadas da revista tinha-se uma publicação de um ato do Poder Legislativo Estadual (lei, decreto) que geralmente tratava de higiene pública. Daí a relevância dada ao tema e a influência no processo legislativo da época.

---

²⁰³ GAZETA MÉDICA DA BAHIA. Julho. 1891, p. 1. Disponível em: <http://www.gmbahia.ufba.br/index.php/gmbahia/index>,.
²⁰⁴ GAZETA MÉDICA DA BAHIA. Março, abril, junho. 1892. Disponível em: <http://www.gmbahia.ufba.br/index.php/gmbahia/index>.
²⁰⁵ SCHWARCZ, Lilia Moritz. *O espetáculo das raças*..., p. 209.

As epidemias ainda eram uma grande preocupação entre os médicos dessa escola. Os escritos de 1893 versavam sobre a epidemia de febre amarela que acreditavam ser advinda de estrangeiros e da variação climática no país. A questão da higiene pública levou à criação do regulamento do instituto "vaccinico", fruto do projeto de propagação da vacina humanizada, extremamente útil como medida preventiva de controle epidemiológico.[206]

As edições de agosto a novembro do mesmo ano mudaram seu foco. Indagavam se o Código Penal brasileiro (de 1890) deveria ser modificado devido aos avanços da medicina e da sociologia. A Gazeta apoiava que o Código Penal, já decretado há 60 anos, deveria sofrer alterações e acréscimos, exigidos não só pelo direito pessoal e pela sociologia, "mas pelo adiantamento profuso das sciencias medicas que o esclarecem e guiam em muitos pontos". A Escola Positiva brigava por um código que abandonasse a questão do livre-arbítrio (típica da escola clássica) e trabalhasse diretamente com a periculosidade, ou seja, com direito penal do autor. Um ponto destacado no texto é que quando o legislador utilizou o termo "loucos de todo gênero", excluiu com isso outros estados de morbidez mental que também eliminavam a imputabilidade, mas que não poderiam ser colocados entre os casos de loucura. Com isso gerava uma celeuma, a começar pela noção de sanidade mental.

Outra questão era a ausência de responsabilidade proporcional, ou seja, os casos de imputabilidade diminuída que não havia previsão legal. O que fazer com o indivíduo que possuísse um estado mental que diminuísse sua imputabilidade?[207] Aqui começava a nascer a discussão da semi-imputabilidade, que somente em 1940 foi prevista em lei, mas ainda não com resposta penal diferenciada.

> Só depois de diagnosticada a loucura, de determinada a sua forma é que se pode avaliar as ameaças, os perigos que resultam para a sociedade do destino que tiver o louco. [...] E como é, pois, que um louco que commette um crime é remetido para um asylo ou entregue à sua família, que não o poderá ter sempre em segurança, por uma simples decisão do juiz que poderá não ser competente e razoado? O juiz só deve resolver sobre o destino do louco em vista do exame e parecer dos peritos.[208]

A luta de Nina por uma medicina judiciária era uma luta de todos. A escola da Bahia levantava a importância da figura do perito no processo penal e clamava por mudanças na legislação na tentativa de

---

[206] GAZETA MÉDICA DA BAHIA. Agosto. 1893. Disponível em: <http://www.gmbahia.ufba.br/index.php/gmbahia/index>.
[207] Ibidem, p. 57-62.
[208] GAZETA MÉDICA DA BAHIA. Setembro. 1893, p. 97. Disponível em: <http://www.gmbahia.ufba.br/index.php/gmbahia/index>.

barrar a discricionariedade do juiz nos casos de pessoas em sofrimento psíquico. Enfatizava a incompetência do magistrado para avaliar a qualidade psíquica do sujeito em quaisquer circunstâncias, considerando que esta deveria ser uma atividade da ciência médica especializada.

As críticas ao Código Penal aumentavam, pois os médicos colocavam em xeque as possíveis influências jusnaturalistas que o regiam, e assim, com base nas comprovações científicas, negavam a igualdade humana declarada no código e apostavam num tratamento desigual para os desiguais (com níveis diferenciados de evolução).

A importância da medicina legal era tamanha que passou a ser tema predominante das teses de doutorado da Faculdade baiana. Os objetos abordados variavam, podendo ser divididos em problemas relativos à profissão, estudos sobre alcoolismo, epilepsia, embriaguez e alienação, temas práticos da medicina legal, análise do perfil do criminoso. Estava em jogo a supremacia e autonomia no reconhecimento do crime e na qualificação do criminoso.[209]

Na tentativa de sanar questões relativas ao "louco criminoso", a Gazeta salientava a indispensabilidade da criação de estabelecimentos especiais, como o

> Asylo criminal de Boadmoor, que funcionava desde 1863 na Inglaterra, a instituição de manicômios criminaes, onde sejam collocados, em condições que attendam ao grau de responsabilidade de cada um e ao tratamento do seu estado mental, os irresponsáveis, os proporcionalmente imputáveis e os criminosos que se tornarem alienados na prisão.[210]

Até então, havia estabelecimentos específicos para doentes mentais – os hospitais psiquiátricos –, mas não locais para o que se convencionou chamar de "loucos criminosos". Os diretores dos espaços asilares em vigência não se achavam em condições de receber pessoas com essas características, sobretudo por entenderem que não teriam como executar a responsabilização adequada e proporcional para os ilícitos cometidos. Fidelizados à retribuição (e à vingança de forma oculta), compreendiam que esses sujeitos não eram doentes comuns e precisavam de um local específico de segregação e aparentemente de "tratamento". Por isso o apelo constante dos profissionais das áreas médicas, a partir do final do século XIX, por locais apropriados para essa "clientela".

Apesar da aliança ao positivismo, o ensaio de setembro de 1893 (elaborado pelo médico José da Costa Doria) trouxe uma crítica ácida

---

[209] SCHWARCZ, Lilia Moritz. *O espetáculo das raças...*, p. 209-210.
[210] GAZETA MÉDICA DA BAHIA. Setembro. 1893, p. 98. Disponível em: <http://www.gmbahia.ufba.br/index.php/gmbahia/index>.

à escola lombrosiana, entendendo que os estudos fisiológicos e patológicos não eram suficientes para se reconhecer um delinquente. E mais, que a teoria não teve um triunfo completo que influenciasse nas legislações modernas, por apresentar algumas falhas, dentre elas de que nem todo criminoso apresentava defeitos físicos e que "uma intelligencia bem equilibrada poderia existir n´um individuo que apresentasse anomalias no cérebro".[211]

Essa edição chama atenção pelo ataque ao determinismo biológico tão fortalecido e perpetrado nesse período. Surpreende um texto dessa natureza nesse periódico, mostrando-se insatisfeito com as pesquisas de Lombroso e seus seguidores no que se refere à busca das causas da criminalidade exclusivamente no corpo do "criminoso doente". Durante a análise dos 64 anos de gazeta médica, dentro dos critérios de busca já mencionados, não se localizou nenhum outro texto que discordasse do método positivista italiano. Pelo contrário, a predominância era de apoio irrestrito ao paradigma etiológico, como forma de salvaguardar a sociedade e curar o indivíduo (criminoso), supostamente doente e perigoso, pela via médico-biológica determinista. Afinal, para a maioria dos pesquisadores e adeptos dessa Escola Criminológica, todo criminoso era naturalmente doente, degenerado e perigoso, e era exatamente esse "defeito/causa" endógena que levaria à criminalidade.

Esse artigo reflete que cada discurso pode ter diferentes modalidades de enunciação, ou seja, diferentes pontos de vista, conteúdos, formas, modos de raciocínio e tipos de atribuição de causalidade, apontando os diversos *status*, nos diversos lugares, nas diversas posições que se pode ocupar ou receber quando se exerce um discurso, na descontinuidade dos planos de onde fala. Dessa forma, "constitui-se um campo de regularidade para diversas posições de subjetividade".[212]

As publicações de 1895 a 1897 não estão disponíveis no *site* da UFBA, recomeçando a partir de janeiro de 1898.

Em 1905, Nina Rodrigues recomeçou as suas defesas sobre a importância do perito no processo criminal, sendo os artigos mais contundentes os que versavam sobre essa especialidade.[213] Era por meio da medicina legal que se teria uma "sciencia brasileira" sobre degeneração racial e essas pesquisas acabaram resultando na formação identitária dos estudiosos baianos.

---

[211] GAZETA MÉDICA DA BAHIA. setembro, 1893, p. 103. Disponível em: <http://www.gm-bahia.ufba.br/index.php/gmbahia/index>.
[212] FOUCAULT, M. *Arqueologia do saber*. 7. ed. Rio de Janeiro. Forense Universitária, 2009, p. 61.
[213] SCHWARCZ, Lilia Moritz. *O espetáculo das raças...*, p. 211.

Franco da Rocha, nessa linha, expressou sua indignação sobre a incongruência entre o Código Penal e as pesquisas da escola penal positiva. Para ele, a "nova escola" estava com a "verdade", pois *todos os criminosos eram anormais, degenerados e que sofreram uma perturbação qualquer em sua evolução cerebral*, fator este, antropológico da criminalidade. Em decorrência desse princípio científico, as penas estabelecidas no Código Penal não eram castigos, mas sim "medidas de segurança" que a sociedade teria o direito de aplicar. Em virtude do mesmo princípio, a pena deveria ser graduada de "accordo com a temibilidade do delinquente e não de accordo com o acto criminoso".[214] Aqui a expressão "medida de segurança" é utilizada como uma forma/meio de salvaguardar a sociedade, como defesa social; não está sendo empregada da maneira que se utiliza atualmente, como sanção penal específica.

> Cada delinquente deve ser examinado individualmente, com cuidado extremo, a fim de lhe ser aplicada a pena que convem ao seu estado. O delinquente nato, louco moral, o epiléptico, etc. deve ser removido para sempre do seio da sociedade.[215]

As palavras de Franco da Rocha sobre a exclusão social definitiva das pessoas em sofrimento psíquico parecem ter surtido efeito. De fato, nas produções legislativas posteriores sobre o tema, ficou evidenciada exatamente essa proposta do início do século XX, mas já bastante discutida no século anterior: inocuização total. Esse parece ser o "modelo ideal" eleito como resposta aos casos que envolvem crime e sofrimento psíquico ou só este último. Definitivamente nunca se abandonou tal proposta. Pelo contrário, ela relegitima-se, mais forte, mais coesa, maquiada e sofisticadamente ao longo dos anos (e séculos), mesmo em total discordância a todas as normas de direitos humanos. De acordo com o autor: "No fundo da questão, a causa única do mal, o núcleo perturbador, é a doutrina que orientou o código – o livre arbítrio – essa velharia já aniquilada pela sciencia".[216]

A luta do autor pelo direito penal, pela autonomia dos diagnósticos e pelo fim da igualdade penal era explícita. A perigosidade e a condição pessoal do sujeito deveriam ser, em nome da ciência, os condutores do processo, em busca da defesa social. Para os modernos adeptos de Nina, seria impossível punir igualmente as raças com níveis distintos de evolução. E como observação, nada disso é muito diferente dos pressupostos atuais da aplicação das medidas de segurança no

---

[214] GAZETA MÉDICA DA BAHIA. Julho. 1909, p. 35. Disponível em: <http://www.gmbahia.ufba.br/index.php/gmbahia/index>.
[215] Ibidem, p. 41.
[216] GAZETA MÉDICA DA BAHIA. Maio. Julho. 1913, p. 501. Disponível em: <http://www.gmbahia.ufba.br/index.php/gmbahia/index>.

país.[217] Diz o autor: "Não creiam, pois, os que não conhecem bem a nossa escola penal, que ella tenha por intuito deixar em liberdade todos os criminosos a pretexto da doença; muito longe disso, seu único objectivo é tornar effectiva a defesa da sociedade".[218]

A tiragem de 1923 trouxe um levantamento do perfil dos internados do "Hospício São João de Deus/BA", afirmando que em 11 anos de funcionamento do local, foram internados 1.552 doentes mentais. Em sua maioria, "eram mestiços e era flagrante a herança mórbida ou a tara degenerativa". Destacava também que "os pardos e pseudobrancos, descendentes de mestiços eram mais predispostos às manifestações psycopathicas" e que essa "mestiçagem deveria ser encarada como fator de degeneração", pois originava "uma perturbação inevitável na organização do equilíbrio instável". Quanto ao alcoolismo, este era predominante entre os homens, sendo explicado pelo modo de vida e de trabalho que eles detinham, por terem maior facilidade de obter os produtos para consumo.[219]

Mais uma vez essas análises reforçam a já mencionada hipótese pessimista da conexão criada por Nina Rodrigues: NEGRO/MESTIÇO → DEGENERADO → DOENTE MENTAL → CRIMINOSO: a aproximação de categorias distintas (raciais, biológicas e psiquiátricas) na identificação do criminoso, que seria um sujeito (perigoso) sem valor algum. Eis aqui demonstrada a ênfase nessa fórmula perpetuada não só nas edições da Gazeta Médica, mas em argumentos médico-jurídicos que se reforçaram ao longo dos anos sustentando uma construção legislativa (especialmente no âmbito penal) no sentido de contenção e exclusão desse indivíduo cientificamente diagnosticado como perigoso.

Sobre a questão do alcoolismo tratada nesse exemplar, o fundamento da predominância dos homens apoiava-se, de forma subliminar, no fato de que as mulheres – atendentes aos requisitos de fragilidade, honestidade, dependência e sem perigosidade – estavam ligadas à vida doméstica, privada, pertencentes à estrutura patriarcal, sem acesso ao mercado de trabalho, e por isso não tinham muito alcance ao consumo de álcool. O discurso machista e heteronormativo da época era evidente, destacando que esta era uma prática tipicamente masculina, não pertencente à construção social do feminino, destacando antes de tudo,

---

[217] Trataremos disso posteriormente em um capítulo específico.
[218] GAZETA MÉDICA DA BAHIA. Julho. 1909, p. 42. Disponível em: <http://www.gmbahia.ufba.br/index.php/gmbahia/index>.
[219] GAZETA MÉDICA DA BAHIA. Julho. 1923, p. 240-256. Disponível em: <http://www.gmbahia.ufba.br/index.php/gmbahia/index>.

uma "hierarquização das sexualidades e identidades";[220] dessa forma, ilustrava as causas da escassez de mulheres internadas por alcoolismo.

A década de 20 é marcada pela retomada da luta pelos espaços asilares específicos para "loucos criminosos", que nesse período já eram denominados de *asilos judiciários*. A Gazeta de 1926 traz novamente um texto do prof. Dr. Franco da Rocha expondo que:

> Nos hospícios esses pacientes são mal recebidos, pois exigem cuidados, vigilância e mesmo prisão que não são da índole dos hospitaes modernos para allienados. Na Penitenciária são recebidos com desgosto, porque perturbam a disciplina e não podem ser corrigidos nem obedecem as normas indispensáveis aos estabelecimentos desse genero. Ficam elles sem collocação conveniente e essa falta de collocação traz sérios embaraços aos juízes, aos tribunaes, aos promotores e, quase sempre, aos directores de hospícios. [...] O atual estado de coisas não pode continuar sem grave danno a applicação da Justiça.[221]

Os artigos que seguem abordam os motivos da urgência de um local de internação especializado. Isso porque entendiam que o delinquente atuava sempre por uma impulsão mórbida, sintomática de distúrbios psíquicos, mais ou menos acentuados, claros ou insidiosos e inibidores da razão ou do senso moral.[222]

Nesse período, chamam a atenção os lúcidos escritos do Dr. Boccanera Neto, especificamente sobre a pena de morte, o qual a abandonava como instrumento de defesa social por entender que representava uma "panacéa commoda" que não resolveria o problema tão complexo da alta criminalidade, como se vê na citação a seguir:

> Quem nos poderá garantir a incurabilidade desses typos innormaes? Quem nos poderá nos poderá garantir a integridade moral dos typos considerados normaes, sobretudo daquelles que se arrogam o poder de pronunciar veredictos de morte?[223]
>
> Que se opere a selecção artificial, eliminando-se da sociedade, e não da vida, os elementos indesejáveis ou nocivos. Ideal é este praticamente realizável, pelo internamento em nosocômios especiaes, ou reclusão nas colônias correccionaes, etc.[224]

Para ele, seria muito mais racional e científico buscar-se a eliminação das causas da criminalidade do que a eliminação do criminoso (doente). Não seria a pena de morte que evitaria outros crimes, ou seja, ela não serviria como prevenção e/ou intimidação. Ela não tinha

---

[220] Para aprofundar o tema, ver: BORRILLO, Daniel. *Homofobia: história e crítica de um preconceito*. Trad. Guilherme João de Freitas Teixeira. Belo Horizonte: Autêntica, 2010, p. 34.
[221] GAZETA MÉDICA DA BAHIA. Janeiro. 1926, p.308-310. Disponível em: <http://www.gmbahia.ufba.br/index.php/gmbahia/index>.
[222] GAZETA MÉDICA DA BAHIA. Dezembro. 1927, p.269. Disponível em: <http://www.gmbahia.ufba.br/index.php/gmbahia/index>.
[223] Ibidem, p. 270.
[224] Ibidem, p. 271.

justificativa; seria apenas a legitimação do homicídio. "Visa o criminoso e não a criminalidade. Medida de ordem exclusivamente individual e não social. Não cura o criminoso, não repara, nem previne o crime, não extingue e nem sequer diminui a criminalidade; antes, a estimula fomentando a vingança".[225]

Ele não abandona o paradigma etiológico – em busca das causas da criminalidade – nem o utilitarismo, mas tenta livrar-se do determinismo biológico como justificativa de eliminação física do criminoso. No entanto, de certa forma contraditório, mas atendendo ao pensamento da época, era a favor da segregação perpétua do sujeito, afirmando que esta era uma saída muito mais razoável que a eliminação total.

Traz em seus escritos críticas ácidas às respostas penalógicas da época:

> Não com a punição, não com a pena de morte, dará o Estado o cumprimento às disposições desse contracto, mas cuidando de prestar assistência ao criminoso, no intuito de reparar o crime, em beneficio próprio e no individuo. Mais que comprovada se acha a inefficacia das penas, tanto como meio preventivo ou de intimidação, quanto como medida de repressão ou de cura. As penas não supprem os motivos ou determinantes da criminalidade. E a pena de morte apenas diz involução da sciencia do direito, retorno à mentalidade dos povos primitivos, extincção da consciência jurídica.[226]

Punir, mesmo que perpetuamente, ao invés de eliminar, seria ainda a saída mais "justa" e mais humana como resposta ao crime, acreditava o autor. Isso porque, seria possível a qualquer tempo restituir a liberdade do inocente; tornar o elemento lesivo e inútil, quando livre, em elemento inofensivo e útil, sob a disciplina do trabalho penitenciário, cooperando com a sociedade, mesmo não estando mais nela inserido. Assim, a Justiça deixaria de ser um instrumento de vingança pública e passaria a ser um instrumento de reparo moral. E deixa claro que:

> A pena de morte não é Justiça, não é direito, não é garantia do homem, nem da sociedade. Mas apenas crime, legitimidade do crime, semente do crime. Crime contra o homem; crime contra a sociedade; crime contra o Direito e a Justiça.[227]

Percebe-se a oposição em relação às práticas eugênicas difundidas na época como salvação para a degenerescência racial que os estudiosos acreditavam que levariam o país à destruição da nação. Veem-se aqui, novamente, as *diversas modalidades de enunciação do discurso*,[228] e em lugar de remeterem à síntese ou à função unificante de *um* sujeito,

---
[225] GAZETA MÉDICA DA BAHIA. Dezembro. 1927..., p. 273.
[226] Ibidem, p. 275.
[227] Ibidem, p. 278.
[228] FOUCAULT, Michel. *Arqueologia do saber...*, p. 61.

observa-se sua dispersão, uma descontinuidade dos planos de onde fala.

O primeiro jornal médico brasileiro, logo nos primeiros anos, enriqueceu a medicina nacional com a publicação dos estudos em diversas áreas, fortalecendo, sobretudo, seu caráter político-sanitário-higienizador. Refletiu o espírito da época, a cultura médica pautada na ciência experimental e foi, sem dúvida, um grande marco do desenvolvimento da medicina brasileira. E cumprindo o que inicialmente pretendiam – que era o fortalecimento da classe médica como estratégia política, difusão dos conhecimentos locais, acompanhamento de pesquisas estrangeiras, estudo das questões que interessavam o país, superioridade científica e independência da profissão – formavam, a partir de então, uma frente consolidada com um leve deslocamento do foco: o criminoso doente e a criminalidade.

Pode-se dizer, então, que a medicina social no Brasil teve dois grandes eixos estratégicos: 1°) Preocupação com a Administração Pública, o sanitarismo, o higienismo, o controle social e a urbanização (primeira metade do século XIX); 2°) O criminoso doente e a criminalidade (segunda metade do século XIX e início do XX).

No primeiro período, a gazeta deixa explícito que era preciso organizar o país e livrá-lo do caos social. A preocupação estava voltada para as questões sociopolíticas. No segundo momento, há um deslocamento de objeto para o crime e, sobretudo, para a figura do criminoso (doente). O combate à criminalidade e a cura do criminoso estavam associados à questão da raça (miscigenação e degenerescência), ou seja, a ideia de salvacionismo pertencia ao reducionismo biologista racista. Com o domínio das epidemias e das questões sanitárias e com a consolidação da medicina legal e dos hospitais, a partir dos anos 20 a clínica e o tratamento ganharam ainda mais força enquanto controle dos corpos e das almas dos indivíduos. Com a criação dos manicômios judiciários e o entrelace sólido com o Poder Judiciário, apareceram novos conceitos, novos objetos e novos sujeitos de conhecimentos interdependentes.

O "determinismo morfológico"[229] do pensamento desses médicos e seus minuciosos exemplos de psiquiatria e de medicina legal assentariam as bases da futura criminologia e seriam especialmente úteis a uma burguesia que deveria articular, de algum modo, o discurso jurídico liberal com as desigualdades próprias do sistema de produção.

Considerando os exemplares analisados nos primeiros 64 anos de Gazeta Médica da Bahia – dentro dos padrões previamente estabeleci-

---
[229] ANITUA, Gabriel Ignacio. *Histórias dos pensamentos criminológicos...*, p. 249.

dos para tal tarefa – percebeu-se que diferentemente do que se observa em várias produções acadêmicas publicadas, o Brasil foi capaz de criar um modelo positivista, e em especial, uma antropologia criminal bem particular, diferenciando-se das bases italianas. Não houve uma importação aleatória e uma reprodução simples e fechada da Criminologia Positivista (italiana) como se sugere. Parece perceptível que o que houve foi uma influência (forte) dos estudos europeus, precipuamente os da medicina social[230] – e aqui se entenda as influências de Alemanha, França e Inglaterra – que consubstanciaram o pensamento criminológico positivista como um todo, inclusive o brasileiro (nesse caso com maior acentuação das heranças francesas), e que juntamente com o poder policial urbano, foram adaptados e desenvolvidos numa realidade local, com produções científicas muito próprias.

Deixa-se claro que se reconhecem as inúmeras influências dos italianos (principalmente Lombroso, Ferri e Garófalo[231]), que também vão aderir à fonte médica-organicista[232] nessa construção acadêmica, mas por tudo que foi apresentado em tópicos anteriores, parece que esta Escola não foi a única nem a mais importante base da formação criminológica positivista no Brasil. Os estudos sobre raça, miscigenação e degenerescência, por exemplo, embutidos na construção do arquétipo do criminoso nato, vão além das pesquisas criminológicas Lombrosianas – ligando-se também a Morel e suas bases téoricas – e isso

---

[230] E que posteriormente também desencadeará nos ramos da psiquiatria, sobretudo nas bases da teoria de Morel,. Este coloca a delinquência ao lado da loucura e da doença mental, dando partida, assim, a uma "psicopatologia criminal", na qual já estavam presentes conceitos de loucura moral ou epilepsia. Todo delito seria definitivamente um fenômeno patológico, causado pela interação, causado pela interação de fatores biológicos hereditários e sociológicos ambientais. Isso se relaciona, evidentemente, com o positivismo criminológico. A antropologia mórbida tratada no livro "Sobre a formação dos tipos", de 1864, inclui os tipos delinquentes que influenciariam Lombroso. (ANITUA, Gabriel Ignacio. *Histórias dos pensamentos criminológicos...*, p. 249)

[231] Sobre os três clássicos, ver dentre outros: LOMBROSO, César. *O homem delinquente*. Tradução de Maristela Tomasini e Oscar Antonio Garcia. Porto Alegre: Ricardo Lenz, 2001; FERRI, Enrico. *Sociología criminal*. Version Española de Antonio Soto y Hernández. Madri: Centro Editorial de Góngora; GARÓFALO, Raffaele. *La criminología*. Madri: Daniel Jorro Editor, 1912 (1885).

[232] Todo pensamento político, sociológico e criminológico posterior aos estudos de Thomas Malthus – sobretudo após seu *Ensaio sobre a população* (1803) – *remeterão ao organicismo e não mais ao contratualismo*. Isso porque neste ensaio ele afirma que a tendência da população a aumentar é maior que a mesma tendência nos alimentos e que por isso, a natureza criaria freios para a população, relacionados com a miséria, as doenças e as guerras. Como essa forma "natural" de atuar desagradava o autor, ele propunha uma forma artificial, mais "civilizada". A forma de prevenir tais males seria a continência moral para vencer o "vício" de reproduzir-se. A reprodução do corpo social deveria passar pela limitação da reprodução do corpo dos indivíduos. No campo estritamente criminológico, isso repercutiu de forma decisiva nas teorias da pena, que se inclinariam para o defensionismo social utilitarista. O mesmo ideal levou em consideração que aquele que delinquisse não produziria uma violação do contrato, mas revelaria, desse modo, sua natureza associal, isto é, seria uma célula doente dentro do organismo. Diante dessa natureza enferma, o que caberia ser feito não era a retribuição, mas medidas de *cura e eliminação*. (ANITUA, Gabriel Ignacio. *Histórias dos pensamentos criminológicos...*, p. 241-242).

fica muito claro nos resultados apresentados por Nina Rodrigues em suas pesquisas empíricas (como a da comunidade de Serrinha) e também nos estudos desenvolvidos antes dele. Ou seja, as *influências primárias* da "brasilidade criminológica"[233] são diversificadas e muito abrangentes.

Já que o foco do trabalho não é discutir a fundo a construção da criminologia positivista no Brasil – que sem pré-concepções estabelecidas emergiu nesse viés de análise espontaneamente a partir das investigações das fontes bibliográficas e documentais – sendo esta entendida apenas como uma via introdutória, porém fundamental, para o núcleo central do trabalho, cabe aqui lembrar que o destaque à escola Nina Rodrigues deveu-se à sua imensa contribuição na construção da Antropologia Criminal brasileira, na formação da Medicina Legal como disciplina autônoma e nos estudos da perícia médica, fundamentais para a concepção médico-jurídica alicerçante das Medidas de Segurança no Brasil.

Dessa forma, ressalta-se que Nina era um médico e suas investigações – assim como a escola médica a que pertencia e as anteriores a ele –, pautavam-se em estruturas mais complexas advindas da medicina social (que expunha uma etiologia orgânica do delito, muito anterior à dita recepção da Escola Positiva Italiana no Brasil). Logo, a reprodução massiva de diversos autores sugere uma incorporação teórica inicial um tanto quanto equivocada, quase mecanicamente, da teoria Lombrosiana (e de seus seguidores) como se fossem as únicas fontes da criminologia positivista brasileira.

As bases médicas, com as concepções da natureza enferma do indivíduo "criminoso", aparecem no Brasil muito antes da chegada de Nina e seus aportes morelianos e lombrosianos. E após a Escola Nina Rodrigues e demais escolas médicas, os eixos de investigações continuaram sendo concomitantes. Nina deixou seu legado e deu seguimento a uma criminologia positivista bem à brasileira: a "miscigenação" de vertentes teóricas e intervenções distintas e variadas num processo ainda em devir, em constantes (re)legitimações (*vide* os neopositivismos, neolombrosionismos, etc.).

Assim, o positivismo criminológico, a antropologia criminal e as novas especializações médicas (como a psiquiatria, medicina legal, etc.) abriram novos espaços, mas também ocasionaram disputas entre o direito e a medicina. Qual ciência seria responsável pela investigação

---

[233] Expressão utilizada primeiramente pela profa. Vera Regina P. de Andrade em: ANDRADE, Vera Regina Pereira de. *Pelas mãos da criminologia* – o controle penal para além da (des)ilusão. Rio de Janeiro: Revan, 2012.

sobre questões criminais? Eram os homens da lei os aptos a resolverem tais questões ou os homens de "sciencia" capazes de diagnosticar e aplicar o melhor "tratamento" ao "doente-criminoso"?

2.2. A concepção jurídica como uma saída científica – as contribuições da escola de Direito de Recife

No final do século XIX, os argumentos sobre a negação da responsabilidade individual e ênfase da defesa social desencadearam grandes debates e ajustes entre a medicina e o direito. Salientava-se a necessidade de demonstrar a adequação ou inadequação dos indivíduos aos eixos de normalidade coletivos, decididos por vias médicas ou jurídicas.

O estado de Pernambuco foi escolhido para desenvolver os estudos no ramo do direito no norte do Brasil. A faculdade de direito foi inaugurada primeiramente em Olinda, em 1828. Tempos depois, o curso foi transferido para Recife, onde ficou reconhecido como um centro de intelectuais de alto nível cuja produção transpôs a regionalização. Uma nova concepção jurídica se construía: a disciplina surgia aliada à biologia evolutiva, às ciências naturais e à antropologia determinista.[234] O direito distanciava-se das demais ciências humanas, buscando associar-se às áreas das certezas e das leis. Essa nova geração de *Tobias Barreto e Silvio Romero* era um marco de um novo tempo intelectual, com rompimentos religiosos e contestação ao direito natural, adaptando o direito às teorias evolucionistas e social-darwinistas.

A entrada dos modelos evolucionistas gerou a tentativa desses juristas adaptarem o direito a essas teorias inovadoras, aplicando-as à realidade nacional. Dessa forma, tornavam a escola mais radical, aliada às teorias deterministas e com isso acreditavam ser a vanguarda científica da época.

Com a faculdade de Direito, tudo se sublevou na história intelectual do Recife, rompendo os diques da rotina psíquica. Era uma tradição, uma legenda, um símbolo, realçando que a grandeza intelectual e moral da faculdade estava, sobretudo, no seu feitio humanista. Formou, sem dúvida, famosos praxistas e advogados, jurisconsultos, filósofos, poetas, economistas, sociólogos, ensaístas, políticos e estadistas, agitadores de ideias que abalaram a sociedade no aceleramento do progresso e no bloqueio da rotina. "Este impacto da filosofia tornou a Faculdade transcendente a uma época, tornou-a trans-histórica. (...) A faculdade

---
[234] SCHWARCZ, Lilia Moritz. *O espetáculo das raças...*, p. 143-150.

de Direito não se agasalhou em uma concha. Saiu para o mundo, para viver no mundo e também contestá-lo e transformá-lo".[235]

2.2.1. O pensamento de Tobias Barreto sobre o direito de punir

Tobias Barreto de Menezes, jurista, poeta, filósofo, nasceu no Estado de Sergipe, mas foi no Recife que construiu e consolidou sua carreira jurídica. Na faculdade de direito, ministrou as cadeiras de direito criminal, direito público, filosofia do direito, economia política e prática de processo, cadeira esta que lhe coube após tornar-se professor catedrático.[236] Era um ex-seminarista que endossava a luta anticatólica.[237] Combativo dos velhos moldes e dos velhos rumos, fecundou e aprimorou a ciência jurídica brasileira, sendo considerado por muitos, inclusive por Silvio Romero, como o pioneiro da Escola Positiva do Direito Penal no país.[238]

---

[235] FERREIRA, Pinto. A Faculdade de Direito e a Escola do Recife. In: *Revista. Inf. Legisl.* Brasília. n° 55, jul./set., 1977. Disponível em: <http://www2.senado.leg.br/bdsf/bitstream/handle/id/181024/000359523.pdf?sequence=3>. Acesso em: 01 de fev. 2014, p. 05-10.

[236] FERREIRA, Pinto. A Faculdade de Direito e a Escola do Recife..., p. 15.

[237] Apesar de ser um ex-seminarista, um crítico à Igreja e considerado um positivista da época, não abandonou completamente a metafísica e afirmava: "Quando hoje se diz, como se houve a cada momento, e sem reserva ou restrição alguma, que a metafísica está acabada, isto prova apenas que há da parte de quem assim o afirma um total desconhecimento da história da filosofia, onde há fenômenos periódicos, não raras vezes intercalados por séculos, que apresentam a cada geração um caráter de novidade. [...] A metafísica tem um domínio seu, tem um domínio próprio, onde ela nada produz de positivo, é verdade, mas donde também não pode ser expelida; e Kant mesmo já dissera que à razão humana, em uma espécie de seus conhecimentos, coube em partilha o singular destino de ser atormentada por questões de que ela não pode abrir mão, porque lhe são impostas pela sua natureza, mas que também não podem ser por ela resolvidas, porque estão acima de sua capacidade. [...] E aqui importa observar que o meu ponto de vista é alguma coisa diverso do da escola positivista, para quem toda a metafísica é um produto de insensatez; o que aliás não obsta que ela tenha criado uma meta história e uma metapolítica, tão pouco adaptadas aos fatos e tão difíceis de compreender como a velha ciência dos noólogos e transcendentalistas. Há alguns anos quando o meu nobre amigo Sylvio Romero, em uma defesa de teses na Faculdade de Direito de Recife, afirmou que a metafísica estava morta, e esta asserção produziu no corpo docente espanto igual ao que teria produzido um tiro de revolver que o moço candidato tivesse disparado sobre os doutores, já eu nutria minhas a respeito da defunta, que o positivismo tinha dado realmente como morta, porém que ainda se sentia palpitar". (MENEZES, Tobias Barreto de. *Estudos de Direito...*, p. 164-168.

[238] Sobre o assunto, há controvérsias. Diversos historiadores do direito penal consideram João Vieira de Araújo (1844-1922), professor da Faculdade de Direito do Recife, o primeiro autor a se mostrar informado a respeito das novas teorias criminais, ao comentar as ideias de Lombroso em suas aulas na Faculdade do Recife e também em textos sobre a legislação criminal do Império. Em seu livro *Ensaio de Direito Penal ou Repetições Escritas sobre o Código Criminal do Império do Brasil,* publicado em 1884, João Vieira de Araújo já aponta para a necessidade de analisar a legislação nacional de um ponto de vista filosófico mais "moderno", que no campo do direito criminal seria representado, sobretudo, pela obra de Lombroso. João Vieira de Araújo se dedicará a divulgar as ideias da antropologia criminal de Lombroso não apenas entre seus alunos do Recife, mas também para um público especializado mais amplo, ao publicar artigos em revistas jurídicas do

Um primeiro ponto de análise, no âmbito das ciências criminais, que aqui se faz necessário destacar, é a célebre pergunta que Tobias Barreto se debruçava: *qual o fundamento do direito de punir?*

Entendia que o direito de punir é um conceito científico por meio da qual a ciência designa o fato geral e quase cotidiano da imposição de penas aos criminosos. Assim sendo, é uma necessidade imposta ao organismo social por força do seu próprio desenvolvimento e essa ideia de punição acaba sendo, então, um dos formadores do conceito geral de sociedade.[239]

E que mesmo sendo fruto de um processo histórico dinâmico, com novos valores e estruturas políticas diversificadas, apresenta ainda sinais de sua origem bárbara e traços de sua velha mãe primitiva: a brutalidade e intransigência. "Pena e sacrifício humano forma uma e a mesma coisa e que destarte a origem do direito de punir deve ser procurada nesse mesmo sacrifício".[240]

O fato, portanto, é incontestável: punir é sacrificar, em todo ou em parte, o indivíduo para o bem da comunhão social, sacrifício mais ou menos cruel, conforme o grau de civilização do indivíduo; é a racionalização da vingança.[241] E sempre foi "uma excrescência do corpo social que, aliás, não tem por si a razão da necessidade imperiosa e fatalmente indeclinável".[242]

Tobias, em desacordo com os *tradicionais positivistas*, considerava que o sentimento de *justiça* (que tanto se invoca no âmbito criminal) seria incapaz de dar origem ou consubstanciar a instituição da pena; sendo então, apenas confundido com o sentimento de *vingança,* e este sim figurante como parte da estrutura subjetiva do direito de punir, ou seja, base psicológica da pena, completamente estranho ao âmbito racional do direito.

Nessa linha, é interessante observar que, de fato, na maioria dos casos (penais), quando se viola um direito, um bem jurídico tutelado, o sistema jurídico perturbado, bem como a vítima, (em tese) não têm outro interesse senão que o dano seja satisfeito, restabelecendo-se o direito, restituindo valores, enfim, que de alguma forma, seja refeito o *status quo ante*. Porém, o que ocorre é que essa pena aplicada não tem

---

Rio de Janeiro. (ALVAREZ, Marcos César. A criminologia no Brasil ou como tratar desigualmente os desiguais. In: *Dados:* Revista de ciências sociais. Rio de Janeiro, vol. 45, no. 4, 2002, p. 7)

[239] MENEZES, Tobias Barreto de. *Estudos de Direito*. Campinas: Bookseller, 2000, p. 166-167.

[240] POST, Hermann. Der Ursprung des Rechtes, 1876. Apud, MENEZES, Tobias Barreto de. *Estudos de Direito*. Campinas: Bookseller, 2000, p. 166-167.

[241] Sobre racionalização da vingança e ritos sacrificiais como forma de harmonização social, ver: GIRARD, Renè. *A violência e o sagrado*. São Paulo: Ed. Unesp, 1990.

[242] MENEZES, Tobias Barreto de. *Estudos de Direito*. Campinas: Bookseller, 2000, p. 166-174.

força para restituir o bem jurídico violado. Ela não tem nenhuma capacidade de devolver (materialmente) aquilo que verdadeira e primeiramente a vítima deseja, com raras exceções de crimes patrimoniais, que a vítima pode ter a sorte de reaver seus pertences, não por imposição da pena, mas por algum outro mecanismo de resgate (público ou privado). Logo, o que extrapola a esfera lógica da juridicidade da pena, já não lhe pertence.

A vontade – que pode ser única e/ou primária – apenas de vingança da vítima, uma vez que a punição acaba por não responder os anseios de retribuição efetiva do bem jurídico lesionado, acaba não pertencendo mais ao universo do direito. Em outras palavras, a punição (de todas as formas) vinculada exclusivamente ao caráter subjetivo de vingança, perde seu fundamento jurídico e, portanto, sua legitimidade. "A pena, considerada em si mesma, nada tem a ver com a ideia de direito".[243]

Na obra *Menores e Loucos* (1884), Tobias Barreto problematizou o método adotado pelo legislador criminal do Código do Império,[244] que definiu e classificou a ideia geral do delito, expondo as exigências conceituais do delinquente e as suas diversas categorias. A legislação determinava que não seriam considerados criminosos quando faltasse a base psicológica do crime, ou por motivos de ordem política. "O código era lacunoso, incompleto e estava muito aquém do que devia ser naquele período. Para que mais repeti-lo e acentuá-lo?".[245]

A crítica dava-se sobre o juízo de imputabilidade estabelecido pelo código imperial, sobretudo no que se referia aos seus fundamentos: *determinismo e a vinculação do discurso jurídico ao médico-psiquiátrico*. Para ele, a regra era justa e humana; a exceção é que não correspondia com o mesmo grau de justiça e humanidade.

> Na expressão sintética "loucos de todo gênero", conquanto simples e clara, larga e fecunda em sua simplicidade, não é todavia bastante compreensiva para abranger a totalidade não só dos que padecem de qualquer desarranjo no mecanismo da consciência, como também dos que deixaram de atingir, por algum vício orgânico ou desenvolvimento normal das funções. (...) Não é possível inscrever no círculo da disposição do

---

[243] MENEZES, Tobias Barreto de. *Estudos de Direito*. Campinas: Bookseller, 2000, p. 166-179.

[244] Sua crítica refere-se especificamente aos arts. 10 e 12 do Código do Império: "Art. 10. Tambem não se julgarão criminosos: 1º Os menores de quatorze annos. 2º Os loucos de todo o genero, salvo se tiverem lucidos intervallos, e nelles commetterem o crime. 3º Os que commetterem crimes violentados por força, ou por medo irresistiveis. 4º Os que commetterem crimes casualmente no exercicio, ou pratica de qualquer acto licito, feito com a tenção ordinaria. Art. 12. Os loucos que tiverem commettido crimes, serão recolhidos ás casas para elles destinadas, ou entregues ás suas familias, como ao Juiz parecer mais conveniente".

[245] MENEZES, Tobias Barreto de. *Menores e loucos em direito criminal* – estudo sobre o art. 10 do código criminal brasileiro. Rio de Janeiro: Edição da organização Simões, 1884/1951, p. 19-20.

§ 2º do at. 10 todos os casos de perturbação do espírito, ou de anomalia mental, todos os afetos, desvarios e psicoses que devem juridicamente excluir a responsabilidade criminal.[246]

O autor expressava a dificuldade de definição de um conceito legal que desse conta da dimensão do objeto que se pretendia delimitar numa só classificação. O espaço de compreensão do conceito de loucura, diminuindo ou simplificando seu âmbito, foi reduzido a uma quantidade negativa, à mera ausência do seu contrário, "como dizer que a velhice não é mais do que a ausência da mocidade ou que a razão não é mais do que ausência de loucura".[247]

Sobre a complexidade do agir humano, Tobias Barreto não seguiu a tradição jurídica (dogmática) para explicar e/ou definir soluções, mas de forma inovadora desenhou um caminho voltado para o impacto da legislação na vida cotidiana.

As condições de um ato livre eram várias e complicadas, bem como poderiam aparecer perturbações das mais variadas formas, por fatores externos, internos e orgânicos. O caráter e a altura individual do livre arbítrio eram produtos da organização cerebral originária e das influências exteriores, antagônicas ou sinérgicas que afetavam essa organização. Percebendo a densidade da análise, pontuava que "a pesquisa do efeito produzido por tais influências sobre a liberdade do indivíduo era um problema dificílimo, que pertencia ao vasto domínio da medicina judiciária".[248] A dogmática jurídica, por si só, não teria capacidade de abarcar e enfrentar tais questões. Adotava a teoria do *livre-arbítrio relativo*, afirmando não ter o legislador brasileiro esclarecido no Código do Império, o momento da liberdade como condição da imputação.

A crítica do autor aos deterministas recaía no sentido de que "o govêrno da natureza em relação ao homem é sempre despótico e não há vontade livre desde que os atos só se realizam em virtude de motivos"[249] e, assim, fundamentavam a negação do livre-arbítrio no fato bruto da motivação das ações humanas, e que podem objetar, como prova da existência de uma certa dose da liberdade do querer, a escolha psíquica dos motivos e a possibilidade da determinação no sentido da maior resistência .

Contrário a essa percepção, Nina Rodrigues defendia que esse pensamento refletia somente uma *aparência ilusória da liberdade* e que esta não serviria como base para a doutrina da responsabilidade penal.

---

[246] MENEZES, Tobias Barreto de. *Menores e loucos em direito criminal...*, p. 72-73.
[247] Ibidem, p. 73.
[248] Ibidem, p. 77.
[249] MENEZES. Tobias Barreto de. *Questões vigentes*. Pernambuco: Ed. Estado de Sergipe, 1926.

E mais, a escolha de motivos mencionada, bem como a determinação de maior resistência, não seriam manifestações da liberdade, mas tão somente "a resultante da organização psico-fisiologica do individuo".[250] A doutrina penal que utilizasse o livre-arbítrio (absoluto ou relativo) como fundamento da responsabilidade penal estaria fadada à impunidade.

Vinculado também às bases biológicas, Clovis Beviláqua[251] entendia que:

> Dado o princípio da causalidade e admitida a unidade evolucional dos mundos, inorgânico e orgânico, do físico e do psíquico, o livre arbítrio se afigura como uma incongruência como um sonho criado pela imaginação para fugir às contingências desta existência fenomênica. E é desta desconveniência fundamental entre o conceito do livre arbítrio e os elementos imediatos da nossa cognição que resulta a inanidade de todos os esforços para concilia-lo ao determinismo.

Muito próximo a Nina Rodrigues, Ferri[252] também se manifestava sobre as contradições de Tobias Barreto, alegando que todos os raciocínios lógicos que destruíam o livre-arbítrio absoluto, também faziam com o raciocínio relativo, justamente porque "as objeções que valiam contra um metro de liberdade, também serviam para um centímetro da mesma liberdade".

Nessa briga acadêmica, Tobias reforçava que a ciência não tinha conseguido indicar um termo apropriado que efetivamente definisse um conceito de alienação do espírito. E entendia também que, apesar da necessidade da reforma do código imperial defeituoso, "colocar o legislador criminal na contingência de estar sempre à escuta dos oráculos da medicina nas questões de imputabilidade, para ir, de acordo com eles, alterando as disposições legais",[253] não seria a melhor saída. A justiça criminal vinculada aos novos campos de saber científicos, misturando-se à prática do poder de punir, seria um deslocamento desnecessário. O medo era de se ter uma outra coisa que não a própria justiça criminal.

Por outro lado, com um posicionamento de certa forma contraditório, enfatizava que "aos médicos, e só aos médicos é que competia apreciar definitivamente o estado normal ou anormal da constituição psicofísica do criminoso. Êles não deviam limitar-se a atestar esse estado, mas antes deviam julgá-lo magistrática e autoritariamente".[254]

---

[250] RODRIGUES, Raimundo Nina. *As raças humanas...*, p. 55.
[251] BEVILÁQUA, Clóvis. *Sobre uma nova teoria da responsabilidade*. Recife, 1892.
[252] FERRI, Enrico. *Sociología criminal...*
[253] MENEZES. Tobias Barreto de. *Menores e loucos em direito criminal...*, p. 98.
[254] Ibidem, p. 105.

O criminoso (doente) encontrava-se entre o direito penal dogmático e a medicina psiquiátrica, estando esta última apta a fornecer "diagnósticos precisos" sobre sua patologia. Seria uma ciência auxiliar, fundamental nesses casos penais específicos. E como já dito, Tobias sustentava paradoxalmente sua crítica quanto à influência da medicina no sistema de justiça criminal e, ao mesmo tempo, a necessidade da permanência desses operadores secundários, afirmando a importância do "além-diagnósticos", ou seja, dos juízes paralelos.

Se Tobias e seus seguidores, por um lado, concordavam (parcialmente) com as ideias de Nina Rodrigues sobre responsabilidade penal e necessidade de verificação (via medicina judiciária) caso a caso sobre a complexidade do livre arbítrio, por outro, não sustentavam totalmente os argumentos da Escola Positiva, pois isto poderia colocar em risco o próprio monopólio dos juristas no campo da justiça.[255]

2.2.2. O pensamento da "boa mestiçagem" de Silvio Romero

O outro grande representante da Escola do Recife foi o sergipano, advogado e literário Silvio Romero, fundador do que se denominou de "racismo à brasileira", fez escola no campo do direito. Crítico voraz da metafísica e do positivismo francês, fazia da ciência um princípio que se estendia aos diversos ramos do conhecimento.

O Brasil vivenciava a queda de instituições seculares. Para ele, essa era a verdadeira data do governo régio no Brasil: "o levantar de novas organizações, de novas fórmulas, de novas doutrinas, com seus moldes e suas necessidades novas, tudo isto constitui para os sociólogos e amadores de estudos de psychologia popular um momento verdadeiramente excepcional".[256]

Ao contrário de Nina Rodrigues, acreditava que a mestiçagem seria uma saída interessante para uma possível homogeneidade nacional. "A novidade estava no critério etnográfico para desvendar os problemas nacionais, considerando que o princípio biológico da raça aparecia

---

[255] A intromissão de pressões externas nesse campo jurídico tendia a ser ignorada pelos agentes, pois o acesso ao campo não está disponível aos agentes que não apresentem as condições exigidas pela lógica interna, para fins de produzir o efeito de reconhecimento e consequente interação, o que significa que deve o "candidato" a integrante do campo submeter-se aos interesses e à avaliação dos agentes que já o integram. (ROCHA, Álvaro Filipe Oxley da. *Violência simbólica*: o controle social na forma da lei. Porto Alegre: Edipucrs, 2014, p. 93)

[256] ROMERO, Silvio. *Doutrina contra doutrina*: o evolucionismo e o positivismo na República do Brasil. Rio de Janeiro: Editor JB Nunes, 1894, p. 15.

como denominador comum para todo o conhecimento. Tudo passava pelo fator raça!".[257]

Romero, ao começar a pensar no "meio" e na "raça" como condicionantes da literatura brasileira e incluindo o negro como fator etno-antropológico, utilizava o termo *etnografia*, aparentemente por julgá-lo mais abrangente, distinguindo-o (implicitamente) do termo *antropologia*. O termo "antropologia" nos textos do autor parece referir-se exclusivamente ao domínio biológico nessa definição.

Adepto ao determinismo biológico e ao poligenismo, entendia o mestiço como produto final de uma raça em formação (hibridação), ou seja, era o resultado "mais forte" da luta pela sobrevivência, e não o mais fraco como Nina e seus seguidores afirmavam.[258] Diferentemente do que já foi apresentado por outros autores que utilizavam as teorias racistas, Silvio Romero "estava atrás da boa mestiçagem e acreditava ser o cruzamento de raças o caminho para a viabilidade nacional".[259] Mas, longe de ser um defensor da igualdade entre os homens, era um fiel seguidor do determinismo racial.

Para o jurista, a desigualdade das raças humanas era um fator primordial e irredutível que só a biologia era capaz de modificar. Quanto às diferenças entre classes sociais, os dois fatores de equalização entre os homens eram a democracia e a mestiçagem.

Para ele, os mestiços de todas as gradações e matizes estavam em maioria (e nos governos democráticos a maioria ditava a lei). "Todos os grandes fatos de nossa historia são outras tantas vitórias das populações brasileiras, novas, mestiçadas de sangue e de sentimentos e intuições". Afirmava que os três fatores de nosso povo (o primitivo caboclo, o colonizador português e o negro alforriado), de nossas riquezas, de nossa cultura, e, com o próprio auxilio deles, é que formaram as populações genuinamente brasileiras, resultados das três correntes que confluíram, das três almas que se fusionaram. "A república foi uma vitória dessas populações novas, representadas por seus homens mais eminentes, e por isso ella tem o apoio e reclama os applausos de nosso povo".[260]

Ele parecia fazer questão de desconhecer o trabalho de Nina Rodrigues, talvez porque não lhe agradassem as conclusões do médico maranhense sobre a miscigenação, talvez porque desde 1894 Nina já

---

[257] SCHWARCZ, Lilia Moritz. *O espetáculo das raças*..., p. 153.
[258] ROMERO, Silvio. *Ethnologia selvagem*: estudo sobre a memória – região e raças selvagens no Brasil. Recife: Typ. Da província, 1875.
[259] SCHWARCZ, Lilia Moritz. *O espetáculo das raças*..., p. 154.
[260] ROMERO, Silvio. *Doutrina contra doutrina*..., p. 27-28.

se mostrava em desacordo com suas ideias e, então, precisaria mostrar superioridade intelectual.

Em sua obra *Provocações e Debates*,[261] numa linha mais político-sociológica, questionava: "qual é o nosso maior mal? A febre amarella? As seccas do norte? O clima tropical ? As olygarchias estadoaes? A politicagem?".

Não, nada disso. "É pretendermos ser, como nação, como todo político-social, o que não somos realmente". Para o autor, o que ocorria com os indivíduos dava-se com as nações: "a maior parte dos erros, das decepções, das quedas, dos prejuízos, dos desastres e até da total ruina que cada um de nós commette, encontra ou soffre na vida, provém pura e simplesmente, quase sempre, desta cousa tão simples, tão rudimentar, tão indesculpável, – o desconhecimento de nós mesmos".[262]

A crítica do jurista nessa obra era sobre o olhar de superioridade, grandeza, poderio, progresso e adiantamento que o Brasil se empregava sem nenhum preparo. "Dessa terrível inconsciência derivam males gravíssimos em todas as esferas da vida nacional: política, estado social, direito e legislação, finanças, ensino e educação, literatura, economia nacional, indústrias, e moral pública".[263] E chamava a atenção que na ordem política muitos desvarios, erros e tropeços iriam causar por muito tempo os maiores males.

A partir de Silvio Romero, o direito ganhou um *status* diferente no Brasil: elegeu-se como "sciencia" pelos moldes do determinismo, conectou-se com a antropologia e passou a determinar os destinos e os problemas da nação.

Como resultado dessa construção eclética, o crime e o criminoso começaram a ser observados como problemas complexos demais para uma única linha de análise. Os estudiosos do tema no Brasil distribuíram-se, desse modo, entre as Escolas Antropológica ou Sociológica, especialmente pelo acento maior ou menor que atribuíram aos fatores biológicos ou socioculturais na etiologia do delito, mas não discordavam que a compreensão do crime e do criminoso requeria a presença simultânea das duas abordagens.[264] Talvez o principal ponto de convergência da criminologia no Brasil ou da *Nova Escola Penal* – como passa a ser chamada com por alguns autores – tenha sido a ideia de que o objeto

---

[261] ROMERO, Silvio. *Provocações e debates*: contribuições para o estudo do Brazil social. Porto: Livraria Chardron, 1910.

[262] Ibidem, p. 102-103.

[263] Ibidem, p.111.

[264] ALVAREZ, Marcos César. A criminologia no Brasil ou como tratar desigualmente os desiguais In: *Dados – Revista de ciências sociais*. Rio de Janeiro, vol. 45, n. 4, 2002.

das ações jurídico-penais não mais se centralizava no crime, mas no criminoso, considerado como um indivíduo anormal. Assim, efetivou-se o discurso normalizador, agora pelas vias do saber jurídico.

Apesar das conexões, "o campo estava sempre em disputa".[265] A Escola de Direito de Recife estruturou-se e disputava espaço com a Escola Médica (sobretudo a baiana), sentindo-se responsável pela nova nação que despontava e pela solução de seus problemas, que não eram poucos: miscigenação, pobreza, criminalidade, etc. Os juristas achavam-se muito mais preparados (com sua *"sciencia"*) para lidar e enfrentar os percalços do país.

Essa geração de 1870 foi responsável pela erudição e fisionomia do direito nacional, preparando o terreno científico e político para o século XX. A geração formada por Coimbra e por Recife atuou de acordo com sua época e com sua realidade social, corresponde a dois momentos: um caracterizado pela forte influência do classicismo e outro pelo positivismo.[266]

No campo das ciências criminais, a Escola de Recife aprofundou as questões referentes à atuação do Estado na defesa da sociedade e no controle do crime. Apesar das críticas e discordâncias com os estudos médicos, dentre outras coisas, influenciou na fragmentação da estrutura formal de resposta ao crime e no fortalecimento dessa (inter)ação científica. As medidas de segurança criadas posteriormente (como complemento de pena privativa de liberdade em 1940 e como sanções penais autônomas em 1984) não conseguiram se sobrepor às penas, nem as instituições prisionais conseguiram tornar-se centros de reabilitação e ressocialização de "delinquentes". A isto correspondia o modelo positivista de ciência penal integrada, no qual a criminologia (clínica-racista) foi reduzida à auxiliar do sistema penal e seu aparelhamento político possibilitou definir os mecanismos e normas de funcionamento e execução das instituições totais (manicômios judiciários e cárceres), estruturando-os materialmente como mecanismos de controle dos "desviantes-anormais".

---

[265] ROCHA, Álvaro Filipe Oxley da. *Violência simbólica...*, p. 93.
[266] SILVA, Mozart Linhares da. *Do império da lei às grades da cidade*. Porto Alegre: Edipucrs, 1997, p. 95.

3. Medidas de segurança como cordão sanitário de controle

A tensionada aliança entre direito e medicina (psiquiátrica) gerou um campo vasto de observação para os juristas, que passaram a admitir que as causas do crime e da criminalidade estavam, dentre outros aspectos, ligadas à condição biopsicopatológica do sujeito. Sim, as bases científicas, para além de desafiantes à soberania da ciência jurídica, agora eram preciosas aliadas, afinal, traziam as justificativas (inquestionáveis) para a arquitetura penalógica da defesa social.

Em todas essas discussões e ações, o grande desafio consistia em *"tratar igual os iguais e desigualmente os desiguais"*,[267] e não em estender a igualdade de tratamento jurídico-penal para o conjunto da população.

> O desenvolvimento da criminologia brasileira representava a possibilidade simultânea de compreender as transformações pelas quais passava a sociedade, de implementar estratégias específicas de controle social e de estabelecer formas diferenciadas de tratamento jurídico-penal para determinados segmentos da população. Como um saber normalizador, capaz de identificar, qualificar e hierarquizar os fatores naturais, sociais e individuais envolvidos na gênese do crime e na evolução da criminalidade, a criminologia poderia transpor as dificuldades que as doutrinas clássicas de direito penal, baseadas na igualdade ao menos formal dos indivíduos, não conseguiam enfrentar, ao estabelecer ainda os dispositivos jurídico-penais condizentes com as condições tipicamente nacionais.[268]

O positivismo criminológico desembocava claramente em um autoritarismo policial que correspondia a um elitismo biologicista. Não apenas legitimava o neocolonialismo, mas também a repressão das classes subordinadas nas metrópoles colonialistas. As elites dessas sociedades temiam sua insubordinação e perseguiam os agitadores, os indesejáveis, os dissidentes, os inviáveis a todo custo, agora por vias científicas. Em resumo, a criminologia restaurou claramente o

---

[267] ARISTÓTELES. *Ética a Nicômaco*. São Paulo: Nova Cultural, 1991.

[268] ALVAREZ, Marcos César. A criminologia no Brasil ou como tratar desigualmente os desiguais. In: *Dados: Revista de ciências sociais*. Rio de Janeiro, vol. 45, n. 4, 2002.

discurso inquisitorial[269] e, consequentemente, o projetou de forma institucionalizada: substituiu a demonologia e explicava a etiologia do crime; o direito penal mostrava seus sintomas ou manifestações da mesma forma que as antigas bruxarias; o processo penal explicava a forma de persegui-los sem muitos obstáculos à atuação policial (inclusive sem delito); a pena neutralizava a periculosidade (sem menção da culpabilidade), e a medicina legal permitia reconhecer as marcas do mal (os caracteres criminógenos). Com estrutura compacta, o velho/novo discurso alimentava os disparates do novo tempo histórico e vice-versa.[270]

O surgimento dessas *novas classes perigosas*[271] – reconhecidas por Bauman como aquelas consideradas incapacitadas para reintegração e classificadas como não assimiláveis, porque não saberiam como se tornar úteis nem depois de uma "reabilitação" – provocou no século XX um processo de exclusão não como algo remediável e momentâneo, mas definitivo, ativamente encorajados pela *sociedade líquida*.[272]

Nessa linha, as *medidas de segurança* (sobretudo a detentiva), quando inauguradas no Sistema de Justiça Criminal brasileiro, passam a configurar uma espécie de *pena sem artifícios*, ou seja, consideram os "transgressores da lei" como sujeitos possuidores de "caracteres biopsicopatológicos"[273] em relação aos "sujeitos de bem" – considerados indivíduos íntegros, normais e respeitadores das normas de conduta –, justificando, assim, o controle (científico) e "curativo" do Estado. Elas vêm cumprir exatamente o papel do *discurso penal simbólico de prevenção* – tratamento (sem limites), cura e ressocialização – *e do discurso real* – de contenção, neutralização, defesa social, tortura e matança – consubstanciado pelo "saber médico que legitimou o poder policial com o nome de positivismo criminológico, que bem poderia ser chamado de *apartheid criminológico*".[274] Suas justificativas resistiram à passagem dos

---

[269] Sobre as influências inquisitivas no sistema de justiça criminal brasileiro, ver: AMARAL, Augusto Jobim do. *Política da prova e cultura punitiva*: a governabilidade inquisitiva do processo penal brasileiro contemporâneo. São Paulo: Almedina, 2014.

[270] ZAFFARONI, Eugenio Raúl. *A questão criminal...*, p. 93.

[271] O autor chama de novas classes perigosas porque as originais eram constituídas por gente em "excesso", temporariamente excluída e ainda não reintegrada, que a aceleração do progresso econômico havia privado da utilidade funcional, e de quem a rápida pulverização das redes de vínculos retirava, ao mesmo tempo, qualquer proteção. (BAUMAN, Zygmunt. *Confiança e medo na cidade...*, p. 22).

[272] Sobre o tema, ver: BAUMAN, Zymunt. *Modernidade líquida*. Rio de Janeiro: Jorge Zahar, 2001.

[273] Registre-se: conceito absolutamente vago e inconsistente até hoje para justificar qualquer medida de privação de liberdade.

[274] ZAFFARONI, Eugenio Raúl. *A questão criminal...*, p. 80.

séculos e foram acolhidas pelo modelo *populista*[275] atual de hiperinflação punitiva e hipercriminalização.

Esse modo permanente, característico das instituições totais destinadas a pessoas em sofrimento psíquico (com cometimento de injustos penais ou não), dá o alívio e a tranquilidade necessária ao convívio social. "A 'morte' de cada 'malvivente' surte efeitos farmacêuticos sobre os bem-viventes".[276] E é importante que se diga o óbvio: *o Estado psiquiatriza o perigo público, enjaula e joga a chave fora.*

Nada mais viável para os tempos modernos e/ou pós-modernos: o discurso sedutor humanitário de tratamento que camufla (?) um projeto ainda positivista norteador de um direito penal do autor – modelo dilatado de inocuização humana (coexistência de uma era de ampliação e garantias fundamentais com um populismo punitivo agudizado).

> Trata-se de uma qualidade específica de legitimação por via da utilidade: a defesa da sociedade contra o criminoso se assenta em um discurso científico organicista da sociedade, oposto ao discurso contratualista centrado na ideia de indivíduo, no qual a desigualdade, justificadora da intervenção punitiva, realiza-se por fundamentos extrajurídicos – sociais, econômicos, biológicos ou culturais.[277]

Nessa perspectiva crítica, o primeiro item do capítulo tratará do simbolismo penal-psiquiátrico refletido na produção legislativa codificada desde o final do século XIX até a reforma de 1984, que de fato, emancipou as medidas de segurança e que se mantém vigente como diretriz da aplicação das mesmas.

O segundo ponto abordará os hospitais de custódia e tratamento psiquiátrico, compreendidos em seus aspectos mais amplos como a materialização e a expressão plena do poder penal-psiquiátrico. Serão investigados e questionados, não como simples práticas institucionais, mas como disposições de táticas e de poderes (disciplinares), com relações de força que transcendem o indivíduo e os muros asilares.

O terceiro e último item abordará os poucos números produzidos oficialmente sobre medidas de segurança (detentivas e ambulatoriais), numa tentativa de traçar um pequeno panorama (palpável) e apresentar, ainda que superficialmente, uma noção da execução das medidas de segurança no Brasil.

---

[275] LARRAURI, Elena. "Populismo punitivo... y como resistirlo". In: *Revista de Estudos Criminais*. Ano VII. n° 25. Porto Alegre: Notadez, 2007.

[276] GALEANO, Eduardo. *De pernas pro ar* – a escola do mundo ao avesso. Porto Alegre: L&PM, 2010, p. 81.

[277] PRANDO, Camila Cardoso de Mello. *O saber dos juristas e o controle penal*: o debate doutrinário na revista de direito penal (1933-1940) e a construção da legitimidade pela defesa social. Rio de Janeiro: Revan, 2013, p. 24.

3.1. A psiquiatrização dos Códigos Penais brasileiros

A criminologia positivista brasileira surgiu, sobretudo, das bases da medicina social com aportes policialescos e, nessa via, os médicos (criminólogos) "encontraram" (como estratégia político-criminal) o corpo "doente" que tanto procuravam no "indesejado e inútil criminoso"; provaram, comprovaram e precisavam traduzir essas pesquisas e (con)firmações, juridicamente. Legislar era preciso e prender também!

Estava aberto o caminho para se afirmar que se alguém fosse preso, privado de suas garantias de cidadão, ocorreria não apenas em razão de ter sido cometido um injusto penal, *mas em razão de uma doença que se queria curar*. "A prisão, como forma de intimidação, de vingança, estava em desuso ou fora de moda. O judiciário 'humanizou-se' ao mesmo tempo que incorporou o desenvolvimento da ciência. *A prisão se dava em nome da cura e em benefício do próprio preso*".[278]

No final do século XIX, a ciência havia demonstrado que todo louco era potencialmente criminoso; era naturalmente perigoso. Todo criminoso era um degenerado e a impulsividade criminal era uma manifestação da anomalia causada, principalmente, pela mestiçagem; a criminalidade era qualidade ontológica de determinados indivíduos. Resumindo, todos os dois sujeitos englobavam os quesitos de enfermidade e perigosidade ligados ao contexto criminal. O "somente louco", se não estava envolvido num fato criminoso, breve e determinadamente estaria; o "criminoso" era "criminoso" porque apresentava fatores biológicos indutivos ao comportamento delinquente. Não havia saída, a diagnose médica cercava por todos os lados, e o toque de sofisticação seria enfatizar e esgotar a questão da *periculosidade*, para ter apoio social capaz de legitimar as incursões legislativas que estariam a caminho. A luta entre as Escolas[279] – Clássica e Positiva – demarcava um momento de readequação e redefinição do Direito Penal e do controle do delito.

Pelo trilho do intervencionismo e da fundamentação preventiva-especial, sem abandonar as heranças da escola clássica, nutria um Direito Penal híbrido, de conciliação entre garantias penais liberais e intervenções sobre a "personalidade perigosa" e anormal do delinquente, em nome da defesa social.

---

[278] RAUTER, Cristina. *Criminologia e subjetividade no Brasil*. Rio de Janeiro: Revan, 2003, p. 39-40.

[279] "Enquanto a Escola Clássica sentou as bases ideológicas da reforma e das codificações penais que se seguiram ao longo do século XIX e modelou o programa para a maturação jurídica do direito penal do fato-crime, a Escola Positiva senta, por sua vez, as bases ideológicas e programáticas para a reforma do direito penal clássico, no sentido intervencionista e para sua maturação." (ANDRADE, Vera Regina Pereira de. *A ilusão da segurança jurídica*: do controle da violência à violência do controle penal. Porto Alegre: Livraria do Advogado, 2003, p. 71).

> É por isso que as legislações penais do século XX serão, sobretudo, legislações sob o império da fundamentação preventivo-especial e da necessidade de individualização da pena, mas convivendo com as concepções herdadas do classicismo, como a Legalidade, o retribucionismo e a responsabilidade moral. Serão legislações geralmente conciliadoras e de compromisso (como o código penal brasileiro de 1940) e, portanto, cindidas entre as exigências e objetividade, certeza e segurança jurídica e de valorização da concreta individualidade perigosa do criminoso.[280]

Tais movimentos incentivaram o processo de *produção de normas e de definição da conduta desviada* que Alessandro Baratta denominou de *criminalização primária*,[281] que junto com os mecanismos de aplicação das normas (criminalização secundária), isto é, o processo penal – constituído pelos órgãos de investigação e Poder Judiciário – e, com os mecanismos de execução da pena e das medidas de segurança (criminalização terciária), formou um sistema dinâmico e complexo de funções do Direito Penal Moderno.

Esse sistema agigantado e estruturado conseguiu muitos apoiadores e não ficou só. Encontra-se inserido e cada vez mais fortalecido na mecânica global de controle social, sendo concebido como um processo articulado e dinâmico de criminalização e poder para o qual concorrem, além das instituições formais de controle, os mecanismos do controle social informal: família, escola, mídia, moral, religião, medicina, mercado de trabalho, internet, etc. Existe, portanto:

> Um macrossistema integrado pelas instituições formais e informais, ou seja, todos nós integramos e participamos da mecânica do controle, seja como operadores formais ou equivalentes, seja como senso comum ou opinião pública.[282]

Chega-se, por esta via, à *dimensão ideológica*[283] do sistema penal; e esse *poder simbólico*,[284] invisível, é exercido com a cumplicidade daqueles que não querem saber que lhe estão sujeitos ou mesmo que o

---

[280] ANDRADE, Vera Regina Pereira de. *A ilusão da segurança jurídica...*, p. 73.

[281] BARATTA, Alessandro. *Criminologia crítica e crítica do direito penal*. Rio de Janeiro: Revan, 2002, p. 161.

[282] ANDRADE, Vera Regina Pereira de. *Pelas mãos da criminologia...*, p. 133-134.

[283] "As ideologias devem a sua estrutura e as funções mais específicas às condições sociais da sua produção e da sua circulação, quer dizer, às funções que elas cumprem, em primeiro lugar, para os especialistas em concorrência pelo monopólio da competência considerada (religiosa, artística, etc...) e, em segundo lugar e por acréscimo, para os não-especialistas. Ter presente que as ideologias são sempre duplamente determinadas, que elas devem as suas características mais específicas não só aos interesses das classes ou das fracções de classes que elas exprimem (função de sociodiceia), mas também aos interesses específicos daqueles que as produzem e à lógica específica do campo de produção". (BOURDIEU, Pierre. *O poder simbólico*. Lisboa: Difel, 1989, p. 13).

[284] BOURDIEU, Pierre. *O poder simbólico...*, p. 8-9. Ainda sobre poder simbólico e violência simbólica, ver: ROCHA, Álvaro Filipe Oxley da. *Violência simbólica – o controle social na forma da lei*. Porto Alegre: Edipucrs, 2014.

exercem; é um poder de construção da realidade e que tende estabelecer uma ordem gnoseológica.

Nessa linha, a (re)produção socioindividual da necessidade de *controle penal-psiquiátrico* no Brasil pautou-se em três eixos básicos: *criminalidade/anormalidade* (a aproximação entre crime e doença entendida pelo viés da antropologia criminal desenvolvida e modificada ao longo dos anos), *periculosidade* (associada diretamente ao "louco-criminoso"), *medo/insegurança* (conceito intrínseco à doença mental e às relações sociais modernas). A construção do estereótipo do criminoso no século XIX com todos os seus atributos (negro/miscigenado, pobre, doente, degenerado, perigoso etc.), somado à tônica do medo[285] – que, segundo Robert Castel,[286] é o alicerce das sociedades modernas, pois não encontram em si a capacidade de assegurar proteção – (re)legitimaram a ideologia da defesa social, a política recrudescida de controle e repressão e o direito penal moderno autodefinido como *direito penal de tratamento*.[287]

Em busca da proteção e da segurança social, do benefício do sujeito (criminoso e doente), da terapêutica humanitária, da prevenção, fecundava uma codificação penalógica de simbologia de tratamento e ressocialização, legislação essa sedutora, simbólica e (i)legítima.

3.1.1. O código Criminal do Império (1830)

O Código de 1830 foi a primeira programação criminalizante após a proclamação da Independência do Brasil. Foi elaborado em

---

[285] Segundo Bauman, o medo do século XX é fruto de um duplo movimento: por um lado, é nas grandes áreas urbanas que se concentram as funções mais avançadas do capitalismo. [...] As cidades tornam-se objeto de novos e intensos fluxos de população e de uma profunda redistribuição de renda. Essa cidade social-democrata que se afirmou no segundo pós-guerra torna-se ameaçada em suas fundações, pois o tecido social é submetido a intensas pressões que produzem uma verticalização crescente. O efeito desse duplo movimento é evidente na vida cotidiana de quem mora na cidade contemporânea: enquanto os bairros centrais são valorizados e tornam-se objeto de grandes investimentos urbanísticos, outras áreas são corroídas pela degradação e tornam-se marginais. Quem possui recursos econômicos ou tem condições de deslocar-se tenta se defender criando verdadeiros enclaves nos quais a proteção é garantida por empresas privadas de segurança, ou transferindo-se para áreas mais tranquilas e nobres. Os mais pobres são forçados, ao contrário, a suportar as consequências mais negativas das mudanças. Isso só pode gerar um crescente e difuso sentimento de medo. Se essa é a dinâmica estrutural a que estão sujeitas as cidades, não surpreende que alguns especulem com o medo, transformando-o na base de uma política de controle e repressão. (BAUMAN, Zygmunt. *Confiança e medo na cidade*. Rio de Janeiro: Jorge Zahar, 2009, p. 8-9).

[286] CASTEL, Robert. *A Insegurança Social*: o que é ser protegido? Petrópolis: Vozes, 2005.

[287] "Esse direito penal de tratamento não se centra na programação de seleção de inimigos para eliminá-los, mas na submissão de massas e nações para incorporá-las à sua tecnologia e torná-las funcionais para o poder industrial. Seu principal objetivo não é matar, mas domesticar para explorar. Isso tende a criar uma humanização das penas: do corpo se passa à alma e a pena privativa de liberdade se expande". (BATISTA, Nilo; ZAFFARONI, Eugenio Raúl, *et al. Direito penal brasileiro I* – teoria geral do direito penal. Rio de Janeiro: Revan, 2003, p. 395).

decorrência da recomendação da Constituição Política do Império (de 1824) que previa no art. 179:

> XVIII. Organizar-se-ha quanto antes um Codigo Civil, e Criminal, fundado nas solidas bases da Justiça, e Equidade; XIX. Desde já ficam abolidos os açoites, a tortura, a marca de ferro quente, e todas as mais penas cruéis; XX. Nenhuma pena passará da pessoa do delinquente. Por tanto não haverá em caso algum confiscação de bens, nem a infamia do Réo se transmittirá aos parentes em qualquer gráo, que seja; XXI. As Cadêas serão seguras, limpas, o bem arejadas, havendo diversas casas para separação dos Réos, conforme suas circumstancias, e natureza dos seus crimes.

Tobias Barreto afirmava que o Código imperial teve como principal modelo o *code* francês. Há que se destacar, também, as demais influências europeias dessa legislação: *a) Bentham*: O Código de 30 moldou suas doutrinas pautado no sistema de utilidade de Jeremias Bentham; *b) Mello Freire*:[288] A circunstância de José Clemente Pereira e Bernardo Pereira de Vasconcelos (os autores dos dois projetos legislativos) terem ambos regressado de Coimbra sugeriria uma forte influência daquele jurista que elaborou o projeto português de 1789; *c) O código bávaro*: a atenuante da menoridade dada por Roberto Lyra[289] como a "inovação brasileira", já figurava anteriormente no código bávaro.[290]

Essa legislação – fruto da Escola Clássica[291] – significou uma ruptura em relação às penalidades supliciantes da codificação portuguesa (esquartejamento, amputação, açoites etc.) por privilegiar a aplicação da pena privativa de liberdade como resposta punitiva. A aplicação generalizada foi fruto do ideário iluminista, dado o caráter igualitário da penalidade de confiscar um direito comum, a liberdade, de todos os que haviam sido elevados à categoria de cidadãos.[292]

A ideia de reprovabilidade penal pautava-se na culpabilidade. Este conceito estava centrado no ato criminoso, com a punição pro-

---

[288] Segundo Ruth Gauer, a influência indireta de Beccaria também se fez sentir no Brasil através de Mello Freire, quando da elaboração do código de 1830. Mello Freire usava Beccaria como fonte do direito em Coimbra. Sobre as contribuições de Mello Freire no Direito Moderno Português, ver: GAUER, Ruth Maria Chittó. *A modernidade portuguesa e a reforma pombalina de 1772*. Porto Alegre: Edipucrs, 1996.

[289] LYRA, Roberto. *Direito penal normativo*. Rio de Janeiro: Ed. J. Konfino, 1975, p. 42.

[290] BATISTA, Nilo; ZAFFARONI, Eugenio Raúl, *et al. Direito penal brasileiro I...*, p. 430-436.

[291] "Acostumbra a ser mérito de esta escuela su legato en contra de las penas desproporcionadas (como por ejemplo la pena de muerte para delitos leves); em contra de la pena de muerte y las penas corporales; y en contra del uso de la tortura. En este sentido es indudable la contribución de la escuela clásica a una dulcificación de las penas, más acorde con las sensibilidades y circunstancias sociales, políticas y económicas de aquel momento histórico". (PIJOAN, Elena Larrauri; MOLINÉ, José Cid. *Teorías criminológicas...*, p. 40)

[292] SALLA, Fernando. *As prisões em São Paulo*: 1822-1940. 2ª ed. São Paulo: Annablume/Fapesp, 2006, p. 46.

porcional ao delito cometido.[293] A liberdade de vontade era nuclear no julgamento de um ato, e a *responsabilidade girava em torno do livre-arbítrio* (base da escola clássica). No modelo liberal contratualista, o pressuposto da punição era exatamente a possibilidade de conhecimento da norma incriminadora e sua violação voluntária, sendo a culpabilidade (estruturada no conceito de livre-arbítrio) fundamento e legitimação da aplicação da pena. O crime era um ato humano resultado da vontade livre do sujeito.

O primeiro Código Penal brasileiro tornava irresponsáveis os *"loucos de todo gênero"*, conforme artigo 10: "Também não se julgarão criminosos: 1º Os menores de quatorze anos; 2º Os loucos de todo o gênero, salvo se tiverem lúcidos intervalos, e neles cometerem o crime". O artigo 12 previa que "os loucos que tiverem cometido crimes serão recolhidos às casas para eles destinadas, ou entregues às suas famílias, como ao juiz parecer mais conveniente".

A loucura tornou-se simplesmente contrária à razão. Os loucos seriam desarrazoados e incapazes de serem responsabilizados, logo, se o sujeito não agia com liberdade e capacidade de discernimento, não seria considerado criminoso.

Sobre o juízo de imputabilidade estabelecido pelo código imperial, cabe trazer novamente a crítica de Tobias Barreto[294] (trabalhada no item 2.2.1) que entendia ser a exceção da regra geral (a inimputabilidade) nada justa e humana. Isso porque a expressão sintética '*loucos de todo gênero*' não era bastante compreensiva para abranger a totalidade. Não seria possível inscrever no círculo da disposição do § 2° do art. 10 todos os casos de perturbação do espírito ou de anomalia mental, todos os afetos, desvarios e psicoses que deveriam juridicamente ser excluídos do âmbito da responsabilidade criminal. O autor expressava a dificuldade de definição de um conceito legal que desse conta da dimensão do objeto, alegando que o espaço de compreensão do conceito de loucura ficou na mera ausência do seu contrário.

O Código de 1830 não estava psiquiatrizado. Não se tinha a especialidade médica no Brasil, quiçá hospitais específicos ou gerais destinados para tais enfermidades. Como visto anteriormente, o primeiro hospital para alienados no Brasil surgiu somente em 1852, o D. Pedro II, fruto da política de sanitarismo, higienismo, controle social e segurança pública advinda do projeto médico-social. Dessa forma, o destino

---

[293] Esse princípio foi o tema central da obra "Dos delitos e Das Penas", de Cesare Beccaria (1764), considerado um dos precursores da escola clássica de direito penal, em oposição às práticas punitivas do Antigo Regime, como as penas cruéis e de morte, e a utilização da tortura nas investigações. (BECCARIA, Cesare. *Dos delitos e das penas*. São Paulo: Martin Claret, 1764/2003).

[294] MENEZES, Tobias Barreto de. *Menores e loucos em direito criminal...*, p. 72-73.

dos denominados "loucos criminosos" era incerto, assim como o das pessoas em sofrimento psíquico em geral; estes, nesse período, eram encontrados nas ruas, delegacias, porões da santa casa, etc. A era hospitalocêntrica ainda não estava instalada no Brasil.

As pessoas em sofrimento psíquico que cometessem crimes seriam "recolhidas às casas para elas destinadas, ou entregues às suas famílias", como ao juiz parecesse mais conveniente. Prevalecia a total discricionariedade do magistrado para alocar esses indivíduos onde achasse mais adequado e, nessa lógica, os pertencentes à elite ganhavam seu retorno imediato aos seus lares para tratamento domiciliar, e os desprovidos de recursos financeiros eram alvos da obrigatoriedade de internação.

O Código de 1830 vigorou durante todo o Império e foi complementado posteriormente pelo Código do Processo Penal de 1832, tendo sido substituído na República, em 1890.

3.1.2. O Código Penal de 1890 e a crítica dos positivistas

Com a Proclamação da República em 1889 – nascida sob o signo do positivismo –, o então Ministro da Justiça, Campos Sales, pediu ao Conselheiro Baptista Pereira um projeto de Código Penal, o qual foi promulgado em 1890.[295] Esse já nasceu submetido a críticas severas dos juristas e dos médicos que afirmavam apresentar um texto arcaico e defeituoso.

Assim dispunha o Código sobre imputáveis e inimputáveis:

> Art. 7º Crime é a violação imputavel e culposa da lei penal. (...) Art. 27. Não são criminosos: § 1º Os menores de 9 annos completos; § 2º Os maiores de 9 e menores de 14, que obrarem sem discernimento; § 3º Os que por imbecilidade nativa, ou enfraquecimento senil, forem absolutamente incapazes de imputação; § 4º Os que se acharem em estado de completa privação de sentidos e de intelligencia no acto de commetter o crime; § 5º Os que forem impellidos a commetter o crime por violencia physica irresistivel, ou ameaças acompanhadas de perigo actual; § 6º Os que commetterem o crime casualmente, no exercicio ou pratica de qualquer acto licito, feito com attenção ordinaria; § 7º Os surdos-mudos de nascimento, que não tiverem recebido educação nem instrucção, salvo provando-se que obraram com discernimento. (...) Art. 29. Os individuos isentos de culpabilidade em resultado de affecção mental serão entregues a suas familias, ou recolhidos a hospitaes de alienados, si o seu estado mental assim exigir para segurança do publico.

---

[295] "Código de cunho clássico e nele nos parece sensível a influência do Código italiano de 1889, o chamado código Zanardelli, e do Código argentino de 1886, fundado no projeto Tejedor, embora estivesse longe da organização sistemática do código Zanardelli, este um dos melhores do seu tempo. O Código Zanardelli, um dos monumentos jurídicos do século XIX, também foi duramente criticado, principalmente por Lombroso e por outros positivistas." (PIERANGELI, José Henrique. *Códigos penais do Brasil* – evolução histórica. 2ª ed. São Paulo: RT, 2004, p. 77).

No final do século XIX, a psiquiatria brasileira tomou o seu lugar de especialidade médica e reivindicou exclusividade como ciência competente para tratar da "loucura". Nesse processo de medicalização da sociedade, em que a medicina foi chamada ao espaço político, o controle social ganhou novas técnicas de execução.

Permanecer com o discurso do livre-arbítrio e não reconhecer o crime como uma característica ontológica do criminoso seria um retrocesso legislativo. O sujeito negro/miscigenado/degenerado/criminoso passava a ser objeto de ciência e estava sob os olhares médico-criminais, sendo colocado como ponto nevrálgico da política criminal. Não seria tolerável manter o discurso da escola clássica frente às descobertas científicas advindas da medicina (legal e psiquiátrica) e da antropologia criminal.

> En primer lugar se cuestiona su idea principal de que la pena sea efectiva a efectos de prevención de delitos, pues, como hemos visto, no se ha conseguido demostrar de forma concluyente que las penas sean preventivas. La segunda crítica dirigida a la escuela clásica es que asume de forma implícita que lo que motiva el comportamiento delictivo es fundamentalmente la amenaza de pena.[296]

A celeuma era grande. Por um lado, alguns juristas alegavam que a psiquiatria pretendia desculpar o criminoso, transformando-o num doente. Outros, por sua vez, entendiam serem necessárias a contribuição da medicina e suas investigações como aporte científico, mas com cautela, desde que não se aprofundassem em assuntos que não eram de sua competência. Por outro lado, a psiquiatria defendia-se afirmando que não pretendia liberar o "louco-criminoso" dos rigores da lei, mas somente modificar o destino dessa classe de excluídos, gerando assim uma grande batalha por espaço entre as ciências.[297]

Nesse período, a psiquiatria percebia ser a questão extremamente complexa, "entendendo que a razão e a desrazão não poderiam se opor de modo antagônico e que a as relações entre a justiça e a psiquiatria não poderiam ser colocadas de modo tão simples".[298] Exatamente por esse motivo que Tobias Barreto se filiava à teoria do *livre-arbítrio relativo*, acreditando serem as condições de um ato livre agudamente complicadas, podendo aparecer perturbações das mais variadas formas, por fatores externos, internos e orgânicos, melhor dizendo, o código não dava conta de tamanha complexidade e densidade que o assunto demandava.

---

[296] PIJOAN, Elena Larrauri; MOLINÉ, José Cid. *Teorías criminológicas*..., p. 42.
[297] RAUTER, Cristina. *Criminologia e subjetividade no Brasil*..., p. 45.
[298] Ibidem, p. 47.

Para Aníbal Bruno, o primeiro Código da República não foi tão feliz quanto seu antecessor. A pressa com que foi concluído assinalou falta de rigor técnico e até excessos de severidade. "As medidas preventivas que ali se achavam eram fragmentos esparsos, sem unidade e sem coerência, semelhantes aos que se encontravam em todas as legislações".[299]

O Código de 1890 não incorporou inovações técnico-científicas assinaladas pelo positivismo criminológico. Os juristas até acreditavam que os psiquiatras deveriam lidar com questões relacionadas aos "loucos criminosos", mas os "poderes" de avaliação e detecção concedidos a eles ainda eram bastante tímidos.

A legislação determinava que os indivíduos isentos de culpabilidade em resultado de *"afecção mental"* continuariam sendo *"entregues às suas famílias ou recolhidos a hospitais de alienados"*, caso o estado mental do indivíduo assim exigisse para segurança do público. Aqui se tem a inovação: encaminhamento para hospitais específicos de alienados,[300] em casos de "afecção mental", caso fosse "necessário para a segurança do público". Vejam que o termo *"loucura"* foi substituído por *"afecção mental"* (termo psiquiátrico) e que o encaminhamento do indivíduo para o hospital psiquiátrico não sugere nenhum *"tratamento"*. Pelo contrário, o legislador deixa muito claro que o objetivo dessa segregação é a segurança do público, ou seja, defesa social. Aqui já ficam delineados, claramente, os primeiros moldes do que viriam a ser os futuros manicômios judiciários e seus objetivos. Todavia, o texto mantém os resquícios do Código de 30 autorizando os indivíduos isentos de culpabilidade a serem entregues também às suas famílias.

Os psiquiatras queriam demonstrar que um indivíduo não precisava estar privado de seus sentidos e sua inteligência para estar acometido de uma afeccção mental. Havia os loucos lúcidos – que conservavam as faculdades intelectuais e deixavam intacta a integridade do eu – e os que tinham estados de inconsciência temporários e situacionais (epiléticos, sonâmbulos, histéricos), mostrando aos juristas muito mais casos de inimputabilidade que os supostos pelo direito. Dessa forma, se a definição "loucos de todo gênero", estabelecida pela legislação, era ampla demais, a "completa privação dos sentidos e da inteligência" era demasiadamente restrita. "A tentativa da criminologia era dotar o

---

[299] BRUNO, Aníbal. *Perigosidade criminal e medidas de segurança*. Rio de Janeiro: Editora Rio, 1977, p. 217.
[300] Hospitais inexistentes na vigência do Código do Império. Como trabalhado anteriormente, o Hospital D. Pedro II – primeiro hospital psiquiátrico do Brasil – surgiu em 1852, sendo destinatário tanto para portadores de sofrimento psíquico (de forma geral), quanto para os envolvidos em fatos delituosos.

próprio Judiciário de uma tecnologia própria, recolhendo subsídios da medicina (também psiquiátrica), mas não se confundindo com ela".[301]

3.1.3. A "grande revolução" de 1940 e a implantação das medidas de segurança no Brasil

Em 1937, com a entrada do regime ditatorial, era outorgada a Carta Constitucional, dando ao Presidente da República todos os poderes e várias justificativas para a intervenção nos Estados-Membros. Desse modo, a Constituição de 1937 rompeu com a tradição liberal imperial de 1824 e liberal republicana de 1891 e 1934. Nessa nova ordem político-jurídica e diante de tantas críticas ao antigo Código, o então Ministro da Justiça, Francisco Campos, encomendou uma nova codificação ao prof. Alcântara Machado.[302] Entre a Constituição de 1934 e a de 1946 – que culminaria o processo de desmonte do Estado Novo – e após inúmeras revisões, o novo Código Penal entrou em vigor em janeiro de 1942.[303] A nova codificação trazia em suas raízes, obviamente, as transformações políticas e econômicas de 1930, que implantava um Estado intervencionista e *populista*[304] e que desembocou na programação criminalizante e no sistema de justiça criminal de forma geral.[305]

O Código de 40, rigoroso, rígido e autoritário ideologicamente, conciliou traços neoclássicos com os aportes da criminologia positivista

---

[301] RAUTER, Cristina. *Criminologia e subjetividade no Brasil...*, p. 46.

[302] O projeto Alcântara Machado não foi logo transformado em lei, tendo sido submetido à revisão por uma comissão composta por Vieira Braga, Nélson Hungria, Narcélio de Queiroz e Roberto Lyra. Alcântara Machado revisou seu projeto atendendo as orientações da comissão. Não obstante, a comissão continuou trabalhando sob a presidência do próprio Min. da Justiça, Francisco Campos, e apresentou o projeto definitivo ao governo em 04.11.1940, que veio a ser sancionado em 07.12.1940, entrando em vigor em janeiro de 1942. (ZAFFARONI, Eugênio Raúl; PIERANGELI, José Henrique. *Manual de direito penal brasileiro*. Vol. 1. Parte geral. 9. ed. São Paulo: RT, 2011, p. 199).

[303] PIERANGELI, José Henrique. *Códigos penais do Brasil...*, p. 77-80.

[304] O populismo foi a expressão da crise da oligarquia, do liberalismo e do processo de democratização do Estado, que teve que se apoiar em algum tipo de autoritarismo. Foi uma das manifestações das debilidades políticas dos grupos dominantes e, sobretudo, a expressão mais completa da emergência das classes populares no contexto de desenvolvimento urbano e industrial da época e da necessidade de alguns grupos dominantes de incorporá-las ao jogo político. O populismo assumiu diversas facetas frequentemente contraditórias e não se resume a um simples jogo de manipulação, apesar de a mesma ser um componente dessa expressão política. O populismo foi também um modo de expressão das insatisfações das classes populares e a principal forma de expressão política popular no processo de desenvolvimento industrial e urbano. (WEFFORT, Francisco. *O populismo na política brasileira*. Rio de Janeiro: Paz e Terra, 1980).

[305] A intenção aqui não é analisar o código penal de 1940 de forma pormenorizada. O que se quer é somente apontar, como em todas as codificações já abordadas, as modificações importantes concernentes ao objeto do presente trabalho.

e, sendo assim, inovou com a criação do sistema do *duplo binário* e implantação das *medidas de segurança (pessoais e patrimoniais)*.[306]

Para Zaffaroni e Pierangeli,[307] esse "sistema de 'medidas' e de supressão de toda norma reguladora da pena no concurso real, burlou a proibição constitucional da pena perpétua". O texto corresponde a um "tecnicismo jurídico autoritário", de combinação de medidas de segurança indeterminadas (próprias do código Rocco[308]) e penas retributivas, numa clara deterioração da suposta segurança jurídica,[309] atendendo aos ditames do positivismo criminológico novecentista brasileiro. As "penas" sofisticadamente construídas sob justificativas científicas refletem o que sempre se buscou no discurso médico absorvido pelo direito: a neutralização dos indesejáveis e degenerados para o "bem-estar" e "segurança" da coletividade.

O sistema do duplo binário (ou dualista)[310] autorizou a acumulação ou sucessão de duas reações penais. A medida de segurança passou

---

[306] Historicamente, tem-se notícia da medida de segurança codificada inicialmente no Código Penal norueguês de 1902; posteriormente no Código Penal argentino em 1921 e no Código Rocco em 1930. O Brasil adotou as medidas de segurança em 1940 e dividiu-as em patrimoniais e pessoais (essas podendo ser detentivas e não detentivas), senão vejamos: "Art. 88. As medidas de segurança dividem-se em patrimoniais e pessoais. A interdição de estabelecimento ou de sede de sociedade ou associação e o confisco são as medidas da primeira espécie; as da segunda espécie subdividem-se em detentivas ou não detentivas. § 1º São medidas detentivas: I – internação em manicômio judiciário; II – internação em casa de custódia e tratamento; III – a internação em colônia agrícola ou em instituto de trabalho, de reeducação ou de ensino profissional. § 2º São medidas não detentivas: I – a liberdade vigiada; II – a proibição de frequentar determinados lugares; III – o exílio local. Art. 89. Onde não há estabelecimento adequado, a medida detentiva, segundo a sua natureza, é executada em secção especial de outro estabelecimento".

[307] ZAFFARONI, Eugênio Raúl; PIERANGELI, José Henrique. *Manual de direito penal brasileiro...*, p. 200.

[308] Foi na Itália, em 1930, que surgiu o primeiro sistema completo de medidas de segurança. O projeto deste código, iniciado por Ferri em 1921, pregava a unificação das sanções penais, aplicadas segundo o critério de periculosidade subjetiva. Com o fracasso do projeto, Arturo Rocco elaborou o novo Código Penal, no qual foi consagrado o sistema dualístico ou duplo binário.

[309] Sobre o tema, ver: ANDRADE, Vera Regina Pereira de. *A ilusão da segurança jurídica*: do controle da violência à violência do controle penal. Porto Alegre: Livraria do Advogado, 2003.

[310] Esse sistema está vigente até hoje em Portugal. No entanto, ressalta Figueiredo Dias que "nosso sistema é decerto *monista* no sentido de não permitir a aplicação ao *mesmo* agente, pelo *mesmo* facto, de uma pena e de uma medida de segurança complementar privativa de liberdade. Ele é, todavia, *dualista*, não só no sentido de conhecer a existência de penas e de medidas de segurança, mas também no sentido de aplicar medidas de segurança não detentivas a imputáveis (arts. 97 e SS), como ainda no de aplicar cumulativamente no mesmo processo, ao mesmo agente embora por factos *diversos*, penas e medidas de segurança." (DIAS, Jorge de Figueiredo. *Direito penal português* – parte geral – as consequências jurídicas do crime. Coimbra: Coimbra Editora, 2005, p. 419-420). Sobre aplicação das medidas de segurança em Portugal, ver também: ANTUNES, Maria João. *Medida de segurança de internamento e facto de inimputável em razão de anomalia psíquica*. Coimbra: Coimbra Editora, 2002; e ANTUNES, Maria João. *O internamento de imputáveis em estabelecimentos destinados a inimputáveis* – dos arts. 103, 104 e 105 do código penal de 1982. Coimbra: Coimbra Editora, 1993.

a ser aplicada tanto em casos de *inimputabilidade*, como complemento da pena privativa de liberdade – nesse caso, aplicadas a *imputáveis*.

> Esse sistema é assim denominado porque conhece a existência de instrumentos sancionatórios que têm como seu fundamento ou pressuposto essencial a culpa do agente: as penas; e de instrumentos sancionatórios que não supõem a culpa, mas a perigosidade do delinquente: as medidas de segurança. Mas dualista ainda em outro sentido: no de que fundamento de aplicação de uma medida de segurança pode ser um facto ilícito-típico cometido com culpa e pelo qual o agente deve, pois, ser punido com uma pena; com a consequência, por outras palavras, de *ao mesmo agente e pelo mesmo facto poderem ser cumulativamente aplicadas uma pena e uma medida de segurança*.[311]

As inovações do *code* penal foram decorrentes do positivismo criminológico, sendo assim, a concepção de pena em seu sentido punitivo e retributivo propriamente dito foi sendo substituída pelo sedutor dispositivo que se justifica como "tratamento", "cura", "readaptação" e "ressocialização" do "criminoso", reflexo do já mencionado *direito penal de tratamento*. Para Elena Larrauri e José Moliné,

> la escuela positivista prometió más eficacia en la reducción del delito, al defender la personalidad de la persona delincuente, frente a la normalidad del resto de ciudadanos convencionales, la necesidad de alejarse de abstracciones teóricas, no comprobadas empíricamente y la conveniencia de que el trato con los delincuentes no fuera obra exclusiva de los juristas.[312]

A exposição de motivos da parte geral do Código de 1940 enfatiza que as medidas puramente repressivas e propriamente penais "se revelam insuficientes na luta contra a criminalidade, em particular contra as suas formas habituais".

> Ao lado disto, existe a criminalidade dos doentes mentais perigosos. Estes, isentos de pena, não eram submetidos a nenhuma medida de segurança ou de custódia senão nos casos de imediata periculosidade. Para corrigir a anomalia foram instituídas, ao lado das penas, que têm finalidade repressiva e intimidante, as medidas de segurança. Estas, embora aplicáveis em regra *post delictum*, são essencialmente preventivas, destinadas à segregação, vigilância, reeducação e tratamento dos indivíduos perigosos, ainda que moralmente irresponsáveis.[313]

A medida de segurança, enquanto complemento de pena, visava a resolver a ineficácia da pena comum, quando aplicada a cidadãos considerados "incorrigíveis", possuindo como justificativa ser uma providência de proteção social. Tinha-se a aplicação de forma cumulativa. Paralelamente, surgiu a concepção dualístico-alternativa, atribuindo à medida de segurança função de substituir a pena. Esta, por sua vez,

---

[311] DIAS, Jorge de Figueiredo. *Direito penal português*..., p. 417.

[312] PIJOAN, Elena Larrauri; MOLINÉ, José Cid. *Teorías criminológicas*..., p. 42.

[313] CAMPOS, Francisco. Exposição de motivos ao código penal de 1940. In: PIERANGELI, José Henrique. *Códigos penais do Brasil*..., p. 407.

expressava a vontade do legislador de eternizar a sanção aos imputáveis que se tornavam doentes e perigosos ao convívio social, indeterminando, portanto, a segregação.

E é por isso que a incursão da medida de segurança no ordenamento jurídico-penal brasileiro significou a incorporação de um critério de aplicação de pena que não se refere mais ao delito, mas sim ao sujeito considerado "louco-criminoso". Passa-se a um *direito penal do autor* onde o julgamento do magistrado fica condicionado à suposta anormalidade do indivíduo, ligada ao conceito de *periculosidade*. Uma vez considerado "perigoso" o destino é a medida de segurança e a personalidade perigosa é definida, segundo Cristina Rauter,[314] "como aquela em que existe uma tendência delituosa, tendência essa avaliada pelo juiz como auxílio de seus peritos auxiliares (os psiquiatras, principalmente)".

Interessante observar que, embora a prisão e o manicômio tenham se separado no passado, o Código de 1940 tratou de juntá-los novamente, exaltando a conservação das funções idênticas de ambos: defesa social, exclusão social, relação objetal, violência institucional, círculo coisificante, etc. Tanto o sofrimento psíquico como o comportamento desviante, em geral, "definem-se na base de uma ideologia da diversidade, em que o direito de ser diferente é negado e todos os mecanismos institucionais estão destinados à sua submissão e transformação".[315]

A periculosidade passa a ser pressuposto e a grande gestora[316] das medidas de segurança e estas se tornam tão importantes, que além de serem exclusivas em casos de inimputabilidade, tornam-se aplicáveis como complemento de pena privativa de liberdade ou multa, suprindo assim, a "ineficácia" dessas "penas simples" (quando impostas isoladamente). Afinal, havia necessidades reais de *defesa social* e tornava-se urgente aplicar *sanções intimidatórias e inocuizadoras*. Sim, os sujeitos perigosos precisavam de maior atenção e essa perigosidade, agora comprovada pelas ciências médicas, tinha urgência de contenção. Não é

---

[314] RAUTER, Cristina. *Criminologia e subjetividade no Brasil...*, p. 71.

[315] CASTRO, Lola Aniyar de. *Criminologia da reação social*. Rio de Janeiro: Forense, 1983, p. 177.

[316] Código Penal de 1940: Art. 76. A aplicação da medida de segurança pressupõe: *I – a prática de fato previsto como crime; II – a periculosidade do agente*. Parágrafo único. A medida de segurança é também aplicável nos casos dos arts. 14 e 27, se ocorre a condição do n. II. Art. 77. Quando a periculosidade não é presumida por lei, deve ser reconhecido perigoso o indivíduo, se a sua personalidade e antecedentes, bem como os motivos e circunstâncias do crime autorizam a suposição de que venha ou torne a delinquir. *Art. 78. Presumem-se perigosos*: I aqueles que, nos termos do art. 22, são isentos de pena; II – os referidos no parágrafo único do artigo 22; III – *os condenados por crime cometido em estado de embriaguez pelo álcool ou substância de efeitos análogos, se habitual a embriaguez; IV – os reincidentes em crime doloso; V – os condenados por crime que hajam cometido como filiados a associação, bando ou quadrilha de malfeitores*. (grifo nosso)

coincidência que as medidas surgem como *sanções* – da mesma forma que o projeto Ferriano de 1921 e o código da Rússia que as incluiu na fórmula geral das "medidas de defesa social" – não distinguindo essencialmente das penas.

Os códigos modernos, que não queriam aventurar-se decididamente pelo campo do positivismo, iniciaram o tratamento da periculosidade criminal adotando um princípio que se considerava ser avançado e fecundo, sem comprometer os axiomas clássicos da imputabilidade e da pena. Era preciso deter em tempo a *"tendência delituosa"* e a saída era a profilaxia da infração primária; "reconhecer a periculosidade sem delito e sobre ela atuar, com os recursos jurídicos e médico-pedagógicos que conhecemos é a conclusão necessária das premissas em que se fundamenta todo o movimento da profilaxia criminal".[317]

A descoberta da ciência técnica e de seus reflexos no direito penal estabeleceu as medidas de segurança como "consequência jurídico-penal de reconhecimento de um estado perigoso constante".[318] A realidade anterior que era o crime e que em torno dele se desdobrava toda a dinâmica do direito penal, agora sofria um deslocamento para o criminoso-doente-perigoso. "A consideração da personalidade do agente na apuração do delito e na determinação das medidas de defesa tornou-se imperiosa das ciências positivas do direito penal".[319]

Diante do quadro demasiadamente complexo elaborado até aqui, apresentam-se, resumidamente, três eixos de análise: 1) a pessoa em sofrimento psíquico não infratora (encaminhada não mais para asilos de alienados, mas para hospitais psiquiátricos); 2) A pessoa em sofrimento psíquico quando atribuída uma conduta delituosa (que após o Código de 1940 passa a ser encaminhada para locais específicos – manicômios judiciários, casa de custódia e tratamento; colônia agrícola ou em instituto de trabalho, de reeducação ou de ensino profissional; ou na falta destes, secção especial de outro estabelecimento; 3) O "criminoso perigoso" (que além de pena privativa de liberdade, por conta de sua perigosidade, passou a receber uma medida de segurança como complemento de pena).

Percebe-se que o núcleo duro dessas três "categorias" é o mesmo – a perigosidade-anormalidade –, ou seja, no cotidiano de hospitais psiquiátricos e manicômios judiciários, são indivíduos tratados igualmente, isso porque mesmo pertencentes a esferas de dominação distintas, relacionam-se, pois utilizam mecanismos de controle com os

---

[317] BRUNO, Aníbal. *Perigosidade criminal e medidas de segurança...*, p. 47.
[318] Ibidem, p. 119.
[319] Ibidem, p. 122.

mesmos objetivos, sendo diferencialmente executados, em pouquíssimos casos. Entende-se por diferença o *modus operandi* até a efetiva inocuização e o local de execução da medida; no mais, tudo se inter-relaciona. A medicina psiquiátrica com seus tentáculos inocuizadores trafega pelo Direito (Penal) pela justificativa científica, e este se fortalece com elementos externos e absolutamente utilitários. "O louco sob a lei e o louco sob o cuidado médico não configuram estatutos diversos".[320]

Diante disso, considerando que o trabalho tem como objeto as medidas de segurança e seus "alvos escolhidos", a partir de agora, por recorte metodológico, a pessoa em sofrimento psíquico ("não infratora"), vinculada ao sistema de saúde mental, passa a não ser mais objeto direto de análise do trabalho, apesar de que toda a crítica traçada ao sistema de justiça criminal (que também utiliza esse serviço) perpassa, por consequência, pela logística manicomial degradante vinculada ao sistema único de saúde e ao lucrativo sistema privado.Insiste-se aqui que a descoberta do homem pela ciência influenciou decisivamente no destino do direito penal (e de seus "clientes"),[321] exatamente por aquela afirmar ter achado os fundamentos (biopsicológicos) e as razões (hereditárias, físicas e sociais) do comportamento humano. Assim, a *periculosidade criminal* e a *defesa social* transformaram-se em polos entre os quais passam a desenvolver-se toda a dinâmica do direito penal. Isso se torna substancial para nortear a disposição e os incrementos ramificados das medidas de segurança no Sistema de Justiça Criminal brasileiro.

3.1.4. A emancipação das medidas de segurança em 1984

Em 1984, entrou em vigor a reformulação da parte geral do Código Penal, fruto de um movimento iniciado em 1980, quando foi institucionalizada a primeira comissão de reforma. O texto apareceu com uma nova roupagem de política criminal, em maior conformidade com os Direitos Humanos, destacando, em especial, a retomada (simbólica) de um *direito penal de culpabilidade*[322] ao erradicar as medidas de segurança

---

[320] DELGADO, Pedro Gabriel Godinho. *As razões da tutela*. Rio de Janeiro: Te Corá, 1992, p. 9.

[321] "A seletividade é a função real e a lógica estrutural do sistema penal, comum às sociedades capitalistas patriarcais. E nada simboliza melhor a seletividade do que a clientela da prisão, ao revelar que a construção (instrumental e simbólica) da criminalidade – a criminalização – incide seletiva e de modo estigmatizante sobre a pobreza e a exclusão social, majoritariamente de cor não branca e masculina, e apenas residualmente (embora de forma crescente) feminina". (ANDRADE, Vera Regina Pereira de. *Pelas mãos da criminologia...*, p. 137-138).

[322] "Adotou-se um direito penal do fato-do-agente que não descura o agente-fato, num esforço de compatibilização nos limites do possível, entre as teorias da culpabilidade pela condução de vida e da culpabilidade pelo fato singular, dando-se, não obstante, nítida prevalência à segunda cor-

como complemento de pena – estabelecendo o *sistema vicariante*[323] em detrimento do duplo binário –, e ao minimizar os efeitos da reincidência. Ademais, estabelece o limite máximo de cumprimento de pena em 30 anos, *diminuindo* – ainda que formalmente – a possibilidade de pena perpétua no Brasil.

As medidas de segurança *detentiva e ambulatorial* passam a ser concebidas (formal, concomitante e contraditoriamente) como sanções penais e como instrumentos de *proteção social e terapia individual*, com natureza *preventiva assistencial*, fundada na *periculosidade* de autores inimputáveis e semi-imputáveis de fatos definidos como crimes com o objetivo de prevenir prática de fatos puníveis no futuro, conforme artigos 96 e 97 do Código Penal. Não é demais referir José Frederico Marques sobre a questão:

> As medidas de segurança têm natureza de sanção penal. O Estado as impõe como forma de tutelar penalmente os bens jurídicos mais essenciais à vida coletiva. (...) Não se registra, porém, qualquer diferença substancial que faça de ambas (pena e medida de segurança) categorias heterogêneas no campo dos institutos jurídicos, ou compartimentos estanques entre as providências de que se arma o Estado para combater a criminalidade.[324]

E ainda sobre o conceito de medidas de segurança, importa pontuar o olhar positivista de Aníbal Bruno[325] que as define como "meios jurídico-penais de que se serve o Estado para remover ou inocuizar o potencial de criminalidade do homem perigoso. Seu fim não é punir, mas corrigir ou segregar". Nada mais atual e esclarecedor do que são, em sua função real e não declarada, as medidas de segurança no Estado Penal brasileiro.

Com a adoção do *sistema vicariante*, também denominado por Juarez Cirino dos Santos de *sistema dualista alternativo*,[326] deixou-se de aplicar medidas de segurança ao sujeito imputável cabendo, a partir de então, exclusivamente aos inimputáveis psíquicos[327] e semi-imputáveis

---

rente, ou seja, àquela que se traduz em um direito penal do fato". (PIERANGELI, José Henrique. *Códigos penais do Brasil...*, p. 87)

[323] Medidas de segurança exclusivamente para sujeitos inimputáveis e semi-imputáveis e não mais como complemento de pena.

[324] MARQUES, José Frederico. *Tratado de direito penal*. 2 ed. São Paulo: Saraiva, 1966, p. 176.

[325] BRUNO, Aníbal. *Perigosidade criminal e medidas de segurança...*, p. 145.

[326] SANTOS, Juarez Cirino dos. *Teoria da pena...*, p. 191.

[327] Especificou-se a inimputabilidade psíquica, pois se tem no ordenamento jurídico a inimputabilidade etária, que diz respeito aos adolescentes em conflito com a lei (que não é objeto do trabalho). Nesse caso, o adolescente será processado, julgado, e em caso de condenação, a execução será em esfera jurisdicional específica, conforme o Estatuto da Criança e do Adolescente.

(este quando necessário), vedada a acumulação[328] ou a sucessão das duas reações penais, típica do sistema do duplo binário anteriormente adotado.

Para a efetiva aplicação das medidas passou-se a exigência simultânea de dois pressupostos fundamentais: *a) a realização de fato previsto como crime; b) a periculosidade do autor.*

E nesse ponto, a crítica de Juarez Cirino dos Santos é muito pertinente ao afirmar que:

> A crise das Medidas de Segurança decorre da inconsistência desses fundamentos: primeiro, nenhum método científico permite prever o comportamento futuro de ninguém; segundo, a capacidade da medida de segurança para transformar *condutas anti-sociais de inimputáveis* em condutas ajustadas de imputáveis não está demonstrada.[329]

Punir o delinquente por suas características pessoais é a vitória histórica das premissas da escola positiva. Significa principalmente fortalecer uma legitimação ilimitada de uma punição do delinquente em detrimento do delito cometido. É uma porta escancarada por onde adentrou e avançou a defesa social sem limites em seu maior grau. Há uma rigorosa e econômica mecânica da lei que possibilitou e deu espaço à plêiade de saberes e a inflação de instâncias anexas à judicial, todas prontas a parasitar, com medidas individualizantes em termos de norma, e a legitimar o sistema penal.[330]

A legislação penal vigente não mais prevê a possibilidade de aplicação provisória de medidas de segurança. Estabelece somente duas espécies (art. 96 do Código Penal), quais sejam: 1) *Detentiva* – consistente na internação em hospital de custódia e tratamento psiquiátrico ou, à falta, em outro estabelecimento adequado; 2) *Ambulatorial* – referente ao tratamento ambulatorial; extra-hospitalar.[331]

De acordo com o Código Penal (art. 97), a internação em hospital de custódia e tratamento psiquiátrico destina-se, *obrigatoriamente*, aos inimputáveis que tenham cometido um crime, punível com reclusão; e

---

[328] Neste ponto, o sujeito não pode mais ser destinatário de duas reações penais, aplicadas sucessivamente. A medida de internamento perde sua função de complemento da pena, permanecendo apenas como medida de substituição judicial, quando em causa um semi-imputável.

[329] SANTOS, Juarez Cirino dos. *Direito penal*..., p. 638.

[330] AMARAL, Augusto Jobim do. *Política da prova e cultura punitiva*..., p. 259-263.

[331] O tratamento ambulatorial foi pensado enquanto rede extra hospitalar, porém, é visível (pela própria determinação normativa) sua participação minimizada na execução penal. No entanto, a partir dos anos 90, a ideia da rede multidisciplinar e intersetorial de assistência extra hospitalar tomou força, sendo revista pelo projeto de Lei Paulo Delgado e oficialmente reformulada com a promulgação da Lei 10.216/01 (Lei de Reforma Psiquiátrica), a qual fortaleceu os CAPS (Centro de Atenção Psicossocial) em busca de uma desinstitucionalização e substitutivos do tratamento psiquiátrico asilar.

facultativamente, aos que tenham praticado um crime cuja natureza da pena abstratamente cominada seja de detenção.

No caso da pessoa semi-imputável, têm-se duas possibilidades. Segundo o art. 26, parágrafo único, do Código Penal, "a pena também poderá ser reduzida de um a dois terços (...)", caso o sujeito ao tempo do crime não era inteiramente capaz de entender o caráter ilícito da conduta ou de determinar-se de acordo com esse entendimento. Por outro lado, o semi-imputável também pode ter a pena privativa de liberdade substituída por medida de segurança, inclusive na modalidade de internação, se comprovada necessidade de especial tratamento curativo. Quanto ao tratamento ambulatorial, este *só é imposto em casos de crimes apenados com detenção* (art. 98 CP).

Sinalizando uma incongruência evidente, verifica-se que é a característica da pena que seria aplicada (caso o agente fosse imputável) que determinará o tipo de tratamento, e não a suposta doença que o sujeito possa ter. "Internação equipara-se à reclusão, num sistema de equivalência que demite a inimputabilidade",[332] e aquela se torna, de fato, uma pena. Ou seja, se o delito for apenado com reclusão e por conta da condição biológica saudável do sujeito não seja cabível uma medida de internação, ainda assim, segundo o Código Penal, o juiz deverá aplicar a medida detentiva, exclusivamente pelo tipo de crime cometido e característica da pena cabível.

Esse é o caso mais comum diante de um sistema altamente repressor, com operadores jurídicos engessados e punitivistas. Frequentemente, os juízes atendem a lei penal, sem fazer nenhuma alusão à lei antimanicomial vigente e aplicam, na maioria dos casos, a medida de internação. Isso também se dá, muito embora, por não se ter um campo extra-hopitalar adequado e fortalecido nos Municípios, bem como uma rede multiprofissional suficiente e atuante. Cumpre-se, portanto, a função segregadora da medida, que como já enfatizado, que nada tem de função curativa e reabilitadora e em nada difere da pena privativa de liberdade comum.

No entanto, insiste-se aqui invocando inclusive o Princípio da Especialidade que deve ser aplicado, no que diz a Lei 10.216/01, que ao submeter o agente inimputável ou semi-imputável à medida de segurança, deve o juiz dar preferência ao tratamento ambulatorial, somente determinando a internação "quando os recursos extra-hospitalares se mostrarem insuficientes" (art. 4º, *caput*). Portanto, o ultrapassado artigo 97 deve ser analisado da seguinte forma:

---

[332] DELGADO, Pedro Gabriel. *As razões da tutela...*, p. 103.

Impõe-se agora uma nova interpretação da regra do parcialmente derrogado art. 97 do CP conjugadamente com o art. 4º, *caput*, da Lei nº 10.216/2001, de forma que, mesmo que o fato seja punível com reclusão, deve o juiz preferir a medida de segurança não-detentiva, utilizando a internação apenas nos casos em que esta severa medida mostrar-se comprovadamente necessária. Entretanto, não havendo recursos extra-hospitalares suficientes e uma vez determinada pelo juiz a internação, esta deve obedecer aos estreitos limites definidos pela Lei da Reforma Psiquiátrica, sendo obrigatoriamente precedida de "laudo médico circunstanciado que caracterize os seus motivos" (art. 6º, *caput*), vedada a internação, mesmo quando imposta como medida de segurança, sem a recomendação médica de sua real necessidade.[333]

A *exigência da prática de "fato previsto como crime"*, para a aplicação da medida de segurança é outra alteração de 1984. Não cabem medidas de segurança quando o agente comete contravenção penal, como previa o Código de 1940. Este, revogado, possibilitava a imposição, desde que houvesse a perigosidade do agente.

Sobre a *prescrição*, os prazos são aqueles dispostos nos artigos 109 e 110 do Código Penal. Para fins de contagem, o semi-imputável tem algumas particularidades, ou seja, como este sofre uma condenação, onde o juiz deve fixar uma pena menos grave, estabelece-se o marco da prescrição *in concreto*. Vale ressaltar aqui que "jamais o juiz poderá, tratando-se de semi-imputável, aplicar direto a medida de segurança, sem antes condenar o agente a uma pena determinada".[334] Caso haja necessidade de aplicação da medida de segurança, o juiz fará a conversão da pena em medida. Por conta disso, é possível, em casos de semi-imputabilidade, ocorrer tanto a prescrição da pretensão punitiva (*in* abstrato, retroativa e intercorrente) quanto a prescrição executória, que deverá ser regulada pela pena fixada na sentença. Já para o inimputável, a única possibilidade de prescrição, que poderá ocorrer antes ou depois da sentença absolutória imprópria, será a prescrição *in abstrato*, com base na pena abstratamente cominada ao delito cometido.

Quanto ao *prazo de duração da sanção*, estabelece o artigo 97, § 1º, do Código Penal que "a internação, ou tratamento ambulatorial, será por tempo *indeterminado*, perdurando enquanto não for averiguada, mediante perícia médica, a cessação de periculosidade. O *prazo mínimo* deverá ser de 1 (um) a 3 (três) anos".

Têm-se aqui duas análises diferentes. Primeiro, o tempo mínimo de duração (*ou pena mínima*), sendo obrigatório, é nitidamente a *garantia de punição do Estado Penal*. Isso porque, ocorrendo a cessação

---
[333] MINISTÉRIO PÚBLICO DO ESTADO DE GOIÁS. Centro de apoio operacional de defesa do cidadão. *Implementação da reforma psiquiátrica na execução das medidas de segurança*. Texto: Haroldo Caetano. Goiás, 2009, p. 16.
[334] BITENCOURT, Cezar Roberto. *Tratado de direito penal...*, p. 785-786.

da periculosidade antes do prazo mínimo, tornaria desconfigurada a necessidade da medida detentiva enquanto medida "terapêutica", então uma vez mantida, fica evidente a preservação da retribuição penal. Por ter sido atribuída uma conduta delituosa e por estar submetida ao Sistema de Justiça Criminal, há que se defender uma punição mínima, vez que após isso, cabe *exclusivamente* ao perito (juiz paralelo) designado decidir sobre a permanência ou não da sanção, devendo o juiz da execução penal somente acatar ou solicitar novo exame, caso perceba alguma inconsistência ou inadequação.

Sobre a *(in)determinação do prazo máximo*, destaca-se a explícita frequência dos casos de medidas de segurança detentivas – segregadoras e que em nada diferem das prisões comuns – que ultrapassam o limite de 30 anos, portanto inconstitucionais,[335] mesmo diante da proibitiva do STF em 2005:

> A interpretação sistemática e teleológica dos artigos 75, 97 e 183, os dois primeiros do Código Penal e o último da Lei de Execuções Penais, deve fazer-se considerada a garantia constitucional abolidora das prisões perpétuas. A medida de segurança fica jungida ao período máximo de trinta anos.[336]

Cabe enfatizar também que, em maio de 2015, o STJ aprovou uma súmula sobre as medidas de segurança. Embora não tenha efeito vinculante, serve de orientação a toda a comunidade jurídica sobre a jurisprudência firmada pelo Superior Tribunal, que tem a missão constitucional de unificar a interpretação das leis federais. Em conformidade com o entendimento do STF, a Súmula 527 do STJ expõe que *"o tempo de duração da medida de segurança não deve ultrapassar o limite máximo da pena abstratamente cominada ao delito praticado"*.

Sob as justificativas científicas médico-psiquiátricas de inaptidão para o convívio social por alta periculosidade, deixam-se muitos seres humanos esquecidos em masmorras de "tratamentos penais", apesar das proibitivas dos Tribunais Superiores e da Carta Magna. Débora Diniz, coordenadora do I Censo dos Estabelecimentos de Custódia e Tratamento Psiquiátrico do Brasil, feito em 2011, revela no relatório final de sua pesquisa que:

> Ainda há pessoas internadas em regime de abandono perpétuo: trinta anos é o limite da pena a ser imposta pelo Estado aos indivíduos imputáveis, segundo decisão do Su-

---

[335] Art. 5°, inciso XLVII, letra "b", da Constituição Federal que veda a pena de caráter perpétuo no Brasil.
[336] Habeas Corpus 84.219, relator ministro Marco Aurélio, julgamento em 16-8-2005, Primeira Turma, DJ de 23-9-2005). No mesmo sentido, houve votação do ministro Ricardo Lewandowski (HC 98.360, julgamento em 4-8-2009, Primeira Turma, DJE de 23-10-2009) e do ministro Cezar Peluso (HC 97.621, julgamento em 2-6-2009, Segunda Turma, DJE de 26-6-2009).

premo Tribunal Federal (Brasil, 2005). Entretanto, o censo encontrou dezoito indivíduos internados em hospitais de custódia e tratamento psiquiátrico há mais de trinta anos.[337]

Fica clara a intersecção entre o direito e a medicina e o poder dos laudos psiquiátricos autorizadores de prisões perpétuas – (in)constitucionais. Continuam tentando neutralizar a periculosidade em nome de uma nova defesa social,[338] a serviço da garantia da ordem pública e da ordem econômica. A avaliação sobre a periculosidade é sempre um procedimento de alta especialização e potenciais incertezas. Certezas estas que acabam "determinando um padrão universal de mediocratização dos laudos, desfavoráveis como regra, premidos talvez pelo temor da libertação desavisada".[339]

Nessa linha, a pergunta crucial é: "Com quais instrumentos pode-se comprovar empiricamente que uma pessoa é materialmente sã ou doente, ou, inclusive que era momentaneamente desconhecedora do que fazia?".[340]

Assim como os inquéritos policiais – os quais são "preenchidos em sua grande maioria como verdadeiros formulários, num tom invariável, monótono, impessoal, refletindo valores sociológicos da polícia que constitui uma subcultura do sistema penal – os exames psicossociais e as perícias psiquiátricas acabam por refletir a mesma cultura".[341] Tais documentos – que evidentemente utilizam uma outra linguagem –

---

[337] DINIZ, Debora. *A custódia e o tratamento psiquiátrico no Brasil* – censo 2011. Brasília: UnB, 2013, p. 12.

[338] O movimento de defesa social moderno surgiu na Itália, nos anos que se seguiram à 2ª Guerra, quando Fillipo Gramatica fundou, em Gênova, um Centro de Estudos de Defesa Social. Em 1949, a sociedade internacional de defesa social e essa nova organização baseava-se num programa mínimo, de conteúdo pragmático e humanista, no qual se afirmava que a luta contra a criminalidade deve ser reconhecida como uma das tarefas mais importantes da sociedade e que essa luta exige meios de ação diversos. O direito criminal é apenas um desses meios. Os meios de ação empregados devem ter por finalidade, não apenas proteger a sociedade contra os criminosos, mas também proteger os membros da sociedade contra o risco de tornarem-se criminosos. *A nova defesa social*, libertando-se de exageros insustentáveis, reformulou as ideias fundamentais do movimento, admitindo certos conceitos da teoria clássica do direito penal, que procura submeter, no entanto, a um novo enfoque. O confronto com o direito penal clássico (ou neoclássico) tem-se feito muitas vezes e foi tema das XII Jornadas de Defesa Social, que se realizaram em Paris em 1964. A nova defesa social concebe a justiça criminal como ação de proteção e prevenção, caracterizando-se pelo antidogmatismo. Reduz a técnica jurídica ao papel modesto de instrumento a serviço de uma política legislativa racional. Proclama a necessidade de ultrapassar a abordagem puramente jurídico-formal dos problemas, considerando o direito penal parte da política social do Estado. (ANCEL, Marc. *A nova defesa social*. Tradução de Oswaldo Melo. Rio de Janeiro: Forense, 1979, p. 269-377).

[339] DELGADO, Pedro Gabriel Godinho. *As razões da tutela...*, p. 9-11.

[340] GAUER, Gabriel, *et al*. Inimputabilidade e doença mental. In: *Sistema penal e violência*. Rio de Janeiro: Lumen Juris, 2006, p. 163.

[341] HULSMAN, Louk; CELIS, Jacqueline Bernat de. *Penas perdidas*: o sistema penal em questão. Tradução de Maria Lúcia Karam. Rio de Janeiro: LUAM, 1993, p. 81.

também têm sua rigidez, refletindo decodificações igualmente redutoras da realidade, profissionalizadas.

Aqui a rotulação da periculosidade – como principal atributo do cidadão sobre o qual lhe atribui um ato delitivo – cumpre um duplo papel: "imantar a necessidade de tratamento via imposição de diagnóstico de doença mental e também contemplar a necessidade de neutralização penal, via exclusão".[342]

A averiguação da periculosidade dar-se-á com o *incidente de insanidade mental*, que pode ser requerido em qualquer fase da persecução penal (inquérito e instrução processual), segundo art. 149 do Código de Processo Penal. Já a verificação da cessação de periculosidade deve ocorrer mediante exame pericial, o qual será feito ao término do prazo mínimo fixado (de 1 a 3 anos), e repetida de ano em ano, até a cessação da periculosidade. A qualquer tempo, porém, o juiz da execução poderá determinar um novo exame, mesmo antes do prazo mínimo fixado (artigo 97, § 2°, do Código Penal e artigos 175 e 176 da LEP). O próprio direito penal inverte toda a lógica processual de investigação:

> Já não se trata da averiguação de crime cometido por indivíduo, já anteriormente conhecido como doente mental, mas sim, na maioria dos casos, da investigação da existência de doença mental em virtude do cometimento de crime (já que o incidente de insanidade só é possível porque pesa sob o indivíduo um processo criminal). O perito, ao realizar o exame psiquiátrico, pressupõe como culpado um sujeito pela prática de um fato delituoso do qual a materialidade e a imputabilidade não foram ainda juridicamente comprovadas.[343]

O sistema adotado pela LEP "psiquiatriza" a decisão do magistrado, quanto ao exame de verificação de periculosidade do agente. A constante delegação da motivação do ato decisório ao perito, que o realiza a partir de julgamentos morais sobre as opções e condições de vida do sancionado, estabelece mecanismos de (auto) reprodução da violência pelo reforço da identidade criminosa.[344]

Ademais, o excesso de subjetivismo observado nos laudos, denominado por Aury Lopes Júnior de "ditadura do modelo clínico",[345] vulnera os princípios mais importantes do sistema processual penal

---

[342] MATTOS, Virgílio de. *Crime e psiquiatria uma saída*: preliminares para a desconstrução das medidas de segurança. Rio de Janeiro: Revan, 2006, p. 57.

[343] SOUTO, Ronya Soares de Brito. Medidas de Segurança: da criminalização da doença aos limites do poder de punir. In: CARVALHO, Salo de (coord). *Crítica à execução penal*. 2. ed. Rio de Janeiro: Lumen Juris, 2007, p. 579.

[344] CARVALHO, Salo de (coord.). *Crítica à execução penal*. 2. ed. Rio de Janeiro: Lumen Juris, 2007, p. 161.

[345] LOPES JÚNIOR, Aury. A instrumentalidade garantista do processo de execução penal. In: CARVALHO, Salo de. *Crítica à execução penal*. Rio de Janeiro: Lumen Juris, 2002, p. 470.

brasileiro, quais sejam: o da livre convicção, o da motivação das decisões, o da presunção de inocência, dentre outros.

Na verdade, parece comprovada a tendência de "supervalorização da periculosidade criminal no exame psiquiátrico, com inevitável prognose negativa do inimputável",[346] assim como, por outro lado, parece óbvia a confiança ingênua dos operadores jurídicos na capacidade do psiquiatra de prever comportamentos futuros de pessoas consideradas inimputáveis ou semi-imputáveis, ou de determinar e quantificar a periculosidade de seres humanos. E dessa forma *"una de las pretenciones más ambiciosas de esta criminología etiológica individual equívoca fue la de hacer realidad el viejo sueño positivista: medir la peligrosidad"*.[347]

É para o indivíduo perigoso, nem exatamente doente nem propriamente perigoso que esse conjunto institucional está voltado. Segundo Foucault, no exame psiquiátrico trabalha-se com a noção de perversão – que permite costurar conceitos médicos e jurídicos – e a noção de perigo – que permite justificar e fundar em teoria uma cadeia ininterrupta de instituições médico-judiciárias. "Perigo e perversão: é isso que constitui a espécie de núcleo essencial, o núcleo teórico do exame médico-legal".[348]

Insistindo, na mesma linha, Ricardo Gloeckner e Augusto Jobim reinteram que o exame é, de fato, um maximizador de poder. "É um instrumento que permite impor ao acusado uma inércia, um assujeitamento que escapa inclusive ao modelo inquisitorial. A sofisticação é retirar do acusado qualquer possibilidade de fala".[349]

Porém, essa abordagem requer um pouco mais de cuidado na análise. Cabe uma maior reflexão no sentido de que o problema parece não girar em torno exclusivamente da doença mental propriamente dita, mas, sobretudo, em torno da relação que se estabelece com ela.[350] Tal relação envolve ao mesmo tempo, como partes integrantes, o doente com sua doença, o médico e o sistema de justiça criminal, que consequentemente representam a sociedade, julgam e definem a doença. Assim, a objetivação não é a condição objetiva do doente, mas se localiza no interior da relação entre doente, terapeuta, sociedade e Estado.

---

[346] SANTOS, Juarez Cirino dos. *Teoria da pena...*, p. 193.

[347] ZAFFARONI, Eugenio Raúl. *Criminología*: aproximación desde un margen. Santa Fé de Bogotá: Temis, 1993, p. 244.

[348] FOCAULT, Michel. *Os anormais...*, p. 43.

[349] GLOECKNER, Ricardo; AMARAL, Augusto Jobim do. *Criminología e(m) crítica*. Curitiba: Editora Champagnat – PUCPR; Porto Alegre: EDIPUCRS, 2013, p. 350.

[350] BASAGLIA, Franco. *A instituição negada*: relato de um hospital psiquiátrico. Rio de Janeiro: Edições Graal, 1985, p. 109.

Na contramão da lógica penal, Alessandro Baratta[351] alerta que se faz necessário e urgente que "esqueçamos, por todas suas consequências práticas negativas, a concepção patológica – própria da criminologia positivista – sobre o preso. (...) A única anomalia específica comum, a toda população carcerária, é o estar preso". Sabemos, de fato, que a condição carcerária é, por natureza, desassociabilizadora e pode ser a causa de perturbações psíquicas e de síndromes específicas. "O fato é que o preso não o é por ser diferente, mas é diferente porque está preso".

Na tentativa de humanizar a execução da medida, substituiu-se a expressão *"manicômios judiciários"* pela denominação eufemística de "Hospitais de Custódia e Tratamento – HCT". Salienta-se que, embora a doutrina mostre distinção, a Lei de Execuções Penais (LEP) tratou de revogar a tentativa da nomenclatura menos estigmatizante, estabelecendo em seu artigo 99: "O Hospital de Custódia e Tratamento Psiquiátrico destina-se aos inimputáveis e semi-imputáveis referidos no artigo 26 e parágrafo único do Código Penal". No entanto, apesar de o artigo 99 do Código de 1984 determinar que "o indivíduo submetido à medida de internação deverá ser recolhido em estabelecimento dotado de características hospitalares, *sendo vedada a internação em estabelecimento prisional comum*", ele não impede que este, ao ser *minimamente* adaptado com aparatos hospitalares (alas de tratamentos psiquiátricos – ATP), seja destino de cumprimento de internação. Pelo contrário, em vários estados brasileiros, o que ocorre é exatamente isso: prisões comuns e delegacias sem a mínima estrutura para "ressocializar" seres humanos – muito menos com capacidade de ofertar "tratamento" psiquiátrico –, sendo locais de execução para medidas de segurança detentivas.

A execução atual da engrenagem penal-psiquiátrica no Brasil é o que se pode dizer de "leitura mais conservadora do sistema político-criminal da escola positiva",[352] por se manifestar de forma rígida e combativa à anormalidade biológica do "delinquente". De tal maneira, destaca Pijoan, "propugnan la cadena perpetua como medida inocuizadora frente al delincuente incorregible, rechazando el principio clásico de la proporcionalidad de la pena con el delito".[353]

O "tratamento" e a "ressocialização" propostos pela medida de segurança pressupõem unicamente uma postura passiva do detento

---

[351] BARATTA, Alessandro. *Ressocialização ou controle social*: uma abordagem crítica da reintegração social do sentenciado. Disponível em: <http://www.ceuma.br/portal/wp-content/uploads/2014/06/BIBLIOGRAFIA.pdf>.
[352] LILLY, Robert; CULLEN, Francis; BALL, Richard. *Criminological theory*. Londres: Sage, 1995, p. 31-37.
[353] PIJOAN, Elena Larrauri; MOLINÉ, José Cid. *Teorías criminológicas*..., p. 67.

(doente) e ativa das instituições de controle (tanto dos hospitais de custódia quanto das penitenciárias). São heranças anacrônicas da velha criminologia positivista que tinha o condenado como um indivíduo anormal e inferior que precisava ser readaptado à sociedade, considerando acriticamente esta como "boa" e aquele como "mau".

Por essa razão, o sistema penal se caracteriza pelo que Vera Andrade conceitua de *"eficácia instrumental invertida"*, ou seja, enquanto suas funções declaradas apresentam uma eficácia meramente simbólica (porque não podem ser cumpridas), o sistema penal cumpre de modo latente outras funções reais, inversas às socialmente úteis declaradas por seu discurso oficial. É precisamente o funcionamento ideológico do sistema que perpetua tamanho ilusionismo, justificando socialmente a importância de sua existência e ocultando suas reais e invertidas funções. Resulta daí uma eficácia simbólica, sustentadora da eficácia instrumental invertida. "Essa é, pois, a funcionalidade que movimenta e reproduz o sistema penal" em sua integralidade.[354]

3.2. Os hospitais de custódia e tratamento: a física do poder penal-psiquiátrico

O exercício moderno do poder funciona no âmbito da normalização (e da operação terapêutica) dos indivíduos e das populações. A instância médica, inacessível, desempenhou e desempenha um papel fundamental na formação desta modalidade de exercício de poder, muito antes de funcionar como instância de saber.[355] E nessa dinâmica, não são os Códigos os que regem a sociedade, mas a distinção permanente entre o normal e o patológico, a busca perpétua de restituir o sistema de normalidade.[356] Na lógica, reina uma ordem que é como "uma grande nervura de prescrições, de sorte que os corpos sejam assim parasitados e atravessados pela ordem".[357]

---

[354] Sobre o assunto ver: ANDRADE, Vera Regina Pereira de. *A ilusão da segurança jurídica...* 2003, e ANDRADE, Vera Regina Pereira de. *Pelas mãos da criminologia...*, p. 135 ss.

[355] Foucault esclarece que esse poder do médico não é o único poder que se exerce no asilo psiquiátrico. "Como em toda parte, o poder nunca é aquilo que alguém detém, tampouco é o que emana de alguém. O poder não pertence nem a alguém, nem aliás, a um grupo; só há poder porque há dispersão, intermediações, redes, apoios recíprocos diferenças de potencial, defasagens, etc.". Porém, "o poder é coletivo no seu centro, mas na chegada é sempre e apenas individual. A disciplina individualiza por baixo; ela individualiza aqueles sobre os quais incide". (FOUCAULT, Michel. *O poder psiquiátrico...*, p. 7-94).

[356] FOUCAULT, Michel. *Microfísica do poder...*, p. 193-207.

[357] FOUCAULT, Michel. *O poder psiquiátrico*: curso dado no Collége de France (1973-1974). Tradução Eduardo Brandão. São Paulo: Martins Fontes, 2006, p. 4.

É interessante observar que, a partir desses dispositivos/estratégias de poder altamente sofisticados e difusos, produziu-se uma série de enunciados, discursos, intermediações e todas as formas de representações e experiências violentas no âmbito penal-psiquiátrico. Lida-se não com simples regularidades e práticas institucionais, mas com disposições de táticas e de poder (disciplinar), com relações de força que transcendem o indivíduo. Trata-se de uma perspectiva muito mais ampla e complexa, além-muros e além-corpos, e que perpassa por essas vias e delas se utilizam, necessariamente.

Tratando-se do hospital psiquiátrico, a disciplina ali imposta, como técnica de distribuição dos corpos, dos indivíduos, dos tempos, de submissão e das forças de trabalho é, para Foucault, "a forma geral do poder psiquiátrico"[358] o qual, posteriormente, como poder de intensificação da realidade, como (re)constituição dos indivíduos, sofreu uma disseminação, ou seja, adicionou-se a outros regimes disciplinares. Nessa imensa rede conectiva de brutalidade e tirania, o sistema penal aparece com primazia, assimilando esse poder psiquiátrico como ferramenta científica (e eficaz) de contenção e dor. O "louco criminoso" passa a ser o adversário social oferecendo perigo iminente, logo, a captura do corpo (e da alma) torna-se uma peça jurídica fundamental.

> No início do século XX a função psi tornou-se ao mesmo tempo discurso e o controle de todos os sistemas disciplinares. Essa função psi foi o discurso e a instituição de todos os esquemas de individualização, de normalização, de sujeição dos indivíduos no interior dos sistemas disciplinares.(...) Ela é a instância de controle de todas as instituições e de todos os dispositivos disciplinares e faz ao mesmo tempo, sem que isso seja contraditório, o discurso da família.[359]

Fortalecendo a trajetória do poder *psi* destacam-se os *dispositivos de manobras* por ele utilizados, identificados por Foucault: 1) *O desequilíbrio do poder*: é a demonstração inicial de força do médico sobre o paciente; não há reciprocidade, troca, igualdade de forças; na chegada faz-se necessário demonstrar a diferença entre as partes, o mundo de ruptura, ou seja, a evidência de que o poder está de um só lado; é a partir dessa diferença de altura que vai poder se desenvolver o processo de terapia; 2) *Reutilização da linguagem:* a linguagem que oferecem ao "doente" é a que deve deixar transparecer uma ordem, um poder que se impõe a ele; esse conjunto de normas, ordens, coerções e regularidade institucional é um dos grande fatores da terapêutica asilar; 3) *Organização das necessidades*: o poder psiquiátrico, na forma asilar, é criador de necessidades, gestor das carências que ele estabelece; o que

---
[358] FOUCAULT, Michel. *O poder psiquiátrico*..., p. 91.
[359] Ibidem, p. 106-107.

constitui o asilo é gerar, a partir das necessidades assim sistematicamente criadas, a retribuição moral da loucura, os meios de pagamento da terapêutica. Assim, fica perceptível que não se teve verdadeiras teorias de cura, nem tentativas de explicações desta. O que se teve foi um *corpus* de manobras, de táticas, de gestos a fazer, de ações e reações a deflagrar, *cuja tradição perpetuou-se*.[360]

O *manicômio judiciário*,[361] atualmente denominado de hospital de custódia e tratamento psiquiátrico (HCTP), como a física por onde se exercem tais mecanismos de poder, é a realidade em seu poder nu, é a realidade médica e punitivamente intensificada. É a representação, simultânea, da radicalização da instituição manicomial e das prisões; uma prisão que se reveste do discurso da tutela sanitária para ser ainda mais eficaz na perpetuação do isolamento e da mortificação do sujeito.

A medida de segurança (em especial a detentiva), portanto, é a materialização plena da criminologia positivista (novecentista) como controle social e enquanto manifestação do racismo científico e seu substrato ideológico – o reducionismo biologista. É a expressão fidedigna da tese de Ferri de que a periculosidade é a potencialidade determinista do cometimento de um crime e a defesa social exige sua neutralização pela via do poder punitivo de pseudotratamento.

É interessante observar que quando o legislador mudou a expressão de *manicômio judiciário para hospital de custódia e tratamento*, como forma (simbólica) de humanizar a linguagem, em hipótese alguma isso surtiu efeitos práticos de minimizações de violências e estigmatizações. O grau de brutalidade da execução da medida de segurança (sobretudo a detentiva) é tamanho, que fomenta um massacre naturalizado, num movimento contínuo: a total indiferença social e política pela (in)significância do sujeito objetificado.

Como marco (legislativo) antecedente do destino final (manicômio judiciário) do "louco-criminoso", tem-se o Decreto 1.132[362] de 1903 (primeira lei nacional que abordou a questão dos alienados), que em seu art. 11 determinava: "Enquanto não possuírem os estados manicômios criminais, os alienados delinquentes e condenados alienados somente poderão permanecer em asilos públicos, nos pavilhões que

---

[360] FOUCAULT, Michel. *O poder psiquiátrico...*, p. 182-207.
[361] Sobre as práticas institucionais que fazem parte da engrenagem do manicômio judiciário, ver: IBRAHIM, Elza. *Manicômio judiciário*: da memória interrompida ao silêncio da loucura. Curitiba: Appris, 2014.
[362] Composto por 23 artigos que tratavam de motivos que acarretavam uma internação e dos procedimentos necessários para a realização da mesma; da guarda dos bens dos alienados, da possibilidade de alta; das condições necessárias para o funcionamento do asilo; da penalidade do descumprimento da lei, etc.

especialmente se lhe reservem". O texto revela a preocupação com a ordem pública e a segurança da sociedade frente à periculosidade do sujeito doente. Autorizou a autoridade pública a recolher primeiramente a pessoa ("perigosa") – como medida preventiva – para posteriormente avaliar a condição de saúde e provar a alienação mental. Dessa forma, a internação poderia ser solicitada por qualquer autoridade pública ou particular, mediante requisição ou requerimento[363] (art. 2º). "A internação era determinada por questões de segurança pública e não se relacionava com o bem-estar ou o cuidado com o alienado".[364] O artigo 3º declarava a possibilidade de tratamento domiciliar, mas com prazo máximo de duração. Sobre a duração da internação asilar, esta poderia cessar se o requerente da internação solicitasse a saída, desde que o "doente" não representasse perigo iminente. A alta estava submetida à avaliação médico-psiquiátrica do indivíduo, sendo a periculosidade a tônica da duração da medida. O artigo 10 proibia a manutenção do sujeito em sofrimento psíquico (não infrator) em cadeias públicas ou entre criminosos, caracterizando a pressão para a criação de locais específicos para essa classe especial de cidadãos quando lhe fosse atribuídas condutas delitivas. "Esta lei faz do psiquiatra a maior autoridade sobre a loucura, nacional e publicamente reconhecido"[365] e neste ano a construção dos manicômios judiciários no Brasil tornou-se oficial.

> Guarda/enfermeiro, presos/pacientes, pena/tratamento, hospital/prisão: é no fio dessa ambiguidade estrutural que se desenrola o dia-a-dia de um manicômio judiciário. (...) Ele acaba funcionando como o quarto-forte que não temos e aparece como a demissão do mandato terapêutico.[366]

Este é o lugar de realização da sociedade Psiquiatria-Direito Penal e o espaço social que a lei designa ao sujeito em sofrimento mental que comete algum ilícito penal. Sem desconsiderar os manicômios privados, representantes do próspero "negócio da dor e do castigo".[367]

O manicômio judiciário foi construído no Brasil aos poucos, como interseção ativa dos poderes disciplinares (médico e jurídico), e em 1921 inaugurou-se o primeiro deles, na cidade do Rio de Janeiro.[368] "Foi

---

[363] Aqui mais uma vez vale referenciar os casos de Barbacena e do Juquery (que já expusemos em item anterior), que servem como os clássicos exemplos dessa prática arbitrária e descabida.

[364] BRITTO, Renata Corrêa. *A internação psiquiátrica involuntária e a lei 10.216/01...*, p. 70.

[365] MACHADO, Roberto et al. *Danação da norma...*, p. 204.

[366] DELGADO, Pedro Gabriel. *As razões da tutela...*, p. 57-112.

[367] Sobre o tema, ver: CHRISTIE, Nils. *A indústria do controle do crime*: a caminho dos gulags em estilo ocidental. Rio de Janeiro: Forense, 1998.

[368] "A criação do MJRJ foi precipitada por dois episódios que repercutiram amplamente na imprensa. Em 1919 um 'degenerado', taquígrafo do Senado Federal, matou Clarice Índio do Brasil, esposa de um senador. A possibilidade de absolvição do assassino acirrou os ânimos e a imprensa pedia que a sociedade fosse protegida contra os 'elementos anormais e desequilibrados'. O se-

a vitória da abordagem biossocial acerca da anormalidade e, de certo ponto, a subordinação do direito ao saber médico".[369]

> Esse dispositivo tem como manivela um aparelho discursivo que é disparado pela periculosidade, dando consistência a um saber que se articula no encontro da loucura e do crime, para produzir como efeito o objeto da defesa social, justificando assim, a total exclusão do contrato social de "normalidade" e "moralidade.[370]

O manicômio judiciário não foi criado para qualquer alienado que cometesse um injusto penal; foi destinado inicialmente a "personagens cuja peculiaridade era menos a de serem loucos criminosos que a de serem loucos lúcidos, os anômalos morais".[371]

O reconhecimento do delito cometido, como já explicitado, garante única e exclusivamente a manutenção de um processo penal até a sua fase de execução, que será via de implantação da medida de segurança (detentiva ou ambulatorial). Em casos de medida de internação, a pessoa em sofrimento ao ser submetida (quando possível) ao hospital de custódia para o tratamento (?), está sujeita a todas as mazelas típicas do sistema público de saúde mental brasileiro, assim, "o crime já não é mais um problema de Direito e Moral, mas da medicina e dos terapeutas",[372] afirma Szasz.

Aqui, frisa-se, o paciente/preso, uma vez rotulado de paciente mental, é obrigado a assumir o papel não só de criminoso, mas de doente. Ele é duplamente violentado, coisificado, até converter-se no objeto híbrido em que o processo patológico e penalógico elabora. No transcurso penal-psiquiátrico, "o sujeito é dispensado como pessoa e, por conseguinte, dispensado".[373]

Para assegurar tal análise, investe-se na apresentação do relatório elaborado no Brasil sobre Manicômios Judiciários, publicizado em

---

gundo acontecimento foi uma rebelião na Seção Lombroso do Hospício Nacional em janeiro de 1920. Três meses depois foi lançada a pedra fundamental do primeiro manicômio judiciário do Brasil, junto à Casa de Correção do Rio de Janeiro. O médico Heitor Carrilho, que chefiava a Seção Lombroso desde 1918, foi nomeado diretor." (KUMMER, Lizete Oliveira. *A psiquiatria forense e o Manicômio Judiciário do Rio Grande do Sul*: 1925-1941. Tese. Instituto de Filosofia e Ciências Humanas, Programa de Pós-Graduação em História. Universidade Federal do Rio Grande do Sul, Porto Alegre, 2010, p. 32).

[369] SILVA, Mozart Linhares da (org.). Direito e medicina no processo de invenção do anormal no Brasil. In: *História, medicina e sociedade no Brasil*. Santa Cruz do Sul: EDUNISC, 2003, p. 55.

[370] BRASIL, Rafaela Schneider. *Da maquinaria mortífera do manicômio judiciário à invenção da vida*: saídas possíveis. Dissertação (Programa de Pós-Graduação em Psicologia Social e Institucional). Universidade Federal do Rio Grande do Sul, Porto Alegre, 2012, p. 51.

[371] CARRARA, Sérgio. *Crime e loucura*: o aparecimento do manicômio judiciário na passagem do século. Rio de Janeiro: EdUERJ; São Paulo: EdUSP, 1998, p. 158.

[372] SZASZ, Thomas. *Ideologia e doença mental*..., p. 15.

[373] COOPER, David. *Psiquiatria e antipsiquiatria*. São Paulo: Perspectiva, 1989, p. 45.

novembro de 2015.[374] O Conselho Federal de Psicologia junto com o Conselho Federal da Ordem dos Advogados do Brasil (OAB) e a Associação Nacional do Ministério Público em Defesa da Saúde (AMPASA) uniram-se para a realização de inspeção nacional aos manicômios judiciários, hospitais de custódia, alas psiquiátricas e similares.

As Comissões de Psicologia Jurídica e de Direitos Humanos do Conselho Federal juntamente com os Conselhos Regionais de Psicologia, deram início às articulações nos estados, realizando as inspeções em todas as regiões do país, entre os meses de abril e junho de 2015. As inspeções foram realizadas por 18 Conselhos Regionais em 17 estados[375] do país e no Distrito Federal, em instituições (no mínimo um estabelecimento representativo para cada estado) onde havia cumprimento/execução de Medida de Segurança de pacientes judiciários ou pessoas em sofrimento mental em conflito com a lei. O estudo buscou

> evidenciar os impasses encontrados nessas instituições, o desrespeito aos direitos humanos, a falta de tratamento, as condições físicas, técnicas e de trabalho (sempre muito ruins), a ineficácia do dispositivo hospitalar/manicomial (um híbrido do "pior da prisão com o pior do hospital"), o instituto da Medida de Segurança enquanto pena perpétua, o mito da periculosidade presumida (nos exames de cessação de periculosidade, ainda que a presunção de periculosidade tenha sido varrida legalmente desde 1984) e, sobretudo, o descompasso entre as novas formas de abordagem, tratamento e responsabilização do louco infrator, amparadas nos pressupostos da Reforma Psiquiátrica e da Luta Antimanicomial, e outras legislações, portarias, etc.; e também em novos modelos assistenciais exitosos, PAI-PJ (MG) , ligado ao Tribunal de Justiça do Estado e PAILI (GO) , ligado à Secretaria de Estado da Saúde.[376]

Dentre os pontos mais graves, está a questão da *falta de advogados para acompanhamento processual*. Em um meio no qual se reúne "o pior da segregação, com o pior do estigma, de todo o universo pesquisado, em apenas três deles (Bahia, Pernambuco e Rio Grande do Sul) temos a presença de um advogado no universo das 18 (dezoito) unidades inspecionadas nos estados".[377] Esse quadro revela a precariedade do acesso à justiça por parte das pessoas em sofrimento psíquico submetidas ao Sistema de Justiça Criminal. Além dos fatores biopsicopatológicos (exaltados pela criminologia positivista) que consubstanciam a permanência no sistema prisional/manicomial, a ausência de assistência judi-

---

[374] CONSELHO FEDERAL DE PSICOLOGIA. *Inspeções aos manicômios*. Relatório Brasil 2015. Brasília: CFP, 2015, p. 15.
[375] Os Estados que participaram foram: Pará (PA), Maranhão (MA), Piauí (PI), Rio Grande do Norte (RN), Paraíba (PB), Sergipe (SE), Alagoas (AL), Pernambuco (PE), Bahia (BA), Espírito Santo (ES), Rio de Janeiro (RJ), Santa Catarina (SC), Mato Grosso do Sul (MS), Goiás (GO), Mato Grosso (MT), Acre (AC) e Distrito Federal (DF).
[376] CONSELHO FEDERAL DE PSICOLOGIA. *Inspeções aos manicômios...*, p. 15.
[377] Ibiden, p. 17.

ciária adequada, torna quase totalmente inviabilizado o vetor de saída dessa tecnologia de contenção.

Outro quesito em destaque é *a escassez de psicólogos* nas unidades visitadas, tanto em números absolutos (45 no total, contabilizando-se as 18 unidades), quanto em percentual frente ao total de trabalhadores. "Na unidade em que há a menor relação psicólogo/paciente, temos um profissional da psicologia para cada 21 presos/pacientes e, na maior relação temos, inacreditáveis 104 presos/pacientes por profissional da psicologia".[378] É preocupante também a ausência de psicólogos nas juntas periciais, igualmente, "a inexistência, em 100% dos casos dos exames, de um advogado".[379]

> Há casos de psicólogos trabalhando por meio do "sintomático" contrato verbal, nada por escrito (CRP-15) e, noutros (CRP-16), o cargo de psicólogo é comissionado – livre nomeação e exoneração – em todas as unidades prisionais do Estado. A Secretaria de Justiça nunca promoveu concurso para essa função. Até mesmo psicóloga concursada como agente penitenciária, com desvio de função.[380]

Nas 18 unidades avaliadas, encontram-se *2.864 pacientes/presos, e desse total, 61% estavam recolhidos em celas comuns*. "Em sete, dos dezessete manicômios pesquisados, há superlotação, que varia de 110% da capacidade de vagas instaladas a 410%".[381] A regra geral é que:

> As acomodações/celas são coletivas, existindo (CRP-5) acomodações individuais, que, segundo informações da administração, são utilizadas em *casos de tentativa de autoextermínio, brigas ou crises/surtos (sic)*. Foi apurado durante a inspeção que podem estar sendo usadas também como celas de "castigo". O CRP-10 relata casos de isolamento para pacientes com síndrome de imunodeficiência adquirida (HIV +) e também para pedófilos em uma espécie de "seguro", muito comum nas unidades prisionais que não cuidam de loucos infratores. O CRP-19 aponta ainda para a existência de celas individuais nos casos que envolvem ex-policiais ou "elementos de alta periculosidade".[382]

No que tange à *avaliação estrutural dos espaços asilares*, todos refletem a marca da invalidação do *status* de ser humano, como local degradante, de tortura[383] e de aniquilamento da individualidade e da liberdade. Assim descreve o relatório:

---

[378] CONSELHO FEDERAL DE PSICOLOGIA. *Inspeções aos manicômios...*, p. 17.

[379] Ibidem, p. 19.

[380] Ibidem, p. 17.

[381] Idem.

[382] Ibidem, p. 18.

[383] A Lei nº 9.455/97 determina expressamente que na mesma pena do crime de tortura incorre "quem submete pessoa presa ou sujeita a medida de segurança a sofrimento físico ou mental, por intermédio da prática de ato não previsto em lei ou não resultante de medida legal". Diante da Lei 10.216/01, torna-se terminantemente proibido o recolhimento em cadeia pública ou qualquer outro estabelecimento prisional, de pessoa em sofrimento psíquico, submetida à medida de segurança. Tal prática, ocasionada muita das vezes pela ausência de políticas públicas voltadas à

Chuveiros insuficientes e com apenas água fria, os presos/pacientes não têm acesso sequer à válvula de descarga dos banheiros. As celas de isolamento possuem um vaso sanitário, mas sem válvula de descarga. Foi-nos informado que, externamente, um funcionário dava descarga três vezes ao dia (por segurança – *sic*), regra geral "fossa turca" (buraco no chão, como nas cadeias). Além das péssimas condições de limpeza (mesmo quando "preparados" para a inspeção), o cheiro é repugnante em todas as unidades visitadas, não há equipe específica para limpeza, os banheiros e alojamentos são imundos, os pacientes também sofrem com as vestes muito sujas da instituição, pouco dadas a lavagem periódica. Em 70,59% dos manicômios inspecionados não há espaço para convivência íntima e, em 100% deles, não há visita íntima.[384]

A ausência de perspectiva de futuro, a condição permanente de estar à mercê dos outros sem a mínima iniciativa pessoal, com seus dias fracionados, ordenados e controlados segundo regras de comportamento e horários ditados unicamente por exigências organizacionais que não levam em conta o indivíduo singular e as circunstâncias de cada um, tudo isso compõe essa estrutura institucionalizante sobre a qual se articula a vida asilar (penal/psiquiátrica). O "preso/doente" é impelido por esse poder punitivo a objetificar-se nas próprias regras que o determinam, num processo de diminuição e de restrição de si mesmo.[385]

O relatório também revelou que os registros em prontuários são *praticamente inexistentes, excetuando-se fatos pontuais*. A prática diária é registrada em livro ata de passagem de plantão. Muitos prontuários sequer têm os dados completos dos usuários. Não há comprometimento, nem interesse em oficializar os registros adequadamente, com um monitoramento apropriado, capaz de garantir o devido processo penal. "Os presos/pacientes são atendidos através da grade, com pouquíssima ou nenhuma frequência. Não têm conhecimento de seu plano terapêutico, nem tampouco qual a previsão de saída da unidade".[386]

Em decorrência da fortalecida permanência do conceito de *periculosidade* e do populismo punitivo, há uma resistência evidente – em especial por parte do Poder Judiciário – quanto à concessão de liberdade (em caráter provisório e/ou definitivo) do sujeito em sofrimento psíquico. Isso se comprova com a grande quantidade de "pacientes/presos" com laudo de cessação de periculosidade positivo, e que mesmo

---

saúde mental, além de violar o modelo assistencial atribuído pela Lei antimanicomial, constitui crime de tortura, conforme art. 1°, §1° da Lei 9455/97, por ele também respondendo quem se omite quando tinha o dever de apurar ou evitar tais situações, agravado quando cometido por agente público (§ 4°, III).

[384] CONSELHO FEDERAL DE PSICOLOGIA. *Inspeções aos manicômios...*, p. 18.

[385] BASAGLIA, Franco. *Escritos selecionados em saúde mental e reforma psiquiátrica*. Organização Paulo Amarante. Rio de Janeiro: Garamond, 2010, p. 24-25.

[386] CONSELHO FEDERAL DE PSICOLOGIA. *Inspeções aos manicômios...*, p. 19.

assim, permanecem segregados: *mais de 41% dentre os Estados analisados*. Em *apenas 17% dos casos são cumpridos os prazos de periodicidade para os exames de cessação de periculosidade*, que é anual, segundo os artigos 97, §§ 1º e 2º do Código Penal e artigos 175 e 176 da Lei de Execução Penal. Em *35,29%, ou em mais de um a cada três casos, não é cumprida a periodicidade estabelecida em lei*.[387]

O "Relatório Brasil" de 2015 retrata, cirurgicamente, que na dinâmica de "racionalização da vingança"[388] pelo poder punitivo, toda violência (de forma velada ou explícita) torna-se legítima pelo discurso da "pretensa" necessidade de defesa social, assepsia urbana, normalização e inocuização. Quando se fala *toda*, entendem-se os mecanismos de neutralização (para)estatais, (i)legais e (des)autorizados.

Assim, o *manicômio judiciário ou hospital de custódia e tratamento psiquiátrico* é o reflexo da desumanização do doente e sua mortificação; passa a ser a representação de *todos os excessos*[389] de um *sistema penal deslegitimado*[390] e *genocida*: é o casamento do pior da *prisão* com o pior do *hospital psiquiátrico*. Os dois sistemas disciplinares, isoladamente, já exprimem potencialidades violentas avassaladoras e quando unidos, além de opressivos, são trágicos e *exterminadores*, em definitivo.

---

[387] CONSELHO FEDERAL DE PSICOLOGIA. *Inspeções aos manicômios...*, p. 19.

[388] Sobre o assunto, ver: GIRARD, René. *O bode expiatório*. São Paulo: Paulus, 2004.

[389] Fala-se em todos os excessos por tudo que já abordamos dos hospitais psiquiátricos, como também do sistema prisional brasileiro (que exaustivamente já fora analisado na academia em diversos estudos empíricos e teóricos, mas que não é objeto direto do trabalho). Sobre este, o Levantamento Nacional de Informações Penitenciárias (Infopen – 2016), divulgado em 2017 pelo Ministério da Justiça, não deixa dúvidas de que o Brasil vive um processo de aprisionamento assustador em ascendência. Em 2016, o país ultrapassou a marca de 726.000 mil pessoas privadas de liberdade em estabelecimentos penais, chegando a uma taxa de aproximadamente 352,6 presos para cada 100 mil habitantes, totalizando um déficit de 358.663 vagas e uma taxa de ocupação média dos estabelecimentos de 197,4%. O país é a terceira nação com maior número de presos no mundo, atrás apenas de Estados Unidos, China. Considerando que esses países estão reduzindo o número de presos, o Brasil segue na trajetória diametralmente oposta, crescendo a população prisional a uma taxa aproximada de 7% ao ano. O tratamento dos dados permitiu amplo diagnóstico da realidade estudada. São todos dados essenciais para a leitura e a problematização de nosso sistema prisional. (MINISTÉRIO DA JUSTIÇA. DEPEN. *Levantamento Nacional de Informações Penitenciárias 2016* – INFOPEN. Brasília: Ministério da Justiça e Segurança Pública, 2017).

[390] "Os sistema penal e, sobretudo, a pena de prisão está deslegitimada, não cumpre as funções oficialmente declaradas, mas as funções declaradas seguem produzindo efeitos simbólicos, gerando a ilusão de que por meio dela se pode combater a criminalidade: logo, segue-se acreditando em Papai Noel e pedindo mais sistema penal e prisão, mais do mesmo." (ANDRADE, Vera Regina. *Pelas mãos da criminologia...*, p. 315.). Zaffaroni reitera a observação da prof. Vera Regina e explica sob outro prisma que "quando as tensões sociais e a violência coletiva excedem a capacidade manipuladora do sistema penal e a vingança o ultrapassa, ele é deslegitimado, pois perde-se a confiança em seu canalizador potencial da violência. Nessa emergência, as agências do poder punitivo procuram reter ou recuperar sua legitimidade canalizadora (que equivale a seu poder), pelo qual se colocam à frente da execução da vingança sacrificial, com a pretensão de canalizar o mérito do restabelecimento da paz." (ZAFFARONI, Eugenio Raúl. *A palavra dos mortos...*, p. 402).

3.3. Medidas de Segurança em números: o vazio das estatísticas e o êxito da detenção

O Brasil tem um *deficit* histórico significativo e desastroso quanto à produção de dados estatísticos (confiáveis) na área criminal. Durante anos nunca houve interesse jurídico – até porque juristas são pouco apreciadores e conhecedores de pesquisas de campo – em investigações na área, dificultando assim um enfrentamento sério e científico quanto aos temas áridos envolvendo as ciências criminais. A falta de materiais empíricos engendrou um retrato nacional lacunoso com nítida falta de transparência, sem método de ação minimamente coordenado capaz de vislumbrar melhorias das políticas públicas no setor.

A inclusão das ciências sociais nos estudos sobre o tema fomentou um amadurecimento do debate e nos últimos 30 anos ocorreram mudanças nos estudos sobre o crime, a violência, a segurança pública e a execução penal. Os temas prioritários desenvolvidos nas investigações passaram a ser: reformas das polícias, investigação preliminar, atuação do Judiciário e sistema prisional.

Especificamente em relação às medidas de segurança, a situação não é diferente. Ousa-se dizer (para não se cometer nenhuma impropriedade) que esta é a área mais deficitária da execução penal brasileira, por vários motivos: 1) Não há interesse algum por parte do Estado e da sociedade em promover diálogos, debates e ações positivas e propositivas; isso ocorre, sobretudo, pelo fato de as pessoas envolvidas perderem seu *status* de pessoa (consumidora) ao ingressarem no sistema penal-psiquiátrico; 2) A academia não tem interesse nas pesquisas (teóricas e de campo); pouquíssimos trabalhos acadêmicos (nas mais diversas áreas) foram desenvolvidos sobre o assunto; 3) Os sujeitos envolvidos são invisíveis sociais em tamanha proporção que a produção de dados oficiais é quase inexistente; 4) A execução penal ocorre propositadamente num descaso absoluto por parte do Estado.

> Em noventa anos de história dos manicômios judiciários no Brasil, jamais se realizou a contagem nacional desses indivíduos. Não se exploraram, sistematicamente, as razões para a internação, o tempo de permanência nos hospitais ou as consequências da engrenagem médica e jurídica que os mantêm em restrição permanente de direitos.[391]

Diante desse cenário, decidiu-se apresentar alguns poucos dados que se têm sobre o assunto, na tentativa de traçar um pequeno panorama (com espaço temporal definido), das medidas de segurança no Brasil. Desde já se adianta que qualquer investida nesse sentido, até o momento, é insuficiente e deficitária exatamente pela dificuldade de

---

[391] DINIZ, Debora. *A custódia e o tratamento psiquiátrico no Brasil...*, p. 14.

dados oficiais e monitoramento frequente, e também porque os trabalhos empíricos que foram desenvolvidos até aqui (e no trabalho utilizados) já estão com seus números defasados.

Em nível nacional, os dois trabalhos mais completos sobre a temática foram coordenados pela profa. Débora Diniz. O primeiro trata-se de uma pesquisa realizada no projeto Pensando o Direito, vinculado à Secretaria de Assuntos Legislativos (Ministério da Justiça/PNUD). Essa pesquisa teve o objetivo de analisar a execução das medidas de segurança para pessoas com doença, transtorno ou deficiência mental que cometeram injustos penais. Realizou-se um estudo comparativo de aplicação das medidas de internamento nos estados da Bahia, Goiás e Minas Gerais, de forma a apresentar evidências que permitiam impulsionar uma revisão da legislação penal à luz das garantias constitucionais e dos direitos fundamentais. Os estados da Bahia, Goiás e Minas Gerais foram escolhidos por atingirem regiões diferentes do país; Minas Gerais por ser uma referência na assistência em saúde às pessoas em sofrimento mental, e ainda assim, possuir uma população cumprindo medidas de segurança das maiores do país; a escolha da Bahia se deu por possuir uma das maiores coberturas de leitos psiquiátricos e hospitais psiquiátricos do Nordeste, com uma população significativa cumprindo a medida; o estado de Goiás foi incluso por possuir uma política distinta de aplicação e acompanhamento das medidas de segurança: o estado não possui Hospital de Custódia e Tratamento (HCTP) nem Alas de Tratamentos Psiquiátrico (ATP) e todos os pacientes em medida de segurança são atendidos em serviços substitutivos, como Centros de Atenção Psicossocial (CAP), residências terapêuticas, clínicas de curta internação, além das residências familiares.[392]

Segundo o relatório final dessa pesquisa, em 2010, o Brasil possuía 23 HCTP e 3 ATP em 20 unidades federativas diferentes. Os estados do "Acre, Amapá, Maranhão, Mato Grosso do Sul, Roraima e Tocantins não possuíam nem HCTP nem ATP, o que levava as pessoas em medidas de segurança a cumprirem a sentença em delegacias e em presídios comuns nestes estados". Nos seis estados sem HCTP e ATP, "não havia registros de dados oficiais nem de estudos sobre quantas eram e como se davam a execução das medidas". O estado de Goiás não possuía nem HCTP nem ATP, mas as pessoas cumpriam as medidas de segurança de internamento em liberdade, em um programa diferenciado, sob responsabilidade da Secretaria de Saúde do Estado, denominado

---

[392] Secretaria de Assuntos Legislativos do Ministério da Justiça (SAL). *Medidas de Segurança Loucura e direito penal:* uma análise crítica das Medidas de Segurança. Série Pensando o Direito nº 35/2011. Brasília: 2011.

Programa de Atenção Integral ao Louco-Infrator (PAILI),[393] vigente até hoje e muito bem estruturado. Segundo informações do Ministério da Justiça e do Departamento Penitenciário Nacional (DEPEN), estima-se que *em 2010 mais de quatro mil pessoas estavam submetidas a medidas de segurança detentiva em todo o país.*[394]

Dentre as cidades investigadas de Minas Gerais (Juiz de Fora, Ribeirão das Neves e Barbacena) e da Bahia (Salvador), observou-se um total de 228 pessoas cumprindo medida de segurança e, dentre essas, 25% cumpriam medida de longa duração (acima de 15 anos). A pesquisa apresentou 10 casos de internação com mais de trinta anos, ou seja, além do período máximo estabelecido pelo STF (e agora pelo STJ) para permanência de uma pessoa em HCTP. Muitos fatores podem explicar a longa internação dos pacientes no cumprimento da medida de segurança, "como as informações de vulnerabilidade social da população e a cronificação da doença que reduz as possibilidades de reinserção social, em razão da ausência de políticas públicas de assistência social e de saúde". Sobre a escolaridade dessas pessoas, 51% da população era analfabeta e 31% tinha menos de oito anos de estudos. Quando analisadas as internações de longa duração, este percentual subiu para 63%. Em quase todos os casos, as pessoas não tinham formação profissional ou qualificação técnica satisfatória. Sobre cor da pele, das 228 pessoas, 30% eram brancas e 63% eram negras ou pardas. O percentual de negros e pardos submetidos a medidas de longa internação era de 65%.[395]

É interessante observar um dado que chama a atenção: 85% da população investigada (BA e MG) nunca esteve internada cumprindo outra medida de segurança; e no caso daqueles submetidos a longa internação esse percentual aproxima-se a 91%. Ou seja, quase 100% dos que cumpriam medidas com mais de 15 anos de duração nunca estiveram submetidos a este tipo de sanção. Pode-se dizer que são "primários". O mais grave é que *49% desses casos nunca foram submetidos a exames de cessação de periculosidade, nunca foram avaliados tecnicamente por especialistas para verificar a possibilidade de desinternação. E 23% ainda estavam internados, mesmo após a sentença de desinternação.* Isso mostra o esquecimento, o abandono e a falta de políticas públicas assistenciais, com uma rede extra-hospitalar capacitada e funcional, capaz de promover a reinserção dessas pessoas. A agressão e a violência estatal extrapolam níveis de racionalidade: são declaradas, reais e legitimadas.

---

[393] O PAILI e o PAI-PJ serão abordados detalhadamente no último capítulo.
[394] Secretaria de Assuntos Legislativos do Ministério da Justiça (SAL). *Medidas de Segurança Loucura e direito penal...*, p. 11-12.
[395] Ibidem, p. 23-27.

Em Goiás, o Paili é o projeto que supervisiona o tratamento conferido às pessoas submetidas à medida de segurança nas clínicas psiquiátricas conveniadas ao SUS, nos Centros de Atenção Psicossocial (CAPS) e demais serviços de saúde mental. Simultaneamente, faz a mediação entre o paciente e o juiz, visando a simplificar e desburocratizar o acesso permanente dos pacientes em medida de segurança à Justiça. O Paili estuda os casos individualizadamente para elaborar o projeto terapêutico de acordo com cada caso e informa à autoridade judiciária a respeito da evolução do tratamento. O Programa visa ainda a buscar a adesão do círculo sociofamiliar do paciente, trabalhando junto à família para o estabelecimento de vínculos e posterior retorno ao convívio social e familiar. É formado por uma equipe multiprofissional, todos vinculados à Secretaria de Estado da Saúde de Goiás. O processo de execução das medidas de segurança continua jurisdicionalizado e por estar vinculado à Secretaria de Saúde, o programa só atua após a sentença final. Em 2010, cerca de 40 comarcas do Estado de Goiás estavam conveniadas ao Paili e, nesse contexto, 198 pacientes tinham sido acompanhados pelo Programa; destes, 16 tinham falecido e 18 tiveram sua medida extinta.[396]

Dos 198 pacientes já atendidos pelo Paili, 177 continuavam ativos em 2010. Em seis anos de funcionamento do programa, 25 medidas de segurança foram extintas: morte dos pacientes (6 casos) e cessação da periculosidade (19 casos). Sobre a questão da cor da pele, foi possível demonstrar que 30% da população era negra ou parda enquanto apenas 3% era branca. A maioria das pessoas era solteira e analfabeta; 44% residiam com familiares, 15% estavam internados em hospitais e 10% encontravam-se reclusos em cadeias ou penitenciárias.[397]

Em 2009, o Departamento Penitenciário Nacional (Depen), do Ministério da Justiça, celebrou um Termo de Convênio com a Anis – Instituto de Bioética, Direitos Humanos e Gênero – para a realização de um estudo censitário da população que vivia em todos os Estabelecimentos de Custódia e Tratamento Psiquiátrico (ECTP) no país, também coordenado pela profa. Débora Diniz. Quebrou-se com a inércia e a falta de um retrato nacional, dando um passo importante para o enfretamento político da questão. O objetivo do estudo foi levantar um perfil socioeconômico, de diagnósticos e de itinerários penais das pessoas que viviam nos ECTP a fim de orientar políticas públicas voltadas a essa população. Ao todo eram 23 Hospitais de Custódia e Tratamento

---

[396] Secretaria de Assuntos Legislativos do Ministério da Justiça (SAL). *Medidas de Segurança Loucura e direito penal...*, p. 38-39.

[397] Ibidem, p. 41-45.

Psiquiátrico e 3 Alas de Tratamento Psiquiátrico no país, como no relatório da pesquisa de 2010 já mencionada. Os estados do Acre, Amapá, Goiás, Maranhão, Mato Grosso do Sul, Roraima e Tocantins não possuíam ECTP. Minas Gerais, Rio de Janeiro e São Paulo eram os únicos estados que possuíam mais de um ECTP. O censo foi um levantamento inédito no Brasil, o que possibilitou um certo conhecimento de uma das populações mais vulneráveis inocuizadas em instituições de custódia no país. "O ineditismo do estudo não permite comparações longitudinais sobre particularidades da população, mas apenas do perfil da população que vivia nessas unidades no ano estudado".[398] Foram apresentados dados que traçam um desenho da realidade nacional e das realidades locais e até mesmo comparações entre o perfil nacional e os perfis locais dos ECTP.

O censo revelou que *3.989 pessoas estavam internadas em hospitais de custódia ou alas psiquiátricas de presídios em 2011*, vivendo em regime de clausura para tratamento psiquiátrico compulsório por determinações judiciais no Brasil. A invisibilidade do sujeito em sofrimento psíquico infrator não foi rompida com as conquistas da Reforma Psiquiátrica dos anos 2000. Nem todos foram incluídos nesse novo regime de tratamento. *"Ainda há pessoas internadas em regime de abandono perpétuo: o censo encontrou dezoito indivíduos internados em hospitais de custódia e tratamento psiquiátrico há mais de trinta anos"*.[399] Há, no entanto, outro grupo que desafia a nova legislação: "são os 606 indivíduos internados há mais tempo do que a pena máxima em abstrato para a infração cometida. Eles são 21% da população em medida de segurança no país".[400] Para Debora Diniz:

> Periculosidade é um dispositivo de poder e de controle dos indivíduos, um conceito em permanente disputa entre os saberes penais e psiquiátricos. É em torno desse dispositivo, no meu entender antes moral que orgânico ou penal, que o principal resultado do censo se anuncia. Diagnóstico psiquiátrico e tipo de infração penal não andam juntos: indivíduos com diferentes diagnósticos cometem as mesmas infrações. (...) Não há periculosidade inerente aos diagnósticos psiquiátricos. O que há são indivíduos em sofrimento mental que, em algum momento da vida, por razões que não fomos capazes de identificar pela pesquisa documental em dossiês, cometem infrações penais.[401]

Dentre os tipos de crimes, os homicídios (49%) lideravam os números, ainda sem muitas explicações definidas. Apesar de a invisibilidade feminina ser acentuada nesse universo, constatou-se que elas cometiam mais homicídios que os homens, e suas principais vítimas

---

[398] DINIZ, Débora. *A custódia e o tratamento psiquiátrico no Brasil...*, p. 12.
[399] Ibidem, p. 15.
[400] Idem.
[401] Idem.

eram os filhos (24%). "A casa é o principal espaço de expressão do sofrimento psíquico com atos infracionais graves",[402] indicando uma dificuldade a ser enfrentada pelas políticas de assistência que depositam na família responsabilidades pelo sucesso da desinternação do indivíduo.

Segundo o censo 2011, pelo menos 741 indivíduos não deveriam estar em restrição de liberdade, "seja porque o laudo atesta a cessação de periculosidade, seja porque a sentença judicial determina a desinternação, porque estão internados sem processo judicial ou porque a medida de segurança está extinta".[403] Indivíduos internados com laudos psiquiátricos ou exames de cessação de periculosidade em atraso somavam um total de 1.194 pessoas em situação temporária ou em medida de segurança questionável quanto à necessidade da internação.

> Os dados são reveladores do que classifico como "estrutura inercial" do modelo psiquiátrico-penal no Brasil: 41% dos exames de cessação de periculosidade estão em atraso, o tempo médio de permanência à espera de um laudo psiquiátrico é de dez meses (o artigo 150, § 1o do Código de Processo Penal determina 45 dias) e o de espera para o exame de cessação de periculosidade é de 32 meses, 7% dos indivíduos que possuem sentença de desinternação e se mantêm em regime de internação. (...) O censo encontrou algo muito mais atroz: pelo menos um em cada quatro indivíduos não deveria estar internado; e para um terço deles não sabemos se a internação é justificada. Ou seja, para 1.866 pessoas (47%), a internação não se fundamenta por critérios legais e psiquiátricos. São indivíduos cujo direito a estar no mundo vem sendo cotidianamente violado.[404]

Tendo em vista os dois relatórios apresentados e considerando um parâmetro temporal (2010-2104), optou-se por apresentar também os únicos dados oficiais e contínuos que se tem no Brasil, os sistematizados pelo Fórum Brasileiro de Segurança Pública, que trabalhando com as fontes do Ministério da Justiça e do Departamento Penitenciário Nacional, apresentam anualmente os números relacionados à segurança pública no país, dentre eles os dados penitenciários, inclusos por sua vez, os das Medidas de Segurança. Assim, utilizaram-se apenas os dados entre 2010 e 2014 para tentar formar um comparativo entre as informações apresentadas no censo 2011, bem como um panorama geral da execução das medidas de segurança no país – detentivas e ambulatoriais – nesses quatros anos, considerando que o relatório referente aos dados de 2015 não apresenta os números nacionais de aplicações de medidas ambulatoriais e o relatório com os dados de 2016 não possui

---

[402] DINIZ, Debora. *A custódia e o tratamento psiquiátrico no Brasil...*, p. 16.
[403] Idem.
[404] Ibidem, p. 17.

nenhuma informação sobre a aplicação das medidas de segurança no Brasil nesse ano.

Enfatiza-se novamente que tais informações, ainda que oficiais, não representam fidedignamente a realidade da execução dessas medidas no Brasil. Os dados da tabela abaixo revelam uma noção geral e indicativa do atual cenário, mas não podem ser entendidos como números absolutos tradutores das práticas diárias das instituições penais-psiquiátricas.

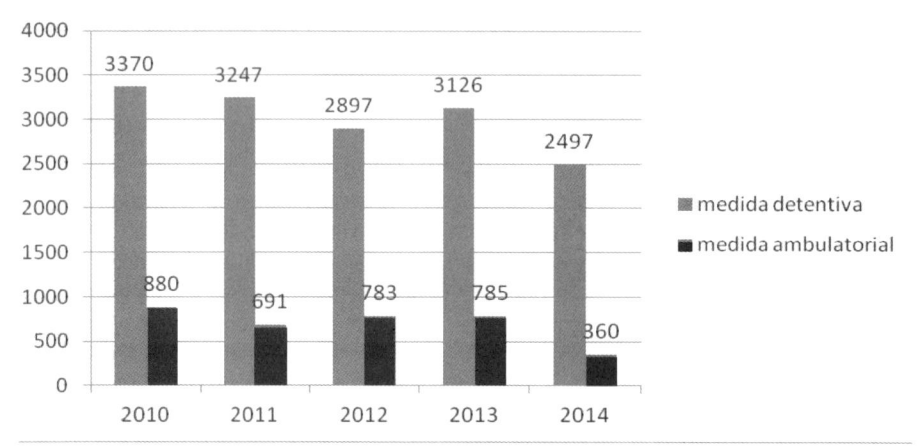

Figura 1 Medidas de segurança (detentiva e ambulatorial) 2010-2014.[405]

É interessante destacar primeiramente que a Lei 10.216/01 (Lei de Reforma Psiquiátrica)[406] – que "dispõe sobre a proteção e os direitos das pessoas portadoras de transtornos mentais e redireciona o modelo assistencial em saúde mental" – reconhece pela primeira vez a pessoa com transtorno mental como cidadão e, portanto, detentora de direitos[407] e garantias, indicando uma direção para a assistência psiquiátrica

---

[405] Dados retirados do Fórum Brasileiro de Segurança Pública, disponível em: <http://www.forumseguranca.org.br/>.

[406] Sobre a Lei 10.216/01 e todo o movimento de reforma psiquiátrica brasileira, falaremos aprofundadamente no capítulo seguinte.

[407] Lei 10.216/01, Art. 2º: "Nos atendimentos em saúde mental, de qualquer natureza, a pessoa e seus familiares ou responsáveis serão formalmente cientificados dos direitos enumerados no parágrafo único deste artigo. Parágrafo único. São direitos da pessoa portadora de transtorno mental: I – ter acesso ao melhor tratamento do sistema de saúde, consentâneo às suas necessidades; II – ser tratada com humanidade e respeito e no interesse exclusivo de beneficiar sua saúde, visando alcançar sua recuperação pela inserção na família, no trabalho e na comunidade; III – ser protegida contra qualquer forma de abuso e exploração; IV – ter garantia de sigilo nas informações prestadas; V – ter direito à presença médica, em qualquer tempo, para esclarecer a necessidade ou não de sua hospitalização involuntária; VI – ter livre acesso aos meios de comunicação disponíveis; VII – receber o maior número de informações a respeito de sua doença e de seu tratamento; VIII – ser tratada em ambiente terapêutico pelos meios menos invasivos possíveis; IX – ser tratada, preferencialmente, em serviços comunitários de saúde mental".

no Brasil. Afirma que é de responsabilidade do Estado o desenvolvimento da política de saúde mental, a assistência e a promoção de ações de saúde ás pessoas em sofrimento psíquico, com a devida participação da sociedade e da família, a qual será prestada em estabelecimento de saúde mental. A internação, em qualquer de suas modalidades, passa a ser *restrita e que deve ser aplicada em último caso*; indicada somente quando os recursos extra-hospitalares se mostrarem insuficientes. E esse tipo de tratamento será estruturado de forma a oferecer assistência integral à pessoa em transtornos mentais, incluindo serviços médicos, de assistência social, psicológicos, ocupacionais, de lazer, e outros. Da mesma forma, proíbe expressamente a internação de pacientes em transtornos mentais em instituições com características asilares.

Nesse novo modelo, a sociedade é chamada a participar dessa relação e a assumir sua parcela de responsabilidade, na tentativa de minimizar preconceitos e estigmatizações, da mesma forma que se privilegia o convívio familiar, evitando assim internações compulsórias e prolongadas.

Parece que o esforço e o avanço legislativo não impulsionaram práticas positivas como se esperava. Os dados apresentados nesses relatórios demonstram a letra vazia da lei e sua inaplicabilidade prática, tanto na área de saúde mental, como no caso específico do sistema penal-psiquiátrico. Trata-se de uma lei de 2001, com várias resoluções, portarias, recomendações internacionais e nacionais posteriores,[408] que como revelam as pesquisas e dados entre 2010 e 2014, praticamente não se percebeu nenhuma mudança. Pelo contrário, diante dos avanços legislativos e humanitários, com indicações claras para um processo de desinternação psiquiátrica em todo o país, observaram-se os seguintes pontos:

a) *A contramão da Reforma psiquiátrica*. Uma acentuada e preocupante diminuição das medidas de tratamento (extra-hospitalares) ao longo dos anos. O que deveria ser a política de comando da saúde mental no país – e consequentemente da política criminal no tocante ao tema – passou-se a mecanismo quase simbólico com agigantamento silencioso da política novecentista;

b) *Manutenção da alta aplicabilidade de medidas de detenção*. Os números apresentados pelo Fórum demonstram pequenas oscilações e uma queda discreta entre 2010 e 2014. Em vários anos, como o de 2014, observa-se uma curva ascendente de internação, com importante diminuição das aplicações de medidas ambulatoriais. Como exemplos estão os estados da BA, AL, PA, PE, AM, DF, PI, SE, e TO que não apresentam dados de medidas de tratamento, mas em compensação os números

---

[408] Essas legislações referentes ao tema serão tratadas em tópico posterior.

de medidas detentivas são muito expressivos, apesar também de não revelarem fielmente a realidade que provavelmente deve apresentar números mais elevados, como já foi enfatizado. Na mesma direção está o censo de 2011 com altos índices de detenção;

c) *Desencontro dos dados oficiais*. O Censo de 2011 revelou que no referido ano havia 3.989 pessoas cumprindo medida de segurança detentiva no Brasil. Os dados revelados pelo Fórum Brasileiro de Segurança Pública – dados estes fornecidos pelo Depen e Ministério da Justiça – apresentaram um total de 3.247 pessoas cumprindo a medida em 2011. Esse desencontro de dados revela o já sabido e esperado: O Estado brasileiro não tem controle e não tem interesse em saber quantas pessoas estão submetidas às medidas de segurança (sejam detentivas ou ambulatoriais), nem quem são essas pessoas, quais os motivos de internação, qual o suposto injusto cometido, etc. Tratando-se de vidas inocuizadas e, em muitos casos, submetidas às mais variadas formas de violações de direitos humanos, a omissão indica mais uma vez a já conhecida invisibilidade desastrosa. Ou seja, o Estado faz questão de desconhecer os presos em suas masmorras penais-psiquiátricas, isso sem contar os submetidos ao tratamento ambulatorial. Chega-se ao ponto de considerar que os presos comuns, ao menos nesse quesito, detêm uma maior visibilidade, nem que seja para melhor controle;

d) *Desacerto dos números oficiais com a realidade de cada Estado da Federação*. Segundo o Fórum, Maranhão e Roraima são os casos mais graves, ao menos em números oficiais. Roraima, em especial, não apresentou nenhum dado sobre aplicação de medida de segurança no Estado (entre 2010 e 2014); está sempre como fenômeno inexistente. Os números revelam que o Maranhão nos anos de 2010 e 2011 tinha apenas 1 pessoa cumprindo medida de tratamento e isso não é verdade.[409] Nos anos seguintes consta como fenômeno inexistente. Provavelmente em Roraima também havia cumprimento de medida de segurança, seja de internação ou ambulatorial, e mais uma vez volta-se à questão da invisibilidade e desinteresse governamental em produzir e fornecer tais informações;

e) *O Censo de 2011 revelou que as internações não se fundamentam por critérios legais e psiquiátricos*. Do total de pessoas submetidas à medida

---

[409] Tratando-se do Maranhão, pode-se afirmar que em 2012, ano em que estávamos à frente da Ouvidoria da Secretaria de Direitos Humanos e Cidadania do Estado, o Maranhão tinha 12 pessoas cumprindo medida de internação na capital (em penitenciárias e hospitais públicos e particulares). Tinham-se também alguns casos no interior do Estado de pessoas com incidente de insanidade mental que ainda não tinham sido convertidos para o cumprimento de medida de segurança. Isso revela que os números oficiais não correspondem à realidade e que esta omissão (evidente) agrava demasiadamente o sistema penal em vigor, impedindo assim, uma política criminal séria e comprometida com a legislação antimanicomial.

de segurança detentiva, uma em cada quatro não deveria estar internada, segundo o relatório final. Isso demonstra o que Débora Diniz denominou de "estrutura inercial" do Estado, que imprime exatamente a construção sócio-política dos pressupostos subjetivos da internação. Há uma construção muito mais complexa – já identificada por Foucault[410] – capaz de justificar, legitimar e manter as inocuizações, construções estas para além dos parâmetros legais.

Apesar de os números significarem tão somente indicações rasas do panorama nacional, estes sugerem que mesmo com uma legislação avançada vinculada à política antimanicomial de desinstitucionalização – em vigor há 15 anos – manter hospitais de custódia, fomentar construções de mais instituições nesses moldes, desestimular o avanço de medidas extra-hospitalares e manter índices altíssimos de internação/prisionização significa o ancoramento intensificado das interações mais brutalizantes do sistema penal brasileiro.

Os dados mostram a retração do sistema penal tradicional enquanto função declarada de "tratamento" e sua atuação meramente simbólica nesse sentido. E o pior, revelam claramente que nem mesmo as práticas e os avanços legislativos reformadores na linha antipsiquiátrica conseguiram um espaço satisfatório no campo prático. O decréscimo das utilizações de medidas de tratamento ambulatorial ao longo dos anos confirma que o modelo punitivo de contenção se (re)legitima e se (re)organiza com a força que só o âmbito de poder da busca perpétua da restituição da "normalidade" tem, como bem disse Foucault.

O modelo conjugado (penal-psiquiátrico) de confinamento reflete o equívoco prático, com graves atentados aos direitos humanos, que se insiste em manter não como missão ressocializadora e/ou curativa, mas clara e tão somente como política de desumanização do doente e de controle social normalizador pautado na periculosidade, ou seja, aqui também como mecanismo de segurança. Trata-se de uma correlação entre os mecanismos jurídico-legais, disciplinares e de segurança, sem sobreposições, mas sim como "uma série de edifícios complexos nos quais o que vai mudar, claro, são as próprias técnicas que vão se aperfeiçoar".[411] De fato, enquanto contenção, o perverso sistema atinge em grau máximo a sua excelência, cumprindo de forma agudizada o papel do "fundamentalismo punitivo".[412]

---

[410] Sobre o assunto ver o item 4.2.
[411] FOUCAULT. Michel. *Segurança, território, população...*, p. 11.
[412] ANDRADE, Vera Regina Pereira de. *Sistema penal máximo x cidadania mínima – códigos da violência na era da globalização*. Porto Alegre: Livraria do Advogado, 2003, p. 26.

4. O movimento antimanicomial e a desinstitucionalização

O século XIX foi marcado pela separação entre as populações marginais e instituiu o que Castel chamou de "segregação parcelarizada"[413] das categorias sociais que não se inscreviam em sua dinâmica. Tinha-se um século marcado pela *disciplina* – individual e corporal –, e também pela sociedade de controle voltada para a administração dos riscos. Como afirmou Foucault,[414] "o *corpus* disciplinar também era amplamente ativado e fecundado pelo estabelecimento desses mecanismos de segurança". Não houve uma sucessão de elementos, mas sim um acúmulo e uma correlação entre esses mecanismos, ao longo dos séculos, que se sobressaem e se aperfeiçoam rotineiramente conforme a necessidade.

Diante das novas tecnologias securitárias, numa realidade tensa e contraditória, o Estado é a própria organização coletiva da violência, visando à manutenção da ordem estabelecida e à submissão dos dominados. A violência "ressurge subitamente, maciça, metódica e com o objetivo preciso, justamente sobre aqueles que podem ser descritos como os inúteis ou insubmissos da nova ordem econômica e etno-racial".[415]

Esse biopoder que se estendeu do orgânico ao biológico, do corpo à população, com efeitos disciplinares e regulamentadores, desenvolveu-se como uma técnica política de intervenção de alta complexidade e eficiência. A emergência inseriu o racismo como mecanismo fundamental, capaz de defasar no interior da população uns grupos em relação aos outros. "Essa é a primeira função do racismo: fragmentar, fazer cesuras no interior desse contínuo biológico a que se dirige o biopoder". O racismo tem como papel estabelecer uma relação biológica, não de enfrentamento. Ou seja, a morte do outro, da raça ruim, do inferior,

---

[413] CASTEL Robert. *O psicanalismo...*, p. 172.
[414] FOUCAULT, Michel. *Segurança, território e população...*, p. 11.
[415] WACQUANT, Loïc. *As prisões da miséria*. Rio de Janeiro: Jorge Zahar Editor, 2001, p. 101.

do anormal e do degenerado, é o que vai deixar a vida em geral mais sadia e mais pura. Numa sociedade de normalização, quando se tem um poder que em primeira linha é um biopoder, o racismo torna-se indispensável na função assassina do Estado. A relação biológica (e racista) marca, portanto, essa tecnologia de poder, de controle da vida e da morte.[416]

A nova cena traz, paralelamente, a "repugnância a todas as formas de injustiça e, por extensão necessária, a todas as lógicas que, de algum modo, suavizam o que, em nome da vida, não pode ser suavizado".[417] Nessa linha está o movimento de luta antimanicomial e da antipsiquiatria, negando veementemente as práticas violentas da psiquiatria tradicional e apoiando os procedimentos destinados a transformar o modelo baseado na segregação hospitalar excludente em desinstitucionalização e tratamento dignificante extra-hospitalar.

O movimento reformador surgiu diante da necessidade da busca de um novo tipo de relação entre doente, médico e sociedade, da invenção de novos modos de organizar o que não pode e não deve ser organizado, em busca de um tratamento que não precise institucionalizar-se em regras e ordens codificadas e de formulação de um esboço de sistema que, por sua utilidade passageira, possa ser transcendido.[418]

O capítulo expõe essa base reformadora, questionadora da lógica segregacionista, separatista e excludente, que nega liberdades e subjetividades humanas. No primeiro tópico, serão apresentadas as bases constitutivas do movimento antipsiquiátrico, por ser o primeiro grande rompante europeu de contestação do saber psiquiátrico tradicional, como também por ser a grande influência da reforma psiquiátrica brasileira.

Por consequência, o segundo tópico apresentará o grande movimento reformador italiano de negação das *instituições da violência*, liderado por Franco Basaglia. Contestador dos modelos tradicionais, Basaglia provoca uma série de ações consubstanciadoras de um "antimodelo" de superação do aniquilamento de individualidades, transpondo os muros do internamento e da cultura asilar.

Por fim, o terceiro item tratará da conquista da reforma psiquiátrica brasileira, diretamente influenciada por Franco Basaglia. O movimento antimanicomial torna-se nuclear diante da temática das medidas de segurança, por fixar uma política de vanguarda que deveria permear

---

[416] FOUCAULT. Michel. *Em defesa da sociedade...*, p. 302-306.
[417] SOUZA, Ricardo Timm de. *Justiça em seus termos* – dignidade humana, dignidade do mundo. Rio de Janeiro: Lumen Juris, 2010, p. ix.
[418] BASAGLIA, Franco. *Escritos selecionados em saúde mental e reforma psiquiátrica...*, p. 59.

e estruturar a execução dessas sanções penais, mas que na prática não ecoam no Sistema de Justiça Criminal brasileiro.

4.1. A antipsiquiatria e as alternativas aos manicômios

A reforma psiquiátrica brasileira surge sob influência da *antipsiquiatria*, caracterizada por ser o primeiro grande movimento europeu de contestação do saber psiquiátrico tradicional. Desenvolvida precipuamente na Inglaterra em meio à década de 1960, por David Cooper,[419] Aaron Esterson e Ronald Laing, questionava o saber psiquiátrico e os processos médicos no campo do comportamento humano, denunciando os casos de pacientes crônicos no tratamento asilar, bem como a fabricação da loucura como relações de poder e de práticas discursivas.

Conectados ao pensamento crítico esquerdista, estavam intimamente marcados pelos movimentos *underground* da *contracultura*[420] (psicodelismo, misticismo, movimento hippie), movimentos estes de ruptura por definição, mas também uma espécie de tradição. "É a tradição de romper com a tradição"[421] e, por isso, rejeitavam a definição de contracultura simplesmente como um estilo de vida que difere da cultura dominante.

Para Goffman e Joy,[422] o movimento contracultural, originalmente, está definido pelos seguintes princípios: 1) *As contraculturas afirmam a precedência da individualidade acima de convenções sociais.* Defender esse princípio implica encorajar e defender a expressão pessoal, no sentido de liberdade de opinião, crenças, aparências, sexualidade, comportamento e todos os outros aspectos da vida; 2) *As contraculturas desafiam o autoritarismo.* Não se trata de estabelecer um regime autoritário alternativo, mas buscar crescente liberdade e fortalecimento democrático para o maior número de pessoas; 3) *As contraculturas defendem mudanças*

---

[419] "Embora o termo antipsiquiatria tenha sido inventado por David Cooper num contexto muito preciso, ele serviu para designar um movimento político de contestação radical do saber psiquiátrico, desenvolvido entre 1955 e 1975 na maioria dos grandes países em que se haviam implantado a psiquiatria e a psicanálise: na Grã-Bretanha, com Ronald Laing e David Cooper; na Itália, com Franco Basaglia; e nos Estados Unidos, com as comunidades terapêuticas, os trabalhos de Thomas Szasz e a escola de Palo Alto de Gregory Bateson." (ROUDINESCO, Elizabeth. *Dicionário de psicanálise*. Rio de Janeiro: Zahar, 1998, p. 25-26).

[420] Foi Theodore Roszak, em seu livro "The making of a counter culture", que pela primeira vez utilizou o conceito de contracultura. Sobre o assunto ver: ROSZAK, Theodore. *The making of a counter culture* – reflections on the technocratic society and its youthful opposition. Berkeley: University of California Press, 1968.

[421] GOFFMAN, Ken; JOY, Dan. *Contracultura através dos tempos*: do mito de Prometeu à cultura digital. Rio de Janeiro: Ediouro, 2007, p. 13.

[422] Ibidem, p. 50 ss.

individuais e sociais. O movimento apresenta grande diversidade, e as subculturas normalmente são definidas por um tipo de conformismo alternativo ou minoritário. Assim, os movimentos contraculturais surgem de diferentes combinações, porém dos mesmos princípios e valores.

Foi exatamente nesse contexto que surgiu a antipsiquiatria: em defesa das vidas humanas, com total negação do tradicionalismo psiquiátrico (asilar) violento, buscando promover formas alternativas de tratamento das pessoas em sofrimento psíquico. Essa política diz respeito ao desdobramento do poder em quaisquer instituições sociais, desde famílias até sindicatos e partidos. Diz respeito ao poder que temos sobre o próximo, ou o poder que o próximo tem sobre nós. "Tal poder pode nascer de injunções estabelecidas socialmente, formalmente, ou pode nascer de simples relações afetivas, a dois".[423]

O ponto nevrálgico do movimento antipsiquiátrico recai sobre as inter-relações humanitárias. As características humanas que brotam das relações sociais agora passam a ter muito mais importância do que as individuais. Ou seja, o grande diferencial da antipsiquiatria foi perceber que os indivíduos são sujeitos transformados constantemente pelo meio social no qual estão inseridos, e dessa relação com os outros é que constroem suas próprias referências.

É formulada, então, a primeira crítica radical ao saber médico-psiquiátrico, no sentido de "desautorizá-lo a considerar a esquizofrenia uma doença, um objeto dentro dos parâmetros científicos".[424] Surge um novo projeto de comunidade terapêutica e uma esfera, na qual o saber psiquiátrico passa a ser interrogado numa perspectiva diversa da médica.

David Cooper[425] traçou as linhas antipsiquiátricas explorando a rotulação da esquizofrenia,[426] e a justificou pelos motivos que seguem: a) por tratar-se de uma pessoa obrigada a se conformar à identidade inerte, passiva, de inválido ou paciente; b) o processo pelo qual quase todo ato, declaração e experiência da pessoa rotulada é, sistematicamente, classificado como inválido, de acordo com certas regras do jogo

---

[423] DUARTE JÚNIOR, João Francisco. *A política da loucura (a antipsiquiatria)*. Campinas: Papirus. 1983, p. 31.
[424] AMARANTE, Paulo (coord.). *Loucos pela vida...*, p. 42.
[425] COOPER, David. *Psiquiatria e antipsiquiatria...*, p. 10-11.
[426] Para Cooper, esquizofrenia "é uma situação de crise microssocial, na qual os atos e a experiência de determinada pessoa são invalidados por outras, em virtudes de certas razões inteligíveis, culturais e microculturais (geralmente familiais), a tal ponto que essa pessoa é eleita e identificada como sendo 'mentalmente doente' de certa maneira e, a seguir, é confirmada (por processos específicos, mas altamente arbitrários de rotulação) na identidade de 'paciente esquizofrênico' pelos agentes médicos ou quase-médicos". (Ibidem, p. 16-17).

estabelecidas por sua família, e mais tarde, pelos outros, nos esforços para produzirem o inválido-paciente. Destaca seu objeto de pesquisa por observar que a maioria das pessoas analisadas foi precipitada em situação psiquiátrica por seus familiares, sendo majoritariamente jovens, em sua primeira ou segunda internação, que "adquiriram o rótulo muito específico de esquizofrênico".[427]

O estudo familiar tornou-se nuclear para se pensar na origem dos comportamentos do esquizofrênico, visto que a estrutura familiar é decorrente do contexto cultural em que ela se insere. Nesse sentido, a família é o primeiro vetor educacional dos sujeitos em formação e muito mais especialista em estabelecer papéis para seus membros (com estreitos enquadramentos e crenças), do que em criar campos e condições livres de atuações individuais.

Fica claro para o autor, em suas pesquisas sobre esquizofrenia, que não há técnica de invalidação humana mais respeitável do que a da ciência médica; e a Psiquiatria – enquanto especialidade médica – no âmbito de todo seu campo de atuação, tem colaborado com a sistemática invalidação de ampla categoria de pessoas. Na elaboração de sua teoria, preocupou-se com a questão da violência da Psiquiatria e concluiu que, talvez, a mais chocante forma de violência é:

> Nada mais nada menos que a violência *da* psiquiatria, na medida em que esta disciplina escolhe refratar e condensar sobre os pacientes que ela identifica a violência sutil da sociedade e que, com demasiada frequência, representa para e contra esses pacientes.[428]

Não é à toa que os antipsiquiatras rechaçam completamente o determinismo biopsicopatológico criado pelas ciências médicas e absorvido pelo positivismo criminológico. Para eles, a ação pessoal, em sua essência, é a possibilidade de ultrapassar todas as determinações do que está para ser e proceder talvez na direção oposta ao esperado, ao menos que exista uma escolha determinável, a escolha de não escolher. O campo das ações humanas é visto em termos probabilísticos, mas o que não pode ser esquecido é a possibilidade de o sujeito desestruturar o campo e agir improvavelmente. A violência aqui enaltecida é a que se proclama em alta e raramente ouvida, "é a sutil, tortuosa violência perpetrada pelos interesses dos outros, ditos 'sadios', contra os rotulados loucos". E diz mais, "a loucura não se encontra 'numa pessoa',

---

[427] "São pessoas com esse rótulo que ocupam dois terços dos leitos na maioria dos hospitais de doenças mentais, sendo preciso recordarmos que quase a metade do total de leitos hospitalares no Reino Unido são leitos de hospitais psiquiátricos". (COOPER, David. *Psiquiatria e antipsiquiatria*..., p. 11).

[428] Ibidem, p. 13.

porém num sistema de relacionamentos em que o paciente rotulado participa".[429]

Uma questão pertinente ao movimento antipsiquiátrico: *quem são as pessoas sadias?*

Nesse ponto, Cooper é enfático ao afirmar que as definições de saúde mental propostas pelos especialistas usualmente correspondem à noção de conformismo a um conjunto de normas sociais mais ou menos arbitrariamente pressupostas. São os ditames sociais e morais – em constantes mudanças – que determinam os parâmetros de "normalidade". Atento a isso, salienta a necessidade de se olhar "mais de perto" o sadio mental, observando denotativamente que nesse contexto incluem-se as famílias dos pacientes, empregadores em exercício, clínicos gerais, funcionários do bem-estar mental, a polícia, Judiciário, assistentes sociais, psiquiatras, enfermeiros e muitos outros. Todas essas pessoas, em maior ou menor intensidade, estão implicadas numa violência sutil contra o objeto de seus cuidados.[430]

Lembrem-se: "O louco é sempre o outro!".[431] Supõe-se que a doença mental estabeleça-se a partir de um desvio de comportamento de certos padrões psicossociais, éticos ou legais e, assim, a psiquiatria tende a criar na mentalidade popular (senso comum) uma convicção de que a doença mental é um tipo de entidade patológica, como uma moléstia, produzindo uma "coisa moral e impessoal".[432]

Isso não significa que as ocorrências sociais e psicológicas – nas quais o rótulo de doença mental é fixado – não existam, mas o problema são os rótulos e as consequências violentas dessa prática, alerta Szasz. A proposta do autor é rever o fenômeno denominado de "doença mental" e retirá-lo da categoria de "doença", considerando-o como "expressões do esforço do homem como o problema de como deveria viver".[433]

A justificativa para tal diretriz encontra-se no "mito da doença mental".[434] A partir de doenças físicas (como câncer, fraturas, doenças cardíacas, etc.), criou-se a categoria chamada *doença ou enfermidade*.

---

[429] COOPER, David. *Psiquiatria e antipsiquiatria...*, p. 20-47.

[430] Ibiden, p. 32-35.

[431] HEYWARD, Harold; VARIGAS, Mireille. *Uma antipsiquiatria?* São Paulo: Melhoramentos, 1977, p. 126.

[432] SZASZ, Thomas. *Ideologia e doença mental...*, p. 23-27.

[433] Ibidem, p. 27.

[434] "Quando afirmo que doença mental é um mito, não quero dizer que a infelicidade pessoal e o comportamento socialmente desviado não existam. O que estou dizendo é que os categorizamos como doenças por nossa própria conta e risco. A expressão 'doença mental' é uma metáfora que erradamente consideramos como fato". (SZASZ, Thomas. *Ideologia e doença mental...*, p. 29).

Essa categoria possuía um limitado número de elementos que participavam de uma característica de referência comum, ou seja, um estado fisioquímico de desordem corporal. É esse, portanto, o significado literal da palavra doença. Com o passar do tempo, novos itens foram incorporados à referida categoria, não porque tenham sido descobertos como doença física propriamente dita, mas porque os critérios iniciais da definição de doença foram alterados: de uma desordem do corpo passou-se ao sofrimento da pessoa. "Esse é o significado metafórico da palavra doença".[435] Dessa forma, a histeria, a hipocondria, a psicopatia, o homossexualismo e vários outros itens foram classificados com o rótulo de doença. Sendo assim,

> cedo, aos médicos e psiquiatras uniram-se os filósofos, jornalistas, advogados e leigos, rotulando de doença mental todo e qualquer tipo de experiência ou comportamento humano que pudessem detectar ou atribuir a um "mau funcionamento" ou sofrimento.[436]

Ligada à doença está a fraqueza e, de forma combativa, as intervenções terapêuticas consistem em combinações complexas de tratamento e controle social dos doentes fracos. O paciente privado de sua liberdade assim está, não por estar doente, mas porque incomoda o campo social. Logo, na linha antipsiquiátrica, as funções das instituições psiquiátricas são claras: 1) Ajudar as famílias e a sociedade a tratarem daqueles que os aborrecem; 2) Proteger a sociedade e o doente dele mesmo; 3) Ajudar os pacientes a se recuperarem de dificuldades pessoais.

Ao afirmar sobre a natureza sociopolítico-econômica da construção da doença mental, a antipsiquiatria acaba considerando que a existência dessa categoria é utilizada pelos sistemas autoritários e pseudodemocráticos como forma de perseguir seus indesejáveis. Como exemplos clássicos, estão os casos do Hospital Colônia de Barbacena e do Hospital Psiquiátrico do Juquery, onde a falta de critérios médicos para a internação era a regra predominante e o que menos se tinha era internação por questões de sofrimento psíquico. As instituições totais referidas, criadas em regimes políticos não autoritários (em tese), bem como várias outras instituições asilares no Brasil, serviam como métodos de limpeza social, contenção de "incivilizados", segurança pública, higienismo, soluções de rixas pessoais, dentre outros objetivos, completamente diversos dos declaradamente médico-psiquiátricos.

É necessário afirmar, na esteira de Thomas Szasz,[437] que quando a ideologia do totalitarismo é promovida como fascismo ou comunismo,

---

[435] SZASZ, Thomas. *O mito da doença mental*..., p. 48.
[436] Idem.
[437] Ibidem, p. 52.

esta acaba sendo friamente rejeitada, mas quando a mesma ideologia é promovida sob o disfarce de cuidados de saúde mental e bem-estar coletivo, ela é calorosamente abraçada e legitimada pela sociedade.

O caráter libertário do movimento antipsiquiátrico, aliado aos ideais da contracultura, transferiu a discussão fechada da "loucura" e seus tratamentos tradicionais asilares para o espaço público, para outros campos de discussão, criando um discurso contra o totalitarismo, a opressão, a violência, a segregação indiscriminada e o genocídio penal-psiquiátrico.

4.2. Franco Basaglia e a negação das instituições da violência

O movimento *anti-institucional, antipsiquiátrico, antiespecialístico* organizado por Franco Basaglia na Itália foi uma das grandes inspirações (quiçá a maior) da reforma psiquiátrica brasileira nos anos 80.

Diante da crise do sistema psiquiátrico, assim denominada pelos críticos, tornava-se urgente *a abolição da estrutura manicomial*.[438] A ciência que afirmou que o doente deveria ser entendido como resultado de uma alteração biopsicológica, mais ou menos indefinida, determinava que só restava aceitar docilmente essa diferença relativamente à norma social. Daí decorre a mais alta impotência das instituições psiquiátricas diante do sofrimento psíquico, restando-lhes, tão somente, defini-lo, catalogá-lo, geri-lo e neutralizá-lo. Os manicômios reduziram-se à simbologia de "reservas psiquiátricas" (comparáveis ao *apartheid* do negro), representando a vontade de exclusão de tudo aquilo que é temido, ignorado e inacessível, justificado por uma ciência psiquiátrica que considerou incompreensível o próprio objeto de seus estudos, excluindo-o da sua própria humanidade.[439]

---

[438] Cabe aqui o destaque que já nos anos de 1890, surgiu na França um movimento antimanicomial, o qual pregava a necessidade de retirar dos manicômios (frequentemente chamados de asiles) o maior número possível de pacientes. Era preciso deixar internados apenas os pacientes mais perigosos, ou seja, era uma proposta de desinternação, mas não de total abolicionismo manicomial como se conhece atualmente. Era uma campanha intensa fomentada pela administração pública, pela imprensa, pela sociedade civil, pelas instituições científicas, etc., reconhecendo uma certa dificuldade de executar uma abertura ampla ou total dos manicômios. Encabeçado por Jules Falret, o movimento que pretendia abrir os manicômios tinha várias propostas, dentre elas: 1) a permanência do doente junto à família, antes ou depois da internação; 2) a colocação de pacientes em casas particulares e junto a famílias estranhas; 3) a criação de aldeias de alienados; 4) a criação de colônias agrícolas anexas aos asilos de alienados. Os fundamentos principais do movimento eram dois: uma vaga ideia de que o contrato com a vida normal poderia trazer a cura para muitos doentes e a urgente necessidade de reduzir a população dos manicômios, superlotados que, nessa condição, não podiam dar tratamento conveniente a todos os internados. Mas havia uma terceira razão que era que o crescente número de internações aumentava muito o custo dos manicômios para os cofres públicos. (PESSOTTI, Isaías. *O século dos manicômios...*, p. 177-179)

[439] BASAGLIA, Franco. *A instituição negada...*, p. 103-120.

A crise é evidenciada pela "falência da psiquiatria institucional, com seus recintos, as suas portas fechadas, os seus doentes-objeto e pela mistificação do 'doente mental'",[440] reconhecido como um doente como todos os outros. As crises prática e metodológica favoreceram uma tomada de consciência sobre o que deve ser negado concretamente.

Apoiado diretamente em Foucault e Goffman – e obviamente pelo movimento antipsiquiátrico – Basaglia negava todas as *instituições da violência* e lutava pela *despsiquiatrização*, visando a estabelecer uma relação com o sujeito independente daquilo que poderia ser o rótulo que o definiria. Para isso, tentava agir em um território ainda não definido ou codificado. Percebendo ser um terreno sem nenhuma possibilidade de transformações e melhoras, exaurido por excelência, posicionava-se de forma objetiva e radical:

> Torna-se necessário negar tudo o que está a nossa volta: a doença, o nosso mandato social, a nossa função. Negamos, assim, tudo que possa dar um sentido predefinido à nossa conduta. [...] Negamos a rotulação do doente como "irrecuperável" e, ao mesmo tempo, nossa função de simples carcereiros, tutores da tranquilidade da sociedade; negando a irrecuperabilidade do doente negamos sua conotação psiquiátrica; negando sua conotação psiquiátrica negamos sua doença como definição científica; negando a sua doença, despsiquiatrizamos nosso trabalho, recomeçando-o em um território ainda virgem, por cultivar.[441]

Para atingir o "revolucionamento institucional",[442] o psiquiatra italiano defendia a *liberdade* como ponto inicial do longo processo de construção de um modelo antimanicomial, frise-se, para ele, em constante *mutação*. Baseado no exemplo anglo-saxão de *comunidades terapêuticas*,[443] a proposta era que o sujeito em sofrimento psíquico deixasse de aparecer como um homem resignado e submisso às vontades, intimidado pela força e pela autoridade que o tutelava. Tratou de provocar a

---

[440] BASAGLIA, Franco; BASAGLIA, Franca; et al. Considerações sobre uma experiência comunitária. In: AMARANTE, Paulo (org.). *Psiquiatria social e reforma psiquiátrica*. Rio de Janeiro: Fiocruz, 1994, p. 23.

[441] BASAGLIA, Franco. *A instituição negada*: relato de um hospital psiquiátrico. Rio de Janeiro: Graal, 1985, p. 29.

[442] Ibidem, p. 113.

[443] O termo "comunidade terapêutica" foi criado por T. H. Main, em 1946 na Inglaterra. A consagração desse modelo ocorreu em 1959 com Maxwell Jones. Este, por sua vez, "organizou grupos de discussão, grupos operativos e grupos de atividades, objetivando envolver o sujeito com sua própria terapia e com a dos demais. Através da concepção de comunidade, buscava desarticular a estrutura hospitalar tida como segregadora e cronificadora. Considerava conceito chave o de 'aprendizagem ao vivo', que significa utilizar as experiências utilizadas no cotidiano do hospital como uma forma de exercitar as experiências de vida fora do hospital, ou seja, tratava-se de vivenciar 'ensaios do agir'." (HEIDRICH, Andréa Valente. *Reforma psiquiátrica à brasileira: análise sob a perspectiva da desinstitucionalização*. Tese. Programa de Pós-Graduação em Serviço Social. Pontifícia Universidade Católica do Rio Grande do Sul, Porto Alegre, 2007, p. 39).

"descristalização dos três polos da vida hospitalar"[444] – doente, médico e enfermeiro – percebendo o "doente" como um homem, sujeito de direitos, responsabilidades, vontades e liberdade. Nada mais seria verticalizado; a relação seria horizontal, desinstitucionalizada, tornando a própria organização um ato terapêutico. Essa ruptura seria operada tanto em relação

> à psiquiatria tradicional (dispositivo de alienação) quanto à nova psiquiatria (dispositivo de saúde mental) e demarcaria uma ruptura/descontinuidade em níveis prático e teórico, tendo como ponto principal a negação da psiquiatria enquanto ideologia.[445]

Era a substituição de um modelo de referência por algo que era em si a possibilidade de pôr-se como "antimodelo", capaz de destituir a possibilidade de acomodar-se em novos padrões, simplesmente contrapostos aos tradicionais. Isto significava, definitivamente, "a destruição manicomial, não somente como abandono real do sistema coercitivo punitivo sobre o qual se fundamenta, mas como tomada de consciência do plano global sobre o qual o sistema hierárquico-punitivo se insere".[446]

Depois de 12 anos de carreira acadêmica na Faculdade de Medicina de Padova, Franco Basaglia ingressou no Hospital Psiquiátrico de Gorizia, onde executou seu primeiro grande trabalho de comunidade terapêutica. À medida que se defrontava com a miséria humana criada pelas condições do hospital, percebia que seriam necessárias transformações profundas tanto no modelo de assistência psiquiátrica quanto em relação à sociedade e suas percepções sobre o sofrimento psíquico. É quando utiliza basicamente o pensamento fenomenológico-existencial, a partir de Husserl, Minkowiski, Binswanger, Strauss, no qual era reportado o problema do homem não mais como entidade abstrata, definível com categoria fechada, mas como sujeito-objeto de um sofrimento social.[447]

Basicamente eram três grandes eixos que direcionavam e localizavam o trabalho de Basaglia em Gorizia: a) problematização do contexto institucional – a origem e o pertencimento de classes dos internos; b) produção de verdade e neutralidade da ciência médica; c) discussão sobre a função social de tutela e controle social da psiquiatria e o manicômio.

---

[444] BASAGLIA, Franco. *A instituição negada...*, p. 115.

[445] AMARANTE, Paulo. Uma aventura no manicômio: a trajetória de Franco Basaglia. In: *História, Ciências, Saúde – Manguinhos*, julho-out, 1994, p. 61.

[446] BASAGLIA, Franco; BASAGLIA, Franca *et al.* Considerações sobre uma experiência comunitária..., p. 11-12.

[447] AMARANTE, Paulo. Uma aventura no manicômio..., p. 64.

Problematizar o contexto institucional era também recusar o reducionismo (por parte da psiquiatria tradicional) do fenômeno loucura/sofrimento psíquico ao conceito único de doença. Na mesma linha de Thomas Szasz, Basaglia negava essa conexão reducionista, mas não descartava a existência de dor, sofrimento, perturbação, mal-estar,[448] etc. A negação dessa categoria "doença mental" de forma atomizada, era, ao mesmo tempo, "a denúncia e a ruptura epistemológica do *duplo*[449] da doença mental, do que não era próprio da condição de estar doente, mas de estar institucionalizado".[450] Supera-se a ideia de que os internos do hospital psiquiátrico devam ser simplesmente *curados*. No momento que a psiquiatria moderna percebe não saber mais nada sobre doença mental e, portanto, não saber mais qual seja sua cura, a crítica institucional reconhece que a função do hospital está longe da simples reintegração social do doente.

O movimento Basagliano, que inicialmente era focado especialmente na humanização e desinstitucionalização da estrutura asilar, passou a um amplo e poderoso movimento sustentado por diversas organizações de base, ocasionando, no fim da década de 60, um pedido de demissão coletiva dos funcionários do hospital de Gorizia. Neste episódio, a equipe solicitou à administração do local o fechamento do hospital e a criação de centros de saúde na região, tendo em vista que a permanência dos pacientes internados acontecia exclusivamente por falta de assistência social no espaço extra-hospitalar. Sem muito diálogo, o pedido acabou sendo negado pelas autoridades políticas e administrativas, o que ensejou a saída coletiva dos funcionários.

Em Trieste,[451] já como diretor do Hospital Provincial na década de 70, promoveu a substituição do tratamento manicomial por uma rede territorial de atendimento, da qual faziam parte serviços de atenção comunitários, emergências psiquiátricas em hospital geral,[452] coo-

---

[448] Como já mencionado em tópico anterior, para Thomas Szasz, as ocorrências sociais e psicológicas existem e o grande problema são os rótulos de doença mental que nelas são fixados, como também as consequências violentas dessa prática. E afirma: "Meu argumento limitou-se à proposição de que doença mental é um mito cuja função é disfarçar, e assim tornar mais aceitável, a amarga pílula dos conflitos morais nas relações humanas". (SZASZ. Thomas S. *Ideologia e doença mental...*, p. 30).

[449] Por duplo da doença mental é entendido tudo aquilo que se constrói em termos institucionais em torno do sofrimento das pessoas. É a face institucional da doença mental, construída a partir da negação da subjetividade, das identidades, a partir da objetivação extrema da pessoa.

[450] AMARANTE, Paulo. Uma aventura no manicômio..., p. 65.

[451] Em 1973, a Organização Mundial de Saúde (OMS) credenciou o Serviço Psiquiátrico de Trieste como principal referência mundial para uma reformulação da assistência em saúde mental.

[452] Funciona em regime diuturno e atua como apoio dos centros de saúde mental, grupos-apartamentos e cooperativas.

perativas de trabalho protegido,[453] centros de convivência e moradias assistidas[454] (chamadas por ele de "grupos-apartamento"). Executou o desmonte completo das medidas institucionais de repressão, criou condições para reuniões entre médicos e pacientes e devolveu ao doente mental a dignidade de cidadão. Nesse novo universo de *multipolaridade terapêutica e desinstitucionalização*, não se tinha uma proposta fechada de comunidade terapêutica, mas diversas modalidades de atuação, sem formulações específicas em definitivo. Havia uma intenção clara em executar "um novo modelo de gestão institucional, como reproposição de papéis, como reconstrução de poder, como fonte de garantias e como oferta de conteúdos de análise e luta".[455]

A luta de Basaglia e seus apoiadores transcendia a saúde, tomava contornos muito mais abrangentes, intimando a sociedade a discutir e problematizar a questão socioeconômica, o poder contratual das pessoas e, consequentemente, a política. Em Trieste foi preconizada a organização de um serviço sanitário psiquiátrico em que as respostas concretas às necessidades cotidianas das pessoas davam-se em função da realidade que se via. Sem regras definidas, ainda sem a Lei 180, o enfoque era o homem, suas necessidades, sua vida, no espaço da coletividade, muito além dos valores de saúde e de doença, privilegiando o contato entre o cidadão e a sociedade.[456]

Segundo Franco Basaglia, o hospital psiquiátrico é um lugar onde se induz a demanda pela doença, sem perspectiva alguma de uma vida para além dos muros rígidos da instituição. Resta ao paciente somente responder ao estigma da segregação, sendo catalogado e tendo que se adaptar a uma rotina asilar, isento do exercício da sua cidadania e da sua dignidade. Assim, mesmo uma estrutura mais humanizada e atualizada manteria um circuito institucionalizante, ou seja, a "cadeia da psiquiatrização do sofrimento", onde sempre se retorna à questão da doença e da exclusão. A grande virada seria então aniquilar essas estruturas a fim de impedir que os mecanismos da instituição continuassem a produzir exclusão e, por conseguinte, o sequestro dos classificados como doentes. Não caberia tratar mais de doentes, e sim, devolver a

---

[453] São organizadas para encontrar oportunidades de trabalhos aos ex-internos do hospital ou para novas demandas que possam surgir.
[454] São residências destinadas aos usuários, que podem morar só ou acompanhados de técnicos e/ou voluntários dando total assistência aos beneficiários.
[455] BASAGLIA, Franco. *Escritos selecionados em saúde mental e reforma psiquiátrica*. Paulo Amarante (org.). Tradução de Joana Angélica d'Ávila Melo. Rio de Janeiro: Garamond, 2005, p. 237.
[456] BASAGLIA, Franco; BASAGLIA, Franca (org.). *Crimini di pace: ricerche sugli intellettuali e sui tecnici come addetti all'oppressione*. Milano: Baldini Castoldi Dalai editore, 2009, p. 60.

subjetividade das pessoas, tirá-las da tutela para dar-lhes empoderamento e autonomia.[457]

Nessa atmosfera crítica e abolicionista, de novas experiências e possibilidades, com um contingente vigoroso de técnicos, políticos, lideranças comunitárias, pacientes, enfermeiros, médicos, constituiu-se o "Movimento Psiquiatria Democrática",[458] com o objetivo de construir bases sociais amplas para a viabilização da reforma psiquiátrica em território italiano. O Partido Radical propôs um *referendum* para a revogação da legislação psiquiátrica em vigor na época e, por iniciativa governamental, uma comissão foi constituída para propor a revisão da legislação italiana, que era de 1904. Nesse processo, Franca Ongaro Basaglia – esposa de Franco Basaglia – senadora da esquerda independente por dois mandatos, foi a líder da luta parlamentar para a aplicação dos princípios estabelecidos pela reforma psiquiátrica e uma das autoras do projeto de lei "180", que foi aprovado e ficou conhecido como "Lei Basaglia" e também "Lei da Reforma Psiquiátrica Italiana".

A lei regulamentou o processo de *desinstitucionalização*, que se configurou como o ponto fundamental de toda a experiência italiana e constituiu a base para a eliminação da internação psiquiátrica e a abertura de serviços territoriais na comunidade, *locus* de um discurso e de uma prática complexa, que revelou e fortaleceu os atores sociais.

A Lei Basaglia refletia um momento de transição quanto ao tratamento das pessoas em sofrimento psíquico. Não se obteve conquista total do *abolicionismo manicomial*, pois a velha fórmula que justificava a internação compulsória permanecia: *a periculosidade*.[459] Auferida pelo médico, a periculosidade continuava sendo a "estrela" da estrutura asilar subsistente. No entanto, conseguiu-se, por via de lei, a garantia de alternativas à internação, impondo esta quando não cabiam outros meios extra-hospitalares.

Para Rotelli e Amarante,[460] os grandes méritos da Lei 180 podem ser assim resumidos: a) proibição da recuperação de velhos manicômios e aprovação da construção de novos hospitais; b) organização de

---

[457] BASAGLIA, Franco. *Escritos selecionados em saúde mental e reforma psiquiátrica*..., p. 247.

[458] ROTELLI, Franco; AMARANTE, Paulo. Reformas psiquiátricas na Itália e no Brasil: aspectos históricos e metodológicos. In: AMARANTE, Paulo; BEZERRA JR., Benilton. (orgs.). *Psiquiatria sem hospício:* contribuições ao estudo da reforma psiquiátrica. Rio de Janeiro: Relume-Dumará, 1992, p. 45.

[459] Cabe destacar que a permanência da exaltação da periculosidade ocorreu "apesar da abolição do estatuto de periculosidade social do doente mental, da tutela jurídica, da internação compulsória e do tratamento compulsório". (KINOSHITA, Roberto Tykanori. Uma experiência pioneira: a reforma psiquiátrica italiana. In: COSTA, Jurandir Freire; DALLARI, Dalmo de Abreu *et al*. *Saúde mental e cidadania*. São Paulo: Mandacaru, 1987, p. 69).

[460] ROTELLI, Franco; AMARANTE, Paulo. Reformas psiquiátricas na Itália e no Brasil..., p. 46.

recursos para a rede de cuidados psiquiátricos; c) restituição da cidadania, dignidade e direitos sociais aos usuários do sistema de saúde psiquiátrica; d) garantia de tratamento psiquiátrico qualificado e humanizado.

Nesse ponto, cabe uma observação. Apesar de superado o conceito tradicional do hospital psiquiátrico como lugar de terapia e de reintegração social, e da moderna psiquiatria ter destruído, quase que integralmente, a ideia de cura de seus hóspedes, surge uma contradição. Basaglia afirmava que a Lei da Reforma Psiquiátrica Italiana não foi totalmente feliz e *permitiu a sobrevivência da situação tradicional*. Não se entende como grandes méritos a proibição de reforma de velhos manicômios e aprovação de novos, as práticas de assistencialismo, a manutenção (com rearranjos) de tratamentos psiquiátricos (em hospitais), dentre outros pontos. Muito pelo contrário, esses pseudoavanços parecem manter aquilo que Basaglia menos queria: a não superação das instituições da violência. A prática do reformismo hospitalar (ainda no limite da mera humanização) torna-se, talvez, nada renovadora e ainda cúmplice do mesmo sistema altamente criticado. As práticas manicomiais italianas, de fato, não foram superadas e suas implicações prático-científicas resistem até hoje.

Um dos limites mais evidentes está na dificuldade de superar a distinção curador-curado sobre o qual se funda o privilégio psiquiátrico. Porém, o maior obstáculo é, sem dúvida, o fato de a prática hospitalar inovadora não se colocar no plano do discurso político, ou seja, "no sentido de uma atividade revolucionária, mas corre o risco de ficar perpetuamente confinada nos limites de uma atividade reformista",[461] destacava Basaglia. E afirmava que na medida em que a equipe curadora não conseguisse coligar-se a um movimento verdadeiramente revolucionário no plano social, "esta não conseguiria nem ao menos maturar a própria concepção de mundo". A falta de uma luta revolucionária faz com que a equipe não consiga forjar os instrumentos para a própria renovação interna, permanecendo burguesa em um mundo burguês, fazendo um trabalho parcial e indicativo.

Mas apesar dos limites do movimento, Basaglia deixou um legado: pôs a doença entre parênteses, dando voz aos sujeitos emudecidos pela dor. A relação terapêutica passou a ser vista de forma democrática, com fluxo dialogal, instaurada num espaço de liberdade, eliminando pré-conceitos, pré-respostas, pré-tratamentos.

---

[461] BASAGLIA, Franco; BASAGLIA, Franca *et al*. Considerações sobre uma experiência comunitária..., p. 40.

Tal atitude nos fez ignorar os vínculos e os impedimentos inerentes às teorias anteriormente aprendidas: permitiu-nos descobrir a riqueza da subjetividade do Outro. [...] Quando declarou seu interesse pela pessoa, mais do que pela doença, e quando, com sua prática, nos mostrou sua coerência com este princípio, Franco Basaglia conseguiu algo mais profundo que a simples afirmação de uma instância ética: ele pôs em crise o paradigma da psiquiatria. [...] Seus escritos revolucionaram a resposta à doença mental e desestabilizaram o caráter absoluto das noções de objetividade e de cientificidade da cultura ocidental moderna. O fim do manicômio representou o questionamento prático, mas também teórico, dos aparatos culturais e científicos que se apoiavam nessa instituição.[462]

O movimento basagliano foi de grande importância para intensificar uma transformação psiquiátrica na Europa e na América Latina. A reforma italiana foi absorvida no Brasil, reconhecendo-se na Lei 180 e nas práticas sociais que a antecederam e fomentaram um horizonte promissor de lutas para a transformação psiquiátrica no país. Basaglia e seu movimento antimanicomial, sem sombra de dúvida, foi um dos maiores incentivadores para o novo cenário da saúde mental que agora despontava no Brasil.

4.3. A reforma psiquiátrica brasileira: "por uma sociedade sem manicômios"

O movimento brasileiro de reforma psiquiátrica[463] iniciou-se em pleno período ditatorial, tirânico e repressivo. Em 1978, contaminado

---

[462] BASAGLIA, Franco. *Escritos selecionados em saúde mental e reforma psiquiátrica*. Organização Paulo Amarante. Rio de Janeiro: Garamond, 2010, p. 18-19.

[463] Esse movimento faz parte da reforma sanitária do Brasil que se estruturou progressivamente desde o início da redemocratização do país. Um novo modelo de política pública na área de saúde foi elaborado ao longo dos anos, tendo como objetivos: a) a substituição de um padrão de assistência à saúde calcado no modelo corporativo da cidadania, regulada por um sistema que garanta acesso universal ao sistema público de saúde; b) a descentralização político-administrativa, com a concomitante elaboração de regras de transferência de recursos da união para os estados e municípios; c) a formação de uma mentalidade que propiciasse a atividade associativa da qual participem membros da comunidade. Esse novo modelo foi formalizado na VIII Conferência de Saúde, em 1986, servindo de base para a política sanitária que seria definida em 1988 pela Assembleia Nacional Constituinte. A Constituição de 1988 determinou que cada um e todos os brasileiros devem construir e usufruir de políticas públicas – econômicas e sociais – que reduzam riscos e agravam a saúde. Esse direito significa igualmente acesso universal (para todos) e equânime (com justa igualdade) a serviços e ações de promoção, proteção e recuperação de saúde (atendimento integral). A criação do SUS foi aprovada pela Assembleia Nacional Constituinte e sua regulamentação estabelecida pela lei 8080/90, que dispõe sobre as condições para a promoção, proteção e recuperação da saúde, a organização e funcionamento dos serviços correspondentes. A Lei 8.142 também dispõe sobre a participação da comunidade na gestão do sistema único de saúde e sobre as transferências intergovernamentais de recursos financeiros na área de saúde. (CARVALHO, Maria Cecília. Os desafios da desinstitucionalização. In: FIGUEIREDO, Ana Cristina; CAVALCANTI, Maria Tavares (Orgs.). *A reforma psiquiátrica e os desafios da desinstitucionalização* – contribuições à III Conferência Nacional de Saúde Mental. Rio de Janeiro: IPUB/CUCA, 2001, p. 12-13).

pelo movimento antipsiquiátrico italiano,[464] surgiu no Rio de Janeiro o Movimento dos Trabalhadores em Saúde Mental (MTSM) – fruto da crise da Divisão Nacional de Saúde Mental –, que no contexto da redemocratização, tornou-se o ator social estratégico pelas reformas no campo da saúde mental, organizando suas críticas ao modelo psiquiátrico clássico. O MTSM construiu um pensamento diferenciado no campo da saúde mental que permitiu visualizar uma possibilidade de inversão deste modelo a partir do conceito de *desinstitucionalização*, procurando entender a função social da psiquiatria e suas instituições para além de seu papel explicitamente médico-terapêutico-asilar.[465] Segundo Paulo Amarante:

> Em 1978, eu e mais dois colegas plantonistas do Centro Psiquiátrico Pedro II, no Engenho de Dentro, decidimos denunciar uma série de violações aos direitos humanos das pessoas lá internadas. Como se tratou de uma denúncia escrita, registrada em documento oficial, a resposta foi imediata e violenta, como era comum naqueles tempos. Além de nós três, foram demitidos mais 263 profissionais que ousaram nos defender ou que confirmaram nossas denúncias. Nasceu aí o movimento de trabalhadores da saúde mental que, dez anos mais tarde, transformou-se no movimento de luta antimanicomial, ainda hoje o mais importante movimento social pela reforma psiquiátrica e pela extinção dos manicômios. Não denunciamos apenas os maus-tratos aos "pacientes psiquiátricos", mas também a presos políticos que, a exemplo dos gulags da Rússia stalinista, eram internados e torturados nessas instituições. Descobri que a situação do Rio de Janeiro era a mesma do Espírito Santo e, para minha tristeza, constatei mais tarde, que o modelo era quase universal, predominantemente asilar e manicomial, com milhares de pessoas abandonadas em macroinstituições financiadas pelo poder público, fossem elas públicas ou privadas. Na época os leitos privados já eram mais de 70 mil, todos pagos pelo setor público.[466]

Após a I Conferência Nacional de Saúde Mental, constatou-se que a estratégia para a implantação das reformas no âmbito psiquiátrico deveria ser repensada. A partir de 1987, em meio à ampla mobilização pela Reforma Sanitária,[467] a nova política brasileira de saúde mental

---

[464] Intensificado após a visita de Basaglia em 1979 a Minas Gerais, ocasião em que visitou o Hospital Colônia de Barbacena e externou que o local em nada se diferenciava de um campo de concentração nazista. Suas visitas seguidas acabaram produzindo uma forte e decisiva influência na trajetória da reforma psiquiátrica brasileira. Sua presença aqui deu origem ao clássico documentário de Helvécio Ratton, Em nome da razão, de 1980, um marco da luta antimanicomial brasileira.

[465] AMARANTE, Paulo. Novos Sujeitos, Novos Direitos: O Debate em Torno da Reforma Psiquiátrica. In: *Caderno de Saúde Pública*, jul/set. Rio de Janeiro, 1995, p. 492.

[466] AMARANTE, Paulo. Rumo ao fim dos manicômios. In: *Mente e Cérebro*: psicologia, psicanálise e neurociência. Setembro, 2006. Disponível em: <http://www2.uol.com.br/vivermente/reportagens/rumo_ao_fim_dos_manicomios.html>.

[467] "A conseqüência da ampla mobilização pela reforma do setor saúde no bojo dos debates pela democratização política brasileira criou as condições políticas para a realização da 8ª Conferência Nacional de Saúde com o tema 'Democracia é Saúde'. Representou um dos acontecimentos mais significativos de sedimentação das propostas que vinham sendo construídas e de encaminhamento para uma legitimidade social e política na área da saúde, e a primeira Conferência Nacional a se

centrava-se em novas possibilidades assistenciais em hospitais e novas estruturas de atendimento.[468] Assumindo o lema "Por Uma Sociedade Sem Manicômios", os movimentos de Trabalhadores em Saúde Mental mobilizaram-se para a aprovação do Projeto de Lei 08/91-C, do então Dep. Paulo Delgado – que prescrevia a extinção progressiva dos hospitais psiquiátricos e fazia referência explícita à lei Basaglia – sendo central para estabelecer uma nova era da psiquiatria brasileira: *o fomento do debate antimanicomial entre técnicos, usuários e sociedade civil.*

Outro elemento importante nesse contexto foi a Conferência sobre a Reestruturação da Atenção Psiquiátrica, ocorrida em Caracas em 1990, em que a declaração[469] resultante advertiu que a assistência psiquiátrica convencional não permitia alcançar objetivos compatíveis com um atendimento comunitário, descentralizado, participativo, integral, contínuo e preventivo. E, dessa forma, enfatizou que a reestruturação da assistência psiquiátrica ligada ao Atendimento Primário da Saúde, no quadro dos Sistemas Locais de Saúde, permitiria a promoção de modelos alternativos, centrados na comunidade e dentro de suas redes sociais, e que essa reestruturação implicaria em revisão crítica do papel hegemônico e centralizador do hospital psiquiátrico na prestação de serviços.

Nesse período, o Brasil já tinha seu primeiro Centro de Atenção Psicossocial – CAPS[470] e, a partir de 1988, a experiência de Santos – em

---

realizar após a restauração da democracia no país. As diretrizes desta Conferência são resultantes da produção crítica sobre o setor saúde, onde diferentes forças sociais construíram o movimento da Reforma Sanitária. [...] Esta nova concepção sobre a saúde está calcada nos princípios de universalização, descentralização, participação, e de que a saúde é um direito de todos e dever do Estado, estabelecida no processo de proposições de mudança do sistema de saúde, foram objeto de uma grande mobilização para que fosse assumida pela Assembleia Constituinte. Esta concepção foi legitimada na Constituição Federal de 1988, que foi a base para a Lei Orgânica da Saúde – Sistema Único de Saúde – SUS, na forma das Leis Federais 8.080/90 e 8.142/90." (DIAS, Míriam Thais Guterres. *A reforma psiquiátrica brasileira e os direitos dos portadores de transtorno mental*: uma análise a partir do serviço residencial terapêutico morada São Pedro. Doutorado em Serviço Social. Faculdade de Serviço Social da Pontifícia Universidade Católica do Rio Grande do Sul. Porto Alegre, 2007, p. 52-53).

[468] ROTELLI, Franco; AMARANTE, Paulo. *Reformas psiquiátricas na Itália e no Brasil*: aspectos históricos e metodológicos..., p. 49.

[469] O Brasil é signatário da Declaração de Caracas. Disponível em: <http://bvsms.saude.gov.br/bvs/publicacoes/declaracao_caracas.pdf>.

[470] Após a promulgação da Lei 10.216/01 e da III Conferência Nacional de Saúde Mental, o governo publicou a portaria 336, de fevereiro de 2002, que criou as diversas modalidades de CAPS (de acordo com o porte, complexidade e abrangência populacional: I, II e III, este último funcionando 24 horas, ou com a finalidade: álcool e outras drogas – CAPS-AD, e crianças e adolescentes – CAPS-i). Instituiu o CAPS infanto-juvenil, pois não havia uma política para crianças e adolescentes, que foi criada com amparo na lei e nas deliberações da III Conferência. Segundo a portaria, os CAPS deverão constituir-se em serviço ambulatorial de atenção diária que funcione segundo a lógica do território e as três modalidades de serviços cumprem a mesma função no atendimento público em saúde mental, distinguindo-se pelas características de cada CAPS, e deverão estar

que o governo municipal fechou o hospital psiquiátrico da cidade em decorrência de sucessivos maus-tratos e o substituiu por uma rede de CAPS regionalizados – começou-se a fortificar a lógica extra-hospitalar. Naquele cenário de mudança social e de paradigmas, tornou-se clara a necessidade de uma lei nacional que sustentasse a nova concepção da psiquiatria pública, ancorada nos direitos humanos, na liberdade, nos métodos modernos de tratamento, na base territorial da organização dos serviços e na cidadania.

O estatuto de crise do modelo psiquiátrico que estava sendo combatido resumia-se em três eixos: *1) Enquanto sistema assistencial nas suas formas de atenção pública e privada:* o médico tornou-se um profissional em que a prestação de serviços não se esgotava mais na relação íntima com o paciente, ou seja, essa relação estava cada vez mais regulada por uma instância supraclínica. No controle da ação médica, as instituições públicas e privadas disputavam as prioridades; *2) Como saber e enquanto disciplina teórica:* na modernidade a psiquiatria passou a ser um saber sobre a saúde mental, sobre as suas condições de possibilidade e sobre as formas de instaurá-la originariamente nos indivíduos, diferentemente do seu surgimento no séc. XVIII, que seu campo abrangia o estudo das doenças e das instrumentalidades curativas. Deslocou-se de instrumento de cientificidade sobre a doença mental para definidor da saúde mental; 3) *Crise da prática clínica*: o controle do espaço terapêutico pela ativa invasão de instituições externas e as transformações operacionais que demandam a mudança de seu objeto passaram a confundir a prática clínica.[471]

Os anos 90 foram marcados por esse intenso e ácido debate em torno dos pressupostos psiquiátricos tradicionais e dos diferentes modelos de tratamento, da rede alternativa de serviços e do abolicionismo manicomial.

Pedro Delgado destaca um ponto importante nesse processo de mudança de paradigma: a resistência dos familiares dos pacientes, especialmente dos mais graves, internados por longos períodos nos hospitais psiquiátricos. Participando de todo o processo, expressavam um temor muito grande em relação à superação do paradigma hospitalocêntrico e, opondo-se à mudança do modelo de atenção, eram vistos como "adversários da Reforma". Eram compreensíveis e legítimos os

---

capacitadas para realizar prioritariamente o atendimento de pacientes com transtornos mentais severos e persistentes em sua área territorial, em regime de tratamento intensivo, semi-intensivo e não intensivo.

[471] BIRMAN, Joel; COSTA, Jurandir Freire. Organização de instituições para uma psiquiatria comunitária. In: AMARANTE, Paulo (org.). *Psiquiatria social e reforma psiquiátrica.* Rio de Janeiro: Fiocruz, 1994, p. 42-43.

sentimentos contraditórios que povoavam o discurso desses protagonistas decisivos do processo. Refletiam a construção histórica e cultural da formação subjetiva dos microssistemas penais-psiquiátricos, e como até então só havia a psiquiatria hospitalar, sentiam-se desamparados ao serem convocados a aliar-se à defesa do modelo assistencial, ainda desconhecido. Assim relata Pedro Delgado:

> Tive inúmeros momentos de diálogo, sempre tenso, com os familiares organizados em torno de associações que combatiam o projeto de lei em discussão, e sou testemunha da angústia e do sentimento de desamparo (certamente agravados pelas ameaças que ouviam em suas reuniões no ambiente dos hospitais psiquiátricos, de onde surgiu tal movimento) que essas famílias revelavam diante de uma mudança que, para nós, era uma busca da humanização e melhora do atendimento, mas para elas significava a pura incerteza quanto ao futuro. Somente quando os serviços comunitários, os CAPS, se tornaram mais presentes e mais consistentes no cenário da saúde pública brasileira, depois da aprovação da Lei, é que os familiares passaram a expressar posições, sempre inquietas e cuidadosas, porém mais abertas aos novos serviços comunitários de atenção.[472]

Em 2001, a Lei 10.216 foi promulgada, conhecida como "Lei Antimanicomial", dispondo sobre "a proteção e os direitos das pessoas em sofrimento psíquico e redireciona o modelo assistencial em saúde mental". Mesmo não constando a expressão de "extinção progressiva dos manicômios", do projeto original, a lei de 2001 se fundamenta nos direitos, específicos e difusos, e na cidadania plena dos pacientes, determinando, preferencialmente, os serviços comunitários de saúde mental, bem como a internação, em qualquer de suas modalidades, somente quando os recursos extra-hospitalares se mostrarem insuficientes.

Paulo Amarante[473] persiste que o debate acabou repercutindo positivamente na opinião pública. Leis do mesmo tipo foram aprovadas em diversos estados e experiências de desmontagem de estruturas manicomiais passaram a ser implantadas em todo o país. A transformação do modelo virou prática política e social antes mesmo de virar lei, a despeito do fato de muitas das experiências não vingarem no Brasil. A reforma psiquiátrica veio a reboque das práticas inovadoras que a anteciparam.

Os questionamentos eram vários nessa nova logística em saúde mental que agora despontava. Os desafios eram complexos e, de certa forma, nesse novo paradigma, desconhecidos. Pertinentes e ainda

---

[472] DELGADO, Pedro Gabriel Godinho. Saúde Mental e Direitos Humanos: 10 Anos da Lei 10.216/2001. In: *Arquivos de Brasileiros de Psicologia*. Vol. 63, n. 2, 2011. Disponível em: <http://seer.psicologia.ufrj.br/index.php/abp/article/view/713/529>.

[473] AMARANTE, Paulo. Rumo ao fim dos manicômios. In: *Mente e Cérebro*: psicologia, psicanálise e neurociência. Setembro, 2006. Disponível em: <http://www2.uol.com.br/vivermente/reportagens/rumo_ao_fim_dos_manicomios.html>.

atuais, diante do eterno devir das sociedades complexas, as dúvidas seguem sem respostas fixas: *Qual é a melhor saída para a rede pública de saúde mental no Brasil? Que papel devem ter os hospitais psiquiátricos? São necessários? Como atender adequadamente aos pacientes mais graves? Como lidar, no Estado Democrático de Direito, com o tratamento involuntário?*[474]

Antes de empreender esforços absurdos para responder tais questões e encontrar saídas definitivas e satisfatórias que dê conta do mecanismo, vale destacar que a reforma, antes de qualquer análise, garantiu o "direito de existir" dos pacientes, colocando em pauta as questões relacionadas aos sujeitos *invisíveis* submetidos aos tratamentos psiquiátricos asilares (e excludentes) tradicionais. Instituir a lei (apesar de não ser o suficiente nessa busca desinstitucionalizadora) foi um ganho significativo nesse embate crítico (e de certa forma abolicionista), destacando-se de vários outros movimentos[475] que não obtiveram tantos avanços (legislativos, em especial). É, portanto, a conquista do "direito de negar" as instituições violentas, como pregava Basaglia.

> O movimento pela reforma psiquiátrica no Brasil foi, por isso, um dos movimentos contra a dominação política mais longos, inventivos e bem estruturados de nossa história. Expressou-se na capacidade coletiva de inserir, no seio de um contexto social – mesmo o constituído por palavras de ordem, iniquidades, violência explícita – o pressuposto de qualquer discurso prepositivo: a refutação. Foi assim que, lentamente, a luta contra o modo "manicomial" de tratar a loucura se transformou também em uma prática contra-discursiva no seio daquilo que por definição não permite diálogo.[476]

A reforma inflamou o campo psiquiátrico desvelando os limites de sua forma. Além de estabelecer um contradiscurso, trata-se de uma via de contracultura psiquiátrica, em âmbitos macro e micropolíticos de atuação. Num trabalho inicial de perturbação das *zonas psiquiátricas de conforto* – que tinha os tratamentos excludentes assimilados como ideais – fomentou mudanças sociopolíticas e, de certa forma, ideológicas.

---

[474] DELGADO, Pedro Gabriel Godinho. Saúde Mental e Direitos Humanos: 10 Anos da Lei 10.216/2001. In_.: *Arquivos de Brasileiros de Psicologia*. Vol. 63, n. 2, 2011. Disponível em: <http://seer.psicologia.ufrj.br/index.php/abp/article/view/713/529>.

[475] Como, por exemplo, a criminologia abolicionista, a criminologia crítica feminista, o movimento crítico contra a LGBTfobia, etc. Em todos esses casos, não se obteve avanços legislativos, pelo contrário, todos os esforços legislativos empreendidos (conquistados ou em andamento) sobre tais temas são exatamente de reforços ao recrudescimento penal, tendentes ao clamor da "esquerda punitiva" e do "garantismo prisioneiro", como bem denominou a profa. Vera Regina. São tempos cada vez mais áridos e em prol do populismo punitivo como a grande saída para a resolução de conflitos. (ANDRADE, Vera Regina Pereira de. Construção e identidade da dogmática penal: do garantismo prometido ao garantismo prisioneiro. In: *Sequência*. UFSC. Vol. 29, n. 57. Florianópolis: PPGD, 2008. Disponível em: <https://periodicos.ufsc.br/index.php/sequencia/article/view/2177-7055.2008v29n57p237>)

[476] ALARCON, Sergio. Da reforma psiquiátrica à luta pela "vida não-fascista". In: *História, Ciências, Saúde – Manguinhos*, v. 12, n. 2, maio-ago, 2005, p. 255.

Em resumo, as diretrizes da reforma psiquiátrica são: a) ampla mudança do atendimento público em Saúde Mental, garantindo o acesso da população aos serviços e o respeito a seus direitos e liberdade; b) novo modelo de tratamento com pleno convívio familiar e comunitário; c) fortalecimento da rede extra-hospitalar: Centro de Atenção Psicossocial – CAPS, Residências Terapêuticas,[477] Ambulatórios, Centros de Convivência; d) as internações, quando necessárias, são feitas em hospitais gerais ou nos CAPS/24 horas. Os hospitais psiquiátricos de grande porte vão sendo progressivamente substituídos/extintos.

Alinhada à Lei 10.216/01, à Carta de Princípios sobre a Proteção de Pessoas Acometidas de Transtorno Mental (ONU, 1991), às consultas realizadas pelo Ministério da Saúde em articulação com a Procuradoria Federal dos Direitos do Cidadão, às deliberações da III Conferência Nacional de Saúde Mental e considerando as consultas realizadas pelo Ministério da Saúde junto às instâncias municipais e estaduais do SUS, em 2002 foi publicada a Portaria nº 2391/GM/2002[478] que "regulamenta o controle das internações psiquiátricas involuntárias (IPI) e voluntárias (IPV), e os procedimentos de notificação da Comunicação das IPI e IPV ao Ministério Público pelos estabelecimentos de saúde, integrantes ou não do SUS". A referida portaria também é fruto de um seminário realizado em 23 de novembro de 2001, pelo Ministério da Saúde, Ministério da Justiça e Comissão de Direitos Humanos da Câmara dos Deputados, denominado "Direito à Saúde Mental", que debateu sobre a aplicação e regulamentação de alguns pontos da lei de reforma psiquiátrica e elaborou resoluções sobre o tema.

Dentre os principais pontos do texto legal, constam: a) A internação psiquiátrica como último método, após serem esgotados todos os recursos extra-hospitalares disponíveis na rede assistencial, com a menor duração temporal possível; b) O estabelecimento de quatro modalidades de internação: – Internação Psiquiátrica Involuntária (IPI); – Internação Psiquiátrica Voluntária (IPV), – Internação Psiquiátrica Voluntária que se torna Involuntária (IPVI), – Internação Psiquiátrica Compulsória (IPC); c) O estabelecimento das notificações das internações involuntárias (arts. 4° e 5°) e voluntárias que se tornam involun-

---

[477] As Residências Terapêuticas são uma das estratégias de desospitalização nos serviços de atenção a saúde mental substitutiva a internação psiquiátrica de longa permanência. Entre os objetivos desses serviços está o de promover a inclusão social dos doentes mentais desospitalizados que não possuem suporte social e/ou laços familiares para a sua inserção. Para tanto, as moradias assistidas devem estar preferencialmente inseridas na comunidade. (WEBER, César Augusto Trinta. Serviços substitutivos em saúde mental: o desafio da inclusão social. In: *Revista Debates em psiquiatria*. Jan/fev., 2013)

[478] Disponível em: <http://pfdc.pgr.mpf.mp.br/atuacao-e-conteudos-de-apoio/legislacao/saude-mental/portarias/portaria-gm-ms-2391-2002>.

tárias ao MP, para controle e acompanhamento destas até a alta do paciente; d) A solicitação ao paciente que firme o Termo de Consentimento Livre e Esclarecido nas internações voluntárias, que ficará sob a guarda do estabelecimento; e) Acompanhamento da Comissão Revisora das Internações Psiquiátricas Involuntárias (constituída pelo gestor estadual do SUS), com a participação de integrante designado pelo Ministério Público Estadual, no prazo de setenta e duas horas após o recebimento da comunicação pertinente; f) Revisão de cada internação psiquiátrica involuntária por parte da Comissão Revisora até o sétimo dia da internação, emitindo laudo de confirmação ou suspensão do regime de tratamento adotado e remetendo cópia deste ao estabelecimento de saúde responsável pela internação no prazo de vinte e quatro horas. O modelo de comunicação inovado pela referida portaria enfatiza a questão da justificativa da involuntariedade. A informação ao Ministério Público em 72h, em tese, sugere um suporte maior de fiscalização de arbitrariedades, forçando os gestores de estabelecimentos a fundamentarem a necessidade de tratamento, mesmo contra a vontade da pessoa em sofrimento psíquico.

Na mesma esteira, o Conselho Nacional de Política Criminal e Penitenciária, através da Resolução nº 05/2004 – que dispõe sobre as diretrizes para o cumprimento das Medidas de Segurança, adequando-as à previsão contida na Lei nº 10.216/2001 – estabeleceu, entre outros pontos, que:

> 1) O tratamento aos portadores de transtornos mentais considerados inimputáveis visará, como finalidade permanente, a reinserção social do paciente em seu meio (art. 4º, § 1º da Lei nº 10.216/01), tendo como princípios norteadores o respeito aos direitos humanos, a desospitalização e a superação do modelo tutelar;
>
> 2) Os pacientes com longo tempo de internação em hospital de custódia e tratamento psiquiátrico, que apresentem quadro clínico e/ou neurológico grave, com profunda dependência institucional e sem suporte sócio-familiar, deverão ser objeto de política específica de alta planejada e reabilitação psicossocial assistida (art.5º da Lei), beneficiados com bolsas de incentivo à desinternação e inseridos em serviços residenciais terapêuticos.

Em 2004, a OAB Nacional e o Conselho Federal de Psicologia apresentaram um balanço[479] nacional da *blitz* realizada em 38 hospitais psiquiátricos de 16 Estados e mais o Distrito Federal, recomendando que o Ministério da Saúde decretasse intervenção imediata em todos os estabelecimentos psiquiátricos brasileiros em que fossem constatadas condições de funcionamento incompatíveis com a garantia de direitos humanos. Dentre as recomendações, consta que a Secretaria Especial de Direitos Humanos deveria implantar um sistema de vigilância nos

---

[479] Relatório disponível em: <http://www.oab.org.br/util/print/2529?print=Noticia>.

hospitais psiquiátricos com o objetivo de impedir os atos de violência sobre os internos. Sugerem que o Ministério da Saúde se posicione contrário à adoção das psicocirurgias e neurocirurgias para pessoas em sofrimento psíquico e pediram que as autoridades apurassem os casos excessivos de mortes ocorridas em unidades de internação psiquiátricas.

> Considerando o quadro descrito nesse relatório, é urgente que o Ministério da Saúde acelere e intensifique o processo de desinstitucionalização e o fechamento dos leitos nestas instituições, elementos fundamentais da Reforma Psiquiátrica brasileira, ao mesmo tempo em que estimule os serviços de atenção à saúde mental de natureza ambulatorial e comunitária, na medida em que o caráter incontrolável das instituições hospitalares psiquiátricas na produção da violência significa quotidianamente, mortificação desnecessária à vida de mais de 50 mil cidadãos brasileiros.[480]

Em 2010, o Conselho Nacional de Justiça emitiu a *Resolução n. 113*, determinando em seu art. 17 que "o juiz competente para a execução da medida de segurança, sempre que possível buscará implementar políticas antimanicomiais, conforme sistemática da Lei nº 10.216, de 06 de abril de 2001". Ainda em atendimento aos parâmetros da Reforma Psiquiátrica e da Política Antimanicomial, em 2011 emitiu a *Recomendação n. 35*, dispondo sobre as diretrizes a serem adotadas em atenção aos pacientes judiciários e a execução da medida de segurança. As recomendações aos Tribunais são as seguintes:

> I – na execução da medida de segurança, adotem a política antimanicomial, sempre que possível, em meio aberto;
>
> II – a política antimanicomial possua como diretrizes as seguintes orientações:
>
> a) mobilização dos diversos segmentos sociais, compartilhamentos de responsabilidades, estabelecimento de estratégias humanizadoras que possibilitem a efetividade do tratamento da saúde mental e infundam o respeito aos direitos fundamentais e sociais das pessoas sujeitas às medidas de segurança;
>
> b) diálogo e parcerias com a sociedade civil e as políticas públicas já existentes, a fim de buscar a intersetorialidade necessária;
>
> c) criação de um núcleo interdisciplinar, para auxiliar o juiz nos casos que envolvam sofrimento mental;
>
> d) acompanhamento psicossocial, por meio de equipe interdisciplinar, durante o tempo necessário ao tratamento, de modo contínuo;
>
> e) permissão, sempre que possível, para que o tratamento ocorra sem que o paciente se afaste do meio social em que vive, visando sempre à manutenção dos laços familiares;
>
> f) adoção de medida adequada às circunstâncias do fato praticado, de modo a respeitar as singularidades sociais e biológicas do paciente judiciário;
>
> g) promoção da reinserção social das pessoas que estiverem sob tratamento em hospital de custódia, de modo a fortalecer suas habilidades e possibilitar novas respostas

---

[480] Disponível em: <http://www.oab.org.br/util/print/2529?print=Noticia>.

na sua relação com o outro, para buscar a efetivação das políticas públicas pertinentes à espécie, principalmente quando estiver caracterizada situação de grave dependência institucional, consoante o art. 5º da Lei nº 10.216/2001;

h) manutenção permanente de contato com a rede pública de saúde, com vistas a motiva a elaboração de um projeto de integral atenção aos submetidos às medidas de segurança;

i) realização de perícias por equipe interdisciplinar.

III – em caso de internação, ela deve ocorrer na rede de saúde pública ou conveniada, com acompanhamento do programa especializado de atenção ao paciente judiciário, com observância das orientações previstas nesta recomendação.

Em 2015 foi sancionada a Lei 13.146/15, que instituiu a Política de Proteção à Pessoa com Deficiência, que é aquela que tem impedimento de longo prazo de natureza física, mental, intelectual ou sensorial, o qual, em interação com uma ou mais barreiras, pode obstruir sua participação plena e efetiva na sociedade em igualdade de condições com as demais pessoas. A lei tem por objetivo assegurar e promover, em condições de igualdade, o exercício dos direitos e das liberdades fundamentais por pessoa com deficiência, visando à sua inclusão social e cidadania.

Em 2017, foi aprovada a Resolução 32/17, que enumera 13 artigos para o Fortalecimento da Rede de Atenção Psicossocial (RAPS) e estabelece uma "nova" política de saúde mental no Brasil. No entanto, a resolução foi duramente atacada por diversos setores, em que afirmaram que as mudanças afrontam os direitos humanos e a reforma psiquiátrica antimanicomial adotada no país. O Conselho Federal de Psicologia (CFP), a Associação Brasileira de Saúde Coletiva (ABRASCO), a Associação Brasileira de Saúde Mental (ABRASME) e a Procuradoria Federal dos Direitos dos Cidadãos (PFDC) se manifestaram contra, alegando que a portaria impõe sérios retrocessos no tratamento de pacientes com transtornos mentais e a usuários de álcool e drogas. Todos temem, sobretudo, o retorno da internação de pessoas com transtornos em hospitais psiquiátricos, bem como o risco de desfinanciamento de outros serviços.[481]

Esse processo legislativo foi resultado de um forte, articulado e contínuo movimento reformador de conotação dinâmica (nem sempre exitosa), sem perspectiva de soluções institucionais fixas e completas, estabilizadoras de um quadro normativo; pelo contrário, a chave do movimento foi suscitar o dinamismo, o debate e as transformações inerentes à complexidade do tema, diante de um campo de incertezas,

---

[481] Disponível em: <https://www.revistaforum.com.br/governo-temer-desmonta-com-uma-canetada-programa-de-saude-mental-modelo-para-o-mundo/>.

no qual continuam a ser relevantes as ações concretas operativas, as experimentações, as desconstruções, os aprendizados e as mudanças ideológicas, culturais e paradigmáticas.

Há que se observar, sempre em destaque, que a luta que se desenvolve é contra uma *lógica hospitalocêntrica inocuizadora*, na busca contínua da responsabilidade/autonomia e valorização dos sujeitos, como também, da superação do *aparato manicomial* para que, de uma forma equivocada, não se transforme numa mera humanização e autorreprodução desse sistema, anulando os atores enquanto sujeitos de direitos e de transformação. E mais, a reforma brasileira, assim como a italiana, precisa ser vista e compreendida como um derivado do processo de *desinstitucionalização*, ainda que não atingido plenamente em seu campo prático. Isso porque, no momento em que profere o objetivo da superação asilar, já confirma e alarga a ação desinstitucionalizadora.

Em tempos políticos e sociais sombrios, inclusive para a saúde mental brasileira, é muito importante que continue havendo um intenso trabalho sociocultural, administrativo e político para articular a sociedade a essa bandeira, concedendo autonomia aos poderes municipais através da participação popular, na tentativa de fortalecer as engenharias locais de serviços e redes assistenciais.[482] Assim será possível, talvez, reacender a temática e continuar na luta para que não haja mais retrocessos e para que, minimamente, seja possível executar o que determina a Lei Antimanicomial evitando, assim, que esta não caia em letra morta no ordenamento jurídico brasileiro.

Considerando todos os avanços do movimento antipsiquiátrico brasileiro, bem como as influências internacionais, a indagação que insiste permanecer é central: Por qual(ais) motivo(s) o Sistema de Justiça Criminal brasileiro não absorveu tais medidas reformadoras, especialmente no que tange à execução das medidas de segurança detentivas? Se há uma lei que estabelece um novo modelo assistencial às pessoas em sofrimento psíquico no Brasil, e se essa legislação impõe as mudanças a todos os sistemas executores – de saúde ou penal – qual(is) a(s) justificativa(s) para que o Sistema de Justiça Criminal, de forma quase absoluta, ignore os preceitos reformadores e continue adepto ao paradigma positivista do século XIX?

Esses são um dos eixos fundamentais que nortearão a segunda parte do presente trabalho. Como as respostas desses questionamentos já foram delineadas nos capítulos anteriores, os próximos tópicos

---

[482] ROTELLI, Franco. A lei 180 e a reforma psiquiátrica italiana – história e análise atual. In: AMARANTE, Paulo; BEZERRA JR., Benilton. (orgs.). *Psiquiatria sem hospício:* contribuições ao estudo da reforma psiquiátrica. Rio de Janeiro: Relume-Dumará, 1992, p. 96-97.

tratarão precisa e pontualmente dos argumentos da ausência interlocutória entre a Reforma Psiquiátrica e o Sistema de Justiça Criminal brasileiro e das justificativas que relegitimam a permanência das medidas de segurança no ordenamento jurídico-penal.

Segunda Parte

Da (des)legitimação das medidas de segurança à (in)viabilidade de superação do modelo penal-psiquiátrico

5. A (des)legitimação das medidas de segurança

A medicina social do século XIX, como programa político-normalizador-sanitário, trouxe consigo um aparato para a administração pública brasileira nunca visto antes: o espaço urbano como *locus* de intervenção médica e a cientificidade a serviço do poder estatal. O projeto médico estruturava-se na prevenção, visando ao bem-estar social. O planejamento urbano tinha agora outra lógica, tudo estava ligado às questões de saúde a fim de operacionalizar um plano de ordem, disciplina, saúde pública, controle e defesa social.

A noção de doença ligada aos incivilizados, diferentes e miscigenados era necessária nessa (nova) política médica. As "classes perigosas" que agora surgem não mais atendiam ao conceito inicial francês – que caracterizava pessoas em excesso, temporariamente excluídas e não reintegradas à sociedade e ao mercado de trabalho –, mas especialmente à noção do sujeito "doente e perigoso". Ou seja, as pessoas categorizadas como "doentes" e, consequentemente, "perigosas" eram exatamente as que se encontravam no rol dos indesejáveis,[483] social e politicamente determinados. Essa demanda (nos campos social e econômico) associada ao patológico (no campo médico-científico) produziu uma estratégia sofisticada e precisa, capaz de sustentar um mecanismo de (bio)poder duradouro, científico e eficaz (enquanto eficácia invertida). A medicina apropriou-se das funções de "salvar" a sociedade e de

---

[483] Como mencionado no item 1.4, as referências que se têm sobre o assunto demonstram que essas pessoas estavam entre os miseráveis espalhados pela cidade, índios, negros degenerados, trabalhadores, camponeses, imigrantes, mendigos, desempregados, retirantes, ou seja, os considerados perigosos para a ordem pública e a sociedade de bem, que estavam longe de oferecer riscos ou apresentar transtornos mentais efetivos, sendo nada muito diferente da Europa.

definir o que era bom ou mau, assim como seus respectivos estereótipos.

Como a noção de saúde e de higiene pública era a coluna vertebral dessa tecnologia de controle, aquela virava um problema social, passível de norma, controle e intervenção (policial). A medicina, na qualidade de estratégia biopolítica, utilizou-se também da dinâmica policialesca, que tinha como alvo a população livre, como política de zelo e bem-estar visando à evolução social.

Nesse cenário, a limpeza e a homogeneidade se radicalizavam e eram levadas ao extremo, buscando *eliminar* tudo que era considerado *deformado, anormal, decadente, fora das regras e perigoso para o futuro*. Assim, era frequente o emprego de uma moral oficial superior, que afirmasse a necessidade de defender a família, a estirpe, a saúde das gerações futuras e outros valores, que em um contexto discursivo são manipulados como simples elementos de reforço da hierarquização social.[484]

A intervenção psiquiátrica – especialidade médica que surgiu exatamente nessa época – encontrou, portanto, um campo fértil de trabalho.

> Ao atribuir ao louco uma identidade marginal e doente, a medicina torna a loucura ao mesmo tempo visível e invisível. Criam-se condições de possibilidade para a medicalização e a retirada da sociedade, segundo o encarceramento em instituições médicas, produzindo efeitos de tutela e afirmando a necessidade de enclausuramento deste para gestão de sua periculosidade social. Assim, o louco torna-se invisível para a totalidade social e, ao mesmo tempo, torna-se objeto visível e passível de intervenção pelos profissionais competentes, nas instituições organizadas para funcionarem como *locus* de terapeutização e reabilitação – ao mesmo tempo, é excluído do meio social, para ser incluído de outra forma em um outro lugar: o lugar da identidade marginal da doença mental, fonte de perigo e desordem social.[485]

Tem-se aqui o que Foucault[486] chamou de "psiquiatria do crime", inaugurada por dois fenômenos que interessam no presente trabalho: a *patologização do criminoso* e também a *criminalização (real ou em potencial) da pessoa em sofrimento psíquico*. Segundo o autor, a psiquiatria do século XIX inventou "uma entidade absolutamente fictícia de um crime louco, um crime que seria inteiramente louco, uma loucura que nada mais é do que crime. Aquilo que, por mais de meio século, foi chamado de monomania homicida". Era uma psiquiatria de reação aos perigos inerentes ao corpo social.

---

[484] ZAFFARONI, Eugenio Raúl. *A palavra dos mortos...*, p. 387.
[485] AMARANTE, Paulo. *Loucos pela vida...*, p. 46.
[486] FOUCAULT, Michel. *Ética, sexualidade, política (ditos e escritos V)*. Organização e seleção de textos Manoel Barros da Motta. 2ª ed. Rio de Janeiro: Forense Universitária, 2006, p. 7-9.

Fruto da contribuição psiquiátrica são os códigos penais, que no século XIX davam lugar ao perito psiquiátrico e à irresponsabilidade patológica. No caso brasileiro, somente em 1940 a criminologia positivista trouxe seus aportes definitivos[487] para a codificação penal, inovando com a criação do sistema do duplo binário e com a implantação das medidas de segurança.

Punir tornou-se, dentre as novas técnicas de controle, um conjunto de procedimentos orquestrados para modificar os infratores.[488] Mais do que agir sobre o crime, era preciso agir sobre o criminoso, ou seja, sobre aquilo que o tornava criminoso, seus motivos, seus instintos, suas tendências.

O diálogo entre o cárcere e o manicômio acarretou o aprisionamento violento de tudo aquilo que não se enquadra nos padrões socioeconômicos, culturais e ético-jurídicos, e tudo o que for dito não será mais do que uma produção de sintomas da doença mental. A punição do cárcere soma-se à correção moral (e física) dos manicômios, voltados à repressão de qualquer possibilidade de ameaça ao coletivo e aos seus valores.

> Se o cárcere punia o delito do "insensato", o manicômio chegará, sobretudo, a punir as ameaças, as intenções, os perigos presumidos num comportamento que não apresente claramente o caráter da racionalidade.[489]

As medidas de segurança, além de herdarem todas as características novecentistas já tratadas, ligam-se ao novo enfoque de administração de riscos, à política criminal de prevenção, à dinâmica do atuarialismo,[490] cuja finalidade está voltada para classificar, identificar, ordenar e gerenciar grupos perigosos de modo eficiente. Ocorreu uma atualização/absorção da "periculosidade" positivista pelo "risco" atuarialista, que já havia sido sinalizado na década de 60 por

---

[487] Isso porque, no Código Penal de 1890, a periculosidade aparecia como elemento jurídico no art. 29. Verifica-se a influência da antropologia criminal e do positivismo já nesse dispositivo.

[488] FOUCAULT, Michel. *Ética, sexualidade, política (ditos e escritos V)*..., p. 14.

[489] BASAGLIA, Franco. *Escritos selecionados em saúde mental e reforma psiquiátrica*..., p. 266.

[490] "Os primeiros que teorizaram, criticamente, sobre o atuarialismo foram Malcom Feeley e Jonathan Simon, em densos artigos datados de 1992 e 1994. Eles supõem a emergência de uma nova penologia que teria surgido nos EUA por volta do final dos anos 1970 e cuja lógica atuarial teria modificado os pressupostos básicos do sistema penal que tinham sido usados durante o século XX. [...] Concretamente, a 'nova penologia', a aplicação dos castigos dessa justiça penal atuarial não estaria preocupada com a culpabilidade, com o delito, com a sensibilidade moral que se colocou em jogo no delito ou no julgamento, nem com o diagnóstico, com a intervenção ou com o tratamento do indivíduo 'delinquente'. [...] O objetivo da justiça penal atuarial seria a tradicional 'gerência' – a palavra usada no mundo dos negócios é *management* – de grupos populacionais classificados e identificados previamente como perigosos e de risco, assim como a manutenção do funcionamento do sistema e de seus privilégios com custo mínimo". (ANITUA, Gabriel Ignacio. *Histórias dos pensamentos criminológicos*..., p. 814-185).

Robert Castel,[491] que afirmava que o problema já não residia simplesmente na ideia da cura, da repressão ou do controle e, sim, numa perspectiva da "gestão autonomizada". Esse risco atuarial, segundo Maurício Dieter:

> É a aproximação racional ao mistério do acaso, uma experiência sedimentada sobre o desenvolvimento da matemática estatística e próprio da Era Moderna. Portanto, sob essa perspectiva, risco não é uma categoria sensível, mas um mecanismo para a compreensão e organização do real, uma forma de analisar e disciplinar eventos de existência meramente hipotética, o que necessariamente implica um maior distanciamento da realidade no exame de problemas concretos.[492]

Como acertadamente também alerta Anitua,[493] a nova política criminal gerencial não pretende educar, reabilitar ou tratar as pessoas, nem tampouco eliminar as práticas delitivas, mas simplesmente torná-las controladas, toleráveis, afastando a noção de perigo, sem grandes comprometimentos sociais ou mesmo com as funções simbólicas do direito penal. O importante é prever, analisar e disciplinar eventos ainda que hipotéticos, para inocuizar[494] (de forma eficaz) os sujeitos perigosos, visando ao bem-estar da coletividade pelo menor preço possível. No desenvolvimento do atuarialismo no campo da perigosidade individual, os exclusivos diagnósticos clínicos somaram-se aos prognósticos de riscos,[495] atualizando as ciências médicas com a técnica estatística.

---

[491] CASTEL, Robert. *La gestion de los riesgos* – de la anti-psiquiatria ao post-analisis. Editorial Anagrama, 1968, p. 132.

[492] DIETER, Maurício Stegemann. *Política criminal atuarial* – a criminologia do fim da história. Rio de Janeiro: Revan, 2013, p. 38.

[493] ANITUA, Gabriel Ignacio. *Histórias dos pensamentos criminológicos*..., p. 815.

[494] Abandona-se a teoria da prevenção especial positiva – de reabilitação, ressocialização e tratamento do sujeito – para dar lugar à prevenção negativa, de intimidação e neutralização de nova ação delitiva.

[495] "O prognóstico atuarial, fundamenta-se na vinculação de um sujeito a um grupo de risco pelas características que compartilham, apostando-se na provável reprodução dos padrões de comportamento dessa coletividade com a qual foi associado em função da regularidade geral do comportamento humano, quantitativamente demonstrada: em vez de sintomas, os atuários procuram fatores salientes que determinam estatisticamente o maior risco de um comportamento. Já o diagnostico clínico, que tradicionalmente decide a imputabilidade penal – ou capacidade de compreender o injusto do fato ou de agir conforme essa compreensão – diante de possível doença ou deficiência mental do autor ou partícipe de fato punível aparece como resultado de uma avaliação especializada sobre sintomas, que autorizam ou não sua classificação no marco conceitual de uma psicopatologia previamente descrita associada a um padrão comportamental específico e, em regra, a uma terapia. Diz-se que tal fenômeno é particularmente interessante porque, em princípio, os métodos de avaliação são antagônicos, não se confundindo o diagnóstico clínico com o prognóstico atuarial. Sob esse prisma, que hoje esses dois métodos estejam profunda e irremediavelmente imbricados é mais uma evidência a comprovar que o gerencialismo instrumentalizado pela lógica atuarial é mesmo a tendência predominante da Política Criminal contemporânea, afirmando-se como racionalidade preferencial e atracando simultaneamente dois bastiões da ciência moderna: Direito e Medicina". (DIETER, Maurício Stegemann. *Política criminal atuarial*..., p. 138-139).

E, dessa forma, o que já era péssimo conseguiu reinventar-se e tornar-se ainda pior, mais estruturado e atualizado. Em eterno devir.

Logo, cabe evidenciar que as medidas de segurança não são métodos punitivos como simples consequências de regras jurídicas. Pelo contrário, são um alinhamento altamente complexo historicamente, produzido a partir de uma tática de biopoder, em que o próprio corpo é investido pelas relações de poder. É o que Foucault denomina de "paradoxo da razão penal",[496] a penalização pautada na periculosidade, sem a responsabilização do sujeito. O autor destaca que, de forma muito estranha, essa desculpabilização no modelo penal é também decorrente do direito civil, pois assim como se pode estabelecer uma responsabilidade civil sem estabelecer uma culpa – só com a estimativa do risco criado contra o qual há que se defender sem que seja possível anulá-lo – da mesma maneira pode-se fazer penalmente, responsabilizando um indivíduo sem ter que determinar se era livre e, portanto, se há culpa; só há que associar-se o ato cometido ao risco da criminalidade representado por sua condição pessoal. "El individuo es responsable porque, por su mera existencia, es creador de riesgo".[497] A crítica de Dieter sobre as penas privativas de liberdade caem perfeitamente no caso das incapacitadas medidas de segurança, que se dedicam eficazmente à sua função real: "conter e destruir os muitos indóceis e inúteis, subtraindo-os da vida livre em sociedade pelo maior tempo possível".[498]

Alessandro Baratta, ao falar do fracasso e dos avanços exitosos da aplicação da pena privativa de liberdade, expõe, por consequência, a realidade das medidas de segurança:

> Se nos referimos, em particular, ao cárcere como pena principal e característica dos sistemas penais modernos, corresponderia, em primeira instância, comprovar o fracasso histórico dessa instituição diante das suas principais funções declaradas: conter e combater a criminalidade, ressocializar o condenado, defender interesses elementares dos indivíduos e da comunidade. Não obstante, em uma consideração mais profunda, estudando a instituição carcerária do ponto de vista das suas funções reais, comprova-se que essas têm sido historicamente cumpridas com êxito.[499]

Atingindo esse ponto, é necessário advertir sobre uma armadilha que cerca o tema. Percebe-se que os conceitos e as estruturas que

---

[496] FOUCAULT, Michel. *Obrar mal, decir la verdad* – la función de la confesión em la justicia. Curso de Lovaina. Buenos Aires: Siglo Veintiuno, 1981, p. 234.
[497] FOUCAULT, Michel. *Obrar mal, decir la verdad...*, p. 244.
[498] DIETER, Maurício Stegemann. *Política criminal atuarial...*, p. 100.
[499] BARATTA, Alessandro. Princípios do direito penal mínimo – para uma teoria dos direitos humanos como objeto e limite da lei penal. In: *Doctrina penal*. Teoria e prática em las ciências penais. Ano 10, n. 87. Buenos Aires: Depalma, 1987, p. 5. Disponível em: <http://danielafeli.dominiotemporario.com/doc/ALESSANDRO%20BARATTA%20Principios%20de%20direito%20penal%20minimo.pdf≥. Acesso em 20.12.2015.

são criticadas e que dão a tônica da *deslegitimação e da desfuncionalização* das medidas de segurança são as mesmas que *legitimam e atualizam* sua permanência no Sistema de Justiça Criminal. Trata-se de uma sociedade cada vez mais psiquiatrizada, normalizada, medicalizada e, nessa esfera, mantém-se a noção de periculosidade/risco como eixo de ancoramento e verticalização. Ademais, esse *locus* privilegiado e produtivo garante a permanência inabalável da lógica psiquiátrica tradicional (hospitalocêntrica) do século XIX, apesar do Movimento antimanicomial e da Lei de Reforma Psiquiátrica que estabelece um novo modelo assistencial em saúde mental, já em vigor há 15 anos.

O ser "degenerado",[500] em sofrimento psíquico, que era e ainda é considerado (na maioria das vezes) incurável, proporciona a justificativa ideal para que a terapêutica (penal) não se esforce para oferecer uma "solução" e para adequar-se à política antimanicomial e antipsiquiátrica brasileira. Por isso, fixa-se no discurso prático legitimante e anestésico da *contenção* – traduzida como uma das mais rigorosas, quiçá a pior delas – e no *monitoramento psicossocial*, garantindo, sobretudo, a gestão dos corpos, das populações, da "proteção social" através da nova (?) tecnologia administrativa.

Assim, fica evidente a série de deslocamentos operacionalizada pela escola positivista e suas bases científicas, justificantes da imutável permanência do paradigma da inocuização, que silencia o rompimento dos diques de contenção jurídica do direito penal e eclode em crimes de tortura[501] e massacres cotidianos evidenciados.[502] Como destaca Foucault,[503] a passagem se dá "do crime ao criminoso, do ato efetivamente cometido ao perigo virtualmente implícito no indivíduo, da punição modular do réu à proteção absoluta dos outros".

Dessa forma, a segunda parte do trabalho tem como proposta retomar as estruturas que alinhavam esse tecido heterogêneo, reafirmando e demonstrando *os fundamentos que (re)legitimam a permanência das*

---

[500] A noção de degeneração permitia ligar o menor dos criminosos a todo um perigo patológico para a sociedade, e, finalmente, para toda a espécie humana. Todo campo das infrações podia se sustentar em termos de perigo e, portanto, de proteção a garantir. (FOUCAULT, Michel. *Ética, sexualidade, política (ditos e escritos V)*..., p. 19).

[501] Lei 9.455/97, § 1º: "Na mesma pena incorre quem submete pessoa presa ou sujeita a medida de segurança a sofrimento físico ou mental, por intermédio da prática de ato não previsto em lei ou não resultante de medida legal".

[502] Destaca-se mais uma vez os casos exemplificativos, tratados no item 2.4 da presente tese, do Hospital Colônia de Barbacena (Minas Gerais) e do Hospital do Juquery (São Paulo) que, por alto, chegaram à marca de mais de 100.000 mortos em seus campos de concentração manicomial. Sem contar os massacres em manicômios judiciários, delegacias e presídios onde muitas pessoas em sofrimento psíquico ainda estão alojadas, como demonstrado com os relatórios apresentados no item 4.2 e 4.3.

[503] FOUCAULT, Michel. *Ética, sexualidade, política (ditos e escritos V)*..., p. 18.

medidas de segurança (em especial a detentiva) no Sistema de Justiça Criminal brasileiro, fundamentos estes nucleares ao problema central.

Para isso, no primeiro tópico serão abordadas as contribuições da psiquiatrização do cotidiano para a permanência do tradicionalismo penal-psiquiátrico. Na era da medicalização das condutas banais, do *doping* infantil, da punição química, a vida tornou-se contida mais cedo e de forma mais eficaz, reformulando e ressignificando os preceitos positivistas do século XIX.

A partir disso, a herança da periculosidade encontrou caminho aberto para se (re)legitimar e, por isso, o segundo tópico trará a revalidação da "futurologia perigosista" como fundamento de aplicação das medidas de segurança no Brasil e como forma de instrumentalização científica da política estatal de gerenciamento de riscos e de controle social.

O terceiro item enfrentará a incoerência sistêmica do atual modelo penal-psiquiátrico brasileiro, que diz respeito à subsistência do tradicionalismo psiquiátrico positivista diante do modelo antipsiquiátrico e antimanicomial estabelecido pela Lei 10.216/01 (Lei de Reforma Psiquiátrica).

O quarto item apresentará os dois únicos modelos brasileiros alternativos ao sistema prisional-manicomial (PAI-PJ e PAILI), como também o programa do Governo Federal denominado "Programa de volta para casa", que integra esses novos indicadores de assistência às pessoas em sofrimento psíquico submetidas ao sistema penal. A proposta é questionar se, de fato, podem fixar-se como vias de não controle.

Por fim, o último item retomará questões importantes sobre os modelos "alternativos" e tentará discorrer sobre as difíceis fragmentações que permeiam a (in)viabilidade de superação do modelo penal-psiquiátrico.

5.1. A era da psiquiatrização e da medicalização do cotidiano – contribuições para a permanência do tradicionalismo penal-psiquiátrico

O contexto interdisciplinar aqui aparece como instrumento de desconstrução dos dispositivos institucionais perenes e imutáveis. Apesar das críticas severas que diversas obras jurídicas fazem às medidas de segurança, elas atuam quase que exclusivamente no campo dos ilegalismos, tratando o tema de forma cirúrgica e pontual. Assim, numa abordagem superficial e reducionista, pouco se ativam os saberes locais, descontínuos, talvez não legitimados (no campo do direito), capazes de enfrentar a instância teórica dogmática unitária, hierarquizante, ditadora do conhecimento científico eleito por alguns.

Por isso, consciente de que o desenvolvimento do trabalho não se dá de forma contínua, linear, sob apenas uma perspectiva, a referência a diversas dimensões, ainda que sintetizadas, consubstanciam e servem de estrutura para balizar uma análise macro e interdisciplinar sobre o tema proposto, o que parece autorizar tais incursões, absolutamente necessárias.

Vive-se no século XXI com fortes pulsões à sombra do século XIX. É a era da medicalização, da normalização e da produção de doenças, no sentido da determinação social dos transtornos mentais que compõem o atual e "moderno" modelo de *psiquiatrização do cotidiano.*

Já não se debate a fragilidade epistemológica dos conceitos como transtornos mentais, doenças, distúrbios, desordens mentais, etc. Isso porque, como cuidadosamente trabalhou Thomas Szasz,[504] a "doença mental é metáfora,[505] [...] a terapia é inexistente e a custódia é apelidada de tratamento", ou seja, as pessoas são confinadas em hospitais psiquiátricos não por serem "perigosas" nem por serem "mentalmente insanas", mas por serem bodes expiatórios da sociedade cuja perseguição é justificada pela propaganda e retórica psiquiátrica. Porém, ressalva o autor, qualquer classificação, mesmo falsa, é uma forma de limitar o comportamento do outro dentro de uma categoria e serve de esperança para um domínio bem sucedido, pois, se é difícil controlar um homem, "pior ainda é não controlá-lo, reconhecer sua autonomia e respeitar sua liberdade". Logo, a privação da liberdade do "louco perigoso" é um tranquilizante, uma terapêutica social.

É no campo da patologização e medicalização da sociedade e da fabricação da loucura que agora se localiza o debate – que antes era tardio e agora inicia mais cedo[506] e ampliado –, no qual os rotulados

---

[504] SZASZ, Thomas. *Ideologia e doença mental...*, p. 111-118.

[505] Insiste-se nesse quesito, trazendo novamente as explicações de Szasz: "Se por doença denominamos uma desordem do mecanismo psicoquímico do corpo humano, então podemos afirmar que o que chamamos de doenças mentais funcionais não são doenças em absoluto. Pessoas consideradas portadoras de tais desordens são socialmente marginais ou inaptas, ou estão em conflito com indivíduos, grupos ou instituições. Já que não sofrem de nenhuma doença, é impossível 'tratá-las' de qualquer doença. [...] Em resumo, o confinamento de pessoas que sofrem de psicoses funcionais serve a propósitos morais e sociais mais que médicos e terapêuticos". (SZASZ, Thomas. *Ideologia e doença mental...*, p. 113).

[506] *Vide* o DSMV (elaborado pela Associação Americana de Psiquiatria), considerado a bíblia de diagnósticos, que agora aumentou o rol de doenças e transtornos mentais, atendendo, sobretudo, a amplos e lucrativos mercados farmacológicos e políticas de contenção social via medicalização. Os novos potenciais pacientes atendem agora aos seguintes requisitos (considerando que até pouco tempo essas eram condutas absolutamente normais): 1) Birra infanto-juvenil (até 18 anos): transtorno disruptivo de regulação de humor; 2) Pesar e luto – transtorno depressivo maior;

como "anormais" são cuidadosamente selecionados "no berço" e contidos em tempo.

Como exemplo, está um estudo divulgado pela ANVISA[507] que informou o aumento de 75% do consumo do metilfenidato[508] entre crianças e adolescentes na faixa dos 6 aos 16 anos no Brasil. A droga comercializada com os nomes de Ritalina e Concerta, conhecida também como "droga da obediência", é usada para combater uma patologia controversa chamada de TDAH – Transtorno de Déficit de Atenção e Hiperatividade. O estudo revelou que entre 2009 e 2011 ocorreu uma variação interessante no consumo do remédio: "Aumentou no segundo semestre do ano e diminuiu no período das férias escolares". Isso reflete uma relação direta entre a escola e o uso da droga tarja preta, com atuação sobre o sistema nervoso central e criação de dependência física e psíquica.

O relatório retrata importantes diagnósticos: 1) O TDAH atinge de 8 a 12% das crianças no mundo; 2) No Brasil, os índices de consumo são discordantes, mas alcançam até 26,8%; 3) Porto Alegre é a capital brasileira com maior consumo da droga; 4) Rondônia, entre os estados do norte, tem um consumo 13 vezes maior que o estado com menor consumo registrado; 5) Os médicos das regiões Centro-Oeste, Sudeste e Sul são os que mais prescrevem o medicamento no Brasil; 6) Em 2011, as famílias brasileiras gastaram R$ 28,5 milhões na compra da "droga da obediência". As considerações finais do relatório enfatizam:

> Os dados do SNGPC demonstraram uma tendência de uso crescente no Brasil. No entanto, a pergunta que precisa ser respondida é se esse uso está sendo feito de forma segura, isto é, somente para as indicações aprovadas no registro do medicamento e para os pacientes corretos, na dosagem e períodos adequados. O uso do medicamento metilfenidato tem sido muito difundido nos últimos anos de forma, inclusive, equivocada, sendo utilizado como "droga da obediência" e como instrumento de melhoria do desempenho seja de crianças, adolescentes ou adultos. Em muitos países, como os

---

3) Esquecimento – transtorno neurocognitivo menor; 4) Comer em excesso 12x em 3 meses – transtorno de compulsão alimentar periódica; 5) TPM – doença mental com sólidas pesquisas científicas.

[507] O Relatório completo sobre "Prescrição e consumo de metilfenidato no Brasil: identificando riscos para o monitoramento e controle sanitário" está disponível no portal da ANVISA: <http://portal.anvisa.gov.br/wps/wcm/connect/c4038b004e996487ada1af8a610f4177/boletim_sngpc_2_2012+corrigido+2.pdf?MOD=AJPERES>.

[508] O metilfenidato é um medicamento psicoestimulante aprovado para o tratamento do Transtorno de Déficit de Atenção e Hiperatividade (TDAH), sendo considerada a medicação de primeira escolha para tal problema de saúde. Esse medicamento, sujeito a prescrição médica, promove um aumento da atenção e do controle de impulsos de crianças que apresentam TDAH. (Boletim de Farmacoepidemiologia do SNGPC. *Prescrição e consumo de metilfenidato no Brasil*: identificando riscos para o monitoramento e controle sanitário". Ano 2, n° 2, jul./dez. de 2012. Disponível em: <http://portal.anvisa.gov.br/wps/wcm/connect/c4038b004e996487ada1af8a610f4177/boletim_sngpc_2_2012+corrigido+2.pdf?MOD=AJPERES>).

Estados Unidos, o metilfenidato tem sido largamente utilizado entre adolescentes para melhorar o desempenho escolar e para moldar as crianças, afinal, é mais fácil modificá-las que ao ambiente. Na verdade, o medicamento deve funcionar como um adjuvante no estabelecimento do equilíbrio comportamental do indivíduo, aliado a outras medidas, como educacionais, sociais e psicológicas. Nesse sentido, recomenda-se proporcionar educação pública para diferentes segmentos da sociedade sem discursos morais e sem atitudes punitivas, cuja principal finalidade seja de contribuir com o desenvolvimento e a demonstração de alternativas práticas ao uso de medicamentos.[509]

A indústria farmacêutica que fomenta a contenção química como método terapêutico, normalizador e de anulação do sujeito é o substrato da máxima política: conter mais é conter melhor! A técnica pedagógica perversa de homogeneização e silenciamento pela droga é a garantia (político-criminal) de que quanto mais cedo se estabelecem a construção social do ser "doente perigoso", as microsseleções cotidianas e a implantação de tais medidas, maior será a probabilidade de se ter uma sociedade controlada, e menores serão os riscos oferecidos no futuro.

O que confirma isso é a crescente relação entre transtorno mental e criminalidade juvenil – exaltadas nas propostas de alterações no ECA centradas na *periculosidade* –, o aumento de encaminhamentos de adolescentes (ditos infratores) para perícias psiquiátricas, a aplicação de simulacros de medidas de segurança a jovens durante o cumprimento de medida socioeducativa de internação,[510] as contenções químicas, sem falar nos últimos esforços para a redução da maioridade penal, que atendem exatamente a gestão penal-psiquiátrica do cotidiano e da pobreza, ligadas a setores políticos (em especial a bancada do ódio) que pregam a política atuarial de eficientismo penal, em defesa da "sociedade de bem" ameaçada.[511]

A medicalização/psiquiatrização do cotidiano, antes de servir à mecânica de controle social do risco (agora intensificada na infância e juventude), serve precipuamente ao capital financeiro, sustentado

---

[509] Boletim de Farmacoepidemiologia do SNGPC. *Prescrição e consumo de metilfenidato no Brasil*: identificando riscos para o monitoramento e controle sanitário. Ano 2, nº 2, jul./dez. de 2012. Disponível em: <http://portal.anvisa.gov.br/wps/wcm/connect/c4038b004e996487ada1af8a610f4177/boletim_sngpc_2_2012+corrigido+2.pdf?MOD=AJPERES>

[510] "É o caso de jovens internos na Unidade Experimental de Saúde (UES), inaugurada em dezembro de 2006 no Estado de São Paulo". VICENTIN et al. *Patologização da adolescência e alianças psi-jurídicas*: algumas considerações sobre a internação psiquiátrica involuntária. BIS, Bol. Inst. Saúde (Impr.) vol. 12 nº 3 São Paulo 2010. Disponível em: <http://periodicos.ses.sp.bvs.br/scielo.php?script=sci_arttext&pid=S1518-18122010000300010&lng=pt&nrm=iso>.

[511] FOSCARINI, Leia; CASTELO BRANCO, Thayara. Punição química de crianças e adolescentes no Brasil. In: SOUZA, Thiago Hanney Medeiros de; CASTELO BRANCO, Thayara (orgs.). *Anais do I Congresso de Criminologia(s): crítica(s), minimalismo(s) e abolicionismo(s)*. Porto Alegre: Edipucrs, 2015.

pelos ativistas da doença, vítimas e marqueteiros das drogas que consomem e legitimam suas "enfermidades" (se é que existem).

Questões dessa ordem têm sido debatidas no mundo todo, destacando-se as pesquisas de Marcia Angell, professora Catedrática do Departamento de Medicina Social da Harvard Medical School, que em 2007 escreveu uma importante obra chamada "*A verdade sobre os laboratórios farmacêuticos*",[512] em que se debruçou sobre o papel da indústria farmacêutica na produção de medicamentos, denunciando diversas questões do mundo da farmacologia, desde as fraudes nas fórmulas e bulas, subornos e propinas, até as informações falsas e superfaturadas dos gastos em pesquisa e desenvolvimento na área. Ela menciona que os laboratórios não têm acesso direto aos humanos, nem empregam seus próprios médicos para executar ensaios clínicos; com a urgência de mercado para colocar o produto em circulação, os laboratórios assumem quase todas as despesas das pesquisas e passam a contratar empresas privadas para executá-las. O que a autora chama à atenção é que com essa alta demanda de mercado, as pesquisas ficam aquém dos controles éticos e de qualidade e que muitos dos recursos pagos aos médicos participantes são voltados para forçá-los a prescreverem tais medicamentos, garantindo assim a propaganda e o retorno financeiro da produção. As grandes companhias farmacêuticas investem cerca de duas vezes mais em *marketing* do que em pesquisa. "De forma consistente, os lucros dos laboratórios figuram entre os maiores de todos os setores. Portanto, é errado dizer que é necessário cobrar preços elevados em remédios para cobrir os custos em pesquisa".[513]

Importante aqui destacar é que, assim como as escolas, as igrejas, a mídia, a família, o mercado, os hospitais, a medicina, ou seja, toda a mecânica de controle informal (enraizada nas estruturas sociais) é constitutiva e reprodutora dessas profundas assimetrias de que se engendram e se alimentam. Toda a sociedade interage cotidianamente nessa dimensão sendo, concomitantemente, sujeitos constituídos e constituintes, controlados e controladores.[514]

Por isso Robert Laing[515] critica a psiquiatria, a ordem social e familiar, afirmando ser esta o núcleo principal da geração da loucura. Para o autor, a loucura é um fato de construção social e política, uma reação

---

[512] ANGELL, Marcia. *A verdade sobre os laboratórios farmacêuticos:* como somos enganados e o que podemos fazer a respeito. Rio de Janeiro: Record, 2007.
[513] ANGELL, Marcia. *Marcia Angell, a coragem na luta contra ação de laboratórios.* 2013. Entrevista disponível em: <http://jornalggn.com.br/blog/luisnassif/marcia-angell-a-coragem-na-luta-contra-acao-de-laboratorios>.
[514] ANDRADE, Vera Regina Pereira de. *Pelas mãos da criminologia...*, p, 137.
[515] LAING, Robert. *Sobre loucos e sãos.* São Paulo: Brasiliense, 1982.

a um desequilíbrio familiar, um despertar da libertação e, por isso, não se configura em estado patológico, passível de tratamento. O "louco" é a vítima da alienação geral, é a mistificação da realidade social alienada, destruidora das experiências individuais, inventando e emudecendo o louco perigoso.

Por outro lado, Foucault chama a atenção para o considerável deslocamento do modelo familiar para o interior dos sistemas disciplinares e das técnicas disciplinares absorvidas pelo seio familiar. Para ele, é assim que o poder disciplinar parasita a soberania familiar, requerendo que a família desempenhe um papel instantâneo de decisão do normal e do anormal, do regular e do irregular, pedindo à família que lhe mande esses anormais; recolhe em cima disso um enorme lucro chamado de "benefício econômico da irregularidade".[516] Esse discurso do poder psiquiátrico vai se tornar o discurso oficial da família e sobre a família. E aí estão as denominadas por Franco Basaglia de *instituições da violência*,[517] que vão da família e escola às prisões e manicômios, em que a violência e a exclusão justificam-se no plano da necessidade, como método educativo, de correção/retribuição e cura/contenção, respectivamente.

Em razão disso, para vislumbrar um processo de transformação social e desinstitucionalização, é preciso modificar as relações de poder entre as pessoas e também é preciso que haja serviços que ajudem as famílias a encontrarem uma dinâmica diferente, não destrutiva, para que possam abandonar o desvalor da doença e compreender que é possível conviver com a diversidade. Deve-se, então, trabalhar para melhorar a qualidade de vida das pessoas e não para sequestrar as contradições e geri-las tecnicamente. Por isso torna-se uma missão desafiadora e que só poderá funcionar com uma comprometida participação global.

Mas na prática não há nada de novo. Não se teve nenhuma ruptura histórica com os antecessores da medicina social (e psiquiátrica) que governaram o país. Pelo contrário, do acúmulo histórico sobreveio a reprodução e repaginação de tudo que se falou exaustivamente sobre a "política psiquiatrizada" novecentista, gestora dos corpos e das mentes, com os seus vínculos fortes com a (nova?) política criminal atuarial, em que é primordial prever, analisar e disciplinar eventos, ainda que hipotéticos, visando o bem-estar coletivo.

No entre-lugar entre o moderno e o pós-moderno, vive-se a era da normalização e da operação terapêutica, da psiquiatrização do cotidiano, campos por onde se dá o exercício do poder e do controle so-

---

[516] FOUCAULT, Michel. *O poder psiquiátrico...*, p. 144.
[517] BASAGLIA, Franco. *Escritos selecionados...*, p. 94.

cial. Trata-se de uma dimensão biopolítica extremamente complexa e sofisticada, na qual a herança do saber médico penetrou em diferentes instâncias de poder, e como já foi destacado anteriormente, a dialética entre o normal e o patológico é que dita a diretriz do regimento da sociedade e não mais os códigos tradicionais.[518]

5.2. A herança maldita da periculosidade como fundamento de aplicação das medidas de segurança no Brasil

O *indivíduo perigoso* construído no Brasil tornou-se o fio condutor subsequente do desenvolvimento das legislações (penal-psiquiátricas), bem como da política criminal ligada à pessoa em sofrimento psíquico submetida ao Sistema de Justiça Criminal.

Com o Código Penal de 1940, a periculosidade, definida como probabilidade de delinquir, passa a ser um dos pressupostos das medidas de segurança, assim definida por um perito médico que garantirá a segurança do diagnóstico e a legitimidade da imposição da sanção.

É assim que o Estado Penal-Psiquiátrico funciona como *reação à periculosidade (presumida) do agente* – adepta ao tradicional direito penal do autor –, ou seja, além de esta ser um requisito da dogmática penal de imposição da medida de segurança, após o incidente penal, o núcleo duro do processo penal (tanto na fase de instrução como de execução) também está voltado (única e exclusivamente) para a questão subjetiva do agente, ou seja, para a probabilidade de cometer novos crimes em decorrência da sua condição biopsicológica supostamente "comprovada" pela ciência médica. "O direito de punir, mesmo do século XIX, foi modulado não somente a partir do que os homens fazem, mas a partir do que eles são ou daquilo que se supõe que eles sejam"[519] e cada vez mais, no nível do funcionamento, "os juízes necessitam acreditar que eles julgam um homem tal como ele é e segundo aquilo que ele é".[520]

É a nova psiquiatria – que desponta no século XIX – que apresenta essa subjetividade criminosa, ou seja, o crime patológico, que tem por motivo aquilo que está fora de sua responsabilidade. O psiquiatra entra como uma modalidade de poder[521] nessa esfera, tratando o perigo

---

[518] FOUCAULT, Michel. *Microfísica do poder...*, p. 193-207.

[519] FOUCAULT, Michel. *Ética, sexualidade, política (ditos e escritos V)...*, p. 24.

[520] Ibidem, p. 25.

[521] Isso porque, nesses casos, subtrai-se a capacidade do sujeito e sua possibilidade de confissão, confissão esta que além de reconhecer a responsabilidade do acusado, a partir do século XVIII passou a admitir a soberania e a legitimar a punição. Já que não há responsabilidade e possibilidade de confissão, fez-se necessário criarem-se outros artifícios que legitimasse a sanção penal, por

social como uma enfermidade e atribuindo a necessidade do exame psiquiátrico para legitimar a sanção, fornecendo um nexo causal a cada momento processual. O exame, então, "edifica um mecanismo de distribuição do poder-dizer a outros protagonistas, externos ao campo jurídico, são eles: médicos, psicólogos e psiquiatras",[522] os juízes paralelos do processo penal.

Traça-se o problema das perícias psiquiátricas que apresentam uma fisionomia técnico-científica anacrônica:

> A linguagem é estereotipada; o desenvolvimento e o tipo de indagações são comprimidos em uma visão da psicopatologia predominantemente biológica e tradicional; a argumentação se concentra em um raciocínio centrado no "juízo consumado". Para compensar o esquema convencional e previsível, concedem-se longas citações, reveladoras da situação crítica de uma ciência que, como a psiquiátrico-forense, raramente consegue se ancorar em sólidas certezas científicas. Na realidade, dever-se-ia admitir que o problema da indeterminação atinge toda a psiquiatria. Com efeito, bastaria considerar que a hipótese multifatorial da doença mental, adotada em nossos dias, demonstra exatamente a subsistência de uma não resolvida crise epistemológica da disciplina e a tentativa de chegar a um compromisso, diante de sua incapacidade de se reconhecer em um paradigma definível cientificamente.[523]

Essa periculosidade, que se viu ressignificada nos últimos tempos pela retórica do risco, justificando o paradigma segregacionista, sugere agora um questionamento importante que não gira mais em torno do ponto se o confinamento protege ou não a sociedade, mas sim, *de qual perigo o confinamento verdadeiramente protege?*

Tentando aclarar este ponto, necessária se faz uma retomada sobre a questão dos *racismos.*

Os racismos[524] como mecanismos fundamentais de poder, abordados no início, surgem como um corte entre o que deve viver e o que deve morrer. No campo biológico da espécie humana a que se dirige o biopoder, a distinção e a hierarquia das raças surgem como maneiras de desqualificar grupos em relação a outros. Outra função é deixar morrer para garantir a sobrevivência; noutros termos, a morte da raça ruim, inferior, garantirá a vida sadia dos demais.

Numa sociedade de normalização, *o direito de matar do Estado necessariamente passa pela trilha do racismo*, afirma Foucault. E foi por esse eixo que se estabeleceu o vínculo entre a teoria biológica e o discurso

---

isso a importância dos exames e dos médicos psiquiatras. Sobre o assunto, ver em: FOUCAULT, Michel. *Obrar mal, decir la verdad...*, 1981.

[522] GLOECKNER, Ricardo; AMARAL, Augusto Jobim do. *Criminologia e(m) crítica...*, p. 351.

[523] MATTOS, Virgílio de (org.); VENTURINI, Ernest; CASAGRANDE, Domenico; TORESINI, Lorenzo. *O crime louco*. Tradução de Maria Lúcia Karam. Brasília: CFP, 2012, p. 228.

[524] Não o racismo propriamente étnico, mas também do tipo evolucionista, biológico, científico.

de poder e se encontrou "uma maneira de pensar as relações de colonização, a necessidade das guerras, a criminalidade, o fenômeno da loucura e da doença mental, a história das sociedades com suas diferentes classes, etc.".[525]

Dessa forma, a raça adversa, o miscigenado (degenerado) representa o perigo biológico das raças declaradas superiores e os racismos asseguram a mortificação na economia do biopoder. A noção de degeneração permite ligar o menor dos criminosos a todo um perigo patológico para a sociedade e para a espécie humana.[526] Os racismos modernos, assinalados por Foucault, tratam de uma técnica de poder utilizada pelo Estado para exercer o mecanismo de eliminação ou contenção, e não uma simples ideologia ou uma espécie de operação biológica.[527] Faz todo o sentido observar que o combate à criminalidade foi pensado através dos racismos, justificando e legitimando a eliminação do criminoso perigoso ou seu isolamento. O mesmo se deu com a loucura e as diversas anomalias.

Alinhado à Foucault, Franco Basaglia[528] endossa que os racismos são a busca do bode expiatório dentro de um grupo, a necessidade de excluir a parte de si que se tem medo, a parte que se teme por ser inacessível. É um modo de negá-lo em si mesmo, negando o outro; de afastá-lo, excluindo os grupos em que foi reificado.

Como bem sinalizado por Nina Rodrigues e sua escola, e pelos escritos da Gazeta Médica da Bahia no segundo capítulo, a tese foucaultiana se comprova plenamente no Brasil. Foram os racismos científico e biológico, utilizados pela medicina (psiquiátrica), que inspiraram e afirmaram o conceito de periculosidade e ditaram o plano de inocuização e extermínio como fundamento do direito de prevenir comportamentos futuros. E respondendo ao questionamento inicial, é desse "perigo" (?) que o Estado penal-psiquiátrico, com suas estratégias de confinamento e eliminação, supõe querer proteger a sociedade.

Nesse ponto, o "perigo" é posto em questão porque devido aos usos e abusos de diagnósticos psiquiátricos poder-se-ia concluir que nada significam, mas não é bem assim.

> Quando os psiquiatras chamam as pessoas de "paranoicas" ou "compulsivas", em geral se referem a algo tão real como a pele escura de um negro ou a pele rósea de um homem branco. A questão não é que os diagnósticos psiquiátricos não tenham significado, mas que podem ser, e geralmente são, usados como cassetetes semânticos: golpear a

---

[525] FOUCAULT, Michel. *Em defesa da sociedade...*, p. 304-307.
[526] FOUCAULT, Michel. *Ética, sexualidade, política (ditos e escritos V)...*, p. 19.
[527] FOUCAULT, Michel. *Em defesa da sociedade...*, p. 308-309.
[528] BASAGLIA, Franco. *Escritos selecionados...*, p. 37.

respeitabilidade e dignidade do sujeito o destrói, efetiva e frequentemente, mais do que golpear seu crânio. A diferença é que o homem que empunha um cassetete é reconhecido por todos como uma ameaça pública, mas aquele que empunha um diagnóstico psiquiátrico não é.[529]

Apesar de vazios, monótonos e impessoais – segundo Hulsman e Jacqueline Celis[530] – tais diagnósticos empreendem consequências desastrosas, que vão desde a fixação de estereótipos à invalidação dos seres humanos. No Sistema de Justiça Criminal brasileiro, quando se tem um incidente de insanidade mental, os laudos que insistem em afirmar (inquestionável e cientificamente) a presença de uma anormalidade perigosista (na maioria dos casos) sentenciam o sujeito à pena perpétua, apelidada de medida de segurança (de tratamento), que terá como papel exclusivo diminuir o risco que o indivíduo "perigoso" supostamente oferece à coletividade, seja pela eliminação ou pela exclusão. Por isso, Zaffaroni sinaliza que a periculosidade e seu ente portador (o perigoso) ou inimigo onticamente reconhecível, cedo ou tarde, devido à sua segurança individualizadora, termina na supressão física dos inimigos. "O desenvolvimento coerente do perigosismo, mais cedo ou mais tarde, acaba no campo de concentração".[531]

Com efeito, a periculosidade social não corresponde a nenhum dos critérios que constroem o diagnóstico psiquiátrico sobre os quais se funda o método científico e não se reveste de qualquer valor terapêutico, cumprindo, tão somente, a função de defesa social. Segundo Venturini, Casagrande e Toresini,[532] o juízo de periculosidade se funda num critério de probabilidade, muito mais que de possibilidade: expressa, do ponto de vista estatístico, uma perspectiva de recaída no evento negativo superior a 50%. Esse critério, que talvez seja válido em alguns âmbitos médicos, é totalmente arbitrário no campo psíquico, porque o comportamento humano é extremamente complexo e não pode ser facilmente reduzido a estatísticas.

São essas qualidades morais de periculosidade e marginalidade que separam artificialmente a sociedade do sujeito em sofrimento psíquico e, assim, "institui-se uma correlação e identificação entre punição e terapeutização, a fim de produzir uma ação pedagógica moral que possa restituir dimensões de razão e equilíbrio".[533]

---

[529] SZASZ, Thomas. *Ideologia e doença mental...*, p. 194.
[530] HULSMAN, Louk; CELIS, Jacqueline Bernat de. *Penas perdidas...*, p. 81.
[531] ZAFFARONI, Eugenio Raúl. *O inimigo no direito penal*. Rio de Janeiro: Revan, 2007, p. 104.
[532] MATTOS, Virgílio de (org.); VENTURINI, Ernest; CASAGRANDE, Domenico; TORESINI, Lorenzo. (autores). *O crime louco...*, p. 237.
[533] AMARANTE, Paulo (coord.). *Loucos pela vida...*, p. 46-47.

Ainda sob essa perspectiva, a face que se expõe é o tipo de relação que se tem com esse "doente/criminoso", previamente selecionado. O significado estigmatizante e todas as consequências da doença mental imposta variam de acordo com essa abordagem. Ou seja, confirmam a perda do valor social do indivíduo muito anterior à suposta doença, enquanto entidade mórbida. Esta, por sua vez, "adquire significados concretamente distintos segundo o nível socioeconômico de quem está doente".[534] Tudo vai depender de quem se trata, e não da doença que se impõe ou do incidente penal supostamente cometido.

A indissociabilidade preconceituosa e institucionalizada entre sofrimento mental e perigo é o fundamento desse sistema penal psiquiatrizado que trabalha no funcionamento da punição (retributiva) como técnica de transformação individual, contenção dos riscos e prevenção, assim como na procura dos estigmas patológicos para marcar os rotulados como "perigosos".

5.3. A permanência da estrutura penal-psiquiátrica tradicional frente ao movimento reformador

Diante da ideia de "sociedade sem manicômios (judiciários)" – que para a maioria da sociedade causa o desconforto da substituição da "segurança" da regra inocuizadora pela temida assistência em liberdade da pessoa em sofrimento psíquico – que interlocução é possível depreender entre o movimento de Reforma Psiquiátrica de desinstitucionalização e desmanicomialização e o Sistema de Justiça Criminal?

A aparente incoerência da permanência do modelo penal-psiquiátrico tradicional diante do movimento de reforma psiquiátrica, quando observada por outro ângulo de análise, parece sugerir as justificativas adequadas que (re)legitimam essa superestrutura.

O ciclo do tradicionalismo psiquiátrico – com sua ampla rede institucional pautada na segregação asilar isolacionista – está longe de chegar ao fim. Apesar do alcance significativo dos movimentos de reforma, do impacto político gerado e das tendências de reformulação do modelo em nível de saúde mental propriamente dita, no campo do poder punitivo, a realidade é bem diferente. Se a Lei 10.216/01 conseguiu, na prática, algumas mudanças importantes no modelo assistencial psiquiátrico,[535] no Sistema de Justiça Criminal não se observaram grandes

---

[534] BASAGLIA, Franco. *Escritos selecionados...*, p. 99.
[535] Tais como: maior acesso da população aos serviços em saúde mental; fortalecimento da rede extra-hospitalar (Centro de Atenção Psicossocial – CAPS –, Residências Terapêuticas, Ambulatórios, Centros de Convivência); diminuição de leitos psiquiátricos em hospitais públicos; etc.

impactos, mas sim uma grande resistência em abandonar e superar tal estrutura genocida.

Isso porque, diante do que foi abordado anteriormente,[536] como a existência de uma psiquiatrização do cotidiano, de uma sociedade normalizada, pautada no risco e no controle, a periculosidade continua sendo a grande estrela da relação, ditando as regras do jogo. Sendo assim, persiste em orientar a execução do sistema penal psiquiatrizado como estratégia de contenção dos riscos e de prevenção. E mais, nunca esteve tão forte e tão legitimada. A ordem é conter mais e mais cedo na permanente tecnologia política dos corpos – agora com versões mais modernas – limpar as cidades dos indesejáveis, diminuir riscos e evitar incidentes penais.

Tentando esclarecer as diferentes zonas de análise, têm-se algumas conjunturas:

a) Não houve um redimensionamento do conceito de periculosidade e esta continua sendo uma categoria abstrata e amplamente atribuída, fortalecendo a visão da doença como totalizadora e reducionista do indivíduo. O sujeito objetificado, por sua condição biopsicopatológica imposta, pertence (por si só) à categoria dos diferentes, anormais, incivilizados e perigosos, sendo necessária a sua contenção. Esse sujeito, que muitas vezes é negro ou miscigenado e pobre, uma vez etiquetado, detém a presunção de periculosidade e, por estratégia (simbólica) de "preservação" individual e coletiva, precisa ser controlado e excluído socialmente;

b) Pertencente à "classe perigosa", cometendo algum ilícito típico, autoriza a articulação do Estado Penal com seu aparato de vigilância, captura e inocuização, operacionalizando, em seu grau máximo, o *exercício moderno do poder no âmbito da terapêutica e da normalização dos comportamentos humanos*, segundo Foucault. Através dessas barreiras simbólicas, produz-se controle e exclusão;

c) Apesar de Zaffaroni afirmar que "não estamos mais no tempo das disciplinas *psi* e da antropologia do *apartheid*,[537] essa herança permanece, e o diagnóstico está cada dia mais presente e necessário. Por outro lado, a lei e sua simbologia de prevenção também se afirmam. Nesse espaço singular e propício, o casamento entre o direito e a medicina, numa mesma vigilância (penal-psi) de bases seculares, projetou-se para além da mera disciplinarização dos corpos. A antiga disputa pela hegemonia científica transformou-se numa das técnicas de biopo-

---

[536] Entre articulação teórica e dados apresentados, ainda que os números não reflitam verdadeiramente a realidade fiel de todo o país, eles apontam a falência do sistema.

[537] ZAFFARONI, Eugenio Raúl. *A palavra dos mortos...*, p. 273.

der mais eficazes: as *medidas de segurança*. Esta é a maior representante do modelo penal-psiquiátrico, articulada em função da periculosidade e como gestão da periculosidade;

d) O pouco ruído causado pelos movimentos antipsiquiátrico e antimanicomial no âmbito penal tem como reflexo a permanência imutável na codificação, especificamente no que se refere ao instituto das medidas de segurança, vigentes na forma atual há mais de 30 anos. Na era da psiquiatrização do cotidiano e do populismo punitivo, a medida de segurança (sobretudo a detentiva) é a manifestação mais forte da economia de punição psiquiátrica. É a via mais sólida (cientificamente) do controle penal brasileiro, como também é a superestrutura de sentenças de mortes invisíveis;

e) Definitivamente não é da esfera legal que se obterá a conscientização e a mudança sociocultural necessária para a superação das raízes do extermínio penal-psiquiátrico.[538]

São os novos modelos de cuidado, de perspectiva de pacientes e familiares, de geração criativa de inclusão social, da destituição da figura imaginária do "louco perigoso" e da desconstrução do conceito equivocado de doença mental que fazem vislumbrar um novo caminho que provocará possibilidades de superação dos rígidos padrões de controle social.

Os dois únicos modelos alternativos de tratamento de pessoas em sofrimento psíquico submetidas ao Sistema de Justiça Criminal que se pode dizer que refletem os impactos do movimento antipsiquiátrico

---

[538] Para ilustrar essa dificuldade, destaca-se um estudo com os profissionais vinculados ao Projeto "Morada São Pedro" sobre o processo de desinstitucionalização da doença mental, com o objetivo de construção de um referencial teórico e prático sobre os residenciais terapêuticos. O estudo revelou que as limitações físicas e psíquicas que demandam suporte para o enfrentamento do dia a dia são consequência dos anos de institucionalização manicomial; que o resgate da cidadania como emancipação significa dizer que a cidadania do paciente psiquiátrico não é a simples restituição de seus direitos formais, mas a construção de seus direitos substanciais, e é dentro de tal construção (afetiva, relacional, material, habitacional, produtiva) que se encontra a única reabilitação possível. O estudo demonstrou ainda que é necessária uma prática reabilitadora voltada para a educação, uma reaprendizagem das atividades diárias da vida, sem discriminação ou exclusão, mas sim, respeitando o tempo de cada pessoa no processo. A operacionalização das moradias enquanto modalidade assistência substitutiva deve permitir o redirecionamento dos recursos e da atenção para as ações no serviço, estimulando a inserção social e a prestação de cuidados aos portadores de transtorno mental. Concluem que ao falar da inserção dos portadores de transtornos mentais crônicos, deve-se não apenas levar em consideração a sociedade que os exclui, mas a sua própria subjetividade, as limitações decorrentes de muitos anos de institucionalização, como a mortificação do eu, a perda da identidade, a abolição do desejo, a perda da subjetividade através da objetividade institucional. Esta outra via está voltada para as reais necessidades dos portadores de sofrimento psíquico, buscando romper com a cronificação e a travessia para os espaços da reabilitação e construção/reconstrução da autonomia para a vida cotidiana". (BELINI, Marya Gorete; HIRDES, Alice. *Projeto Morada São Pedro*: da institucionalização a desinstitucionalização em saúde mental. 2006. Disponível em: <http://www.scielo.br/pdf/tce/v15n4/v15n4a03.pdf.>)

brasileiro são os de Minas Gerais (PAI-PJ) e de Goiás (PAILI), que serão tratados no tópico seguinte.

5.4. Os modelos alternativos ao sistema prisional-manicomial: a via do não controle (?)

A Lei de Reforma Psiquiátrica (10.216/01) atendeu uma demanda antiga do movimento de luta antimanicomial que surgiu por volta da década de 70 no Brasil e que, no fim dos anos 90, tomou força política com o projeto de lei Paulo Delgado, projeto este que instituiu as diretrizes da nova lei. Tendo como linha de frente o redirecionamento do modelo assistencial em saúde mental e a reafirmação da proteção e dos direitos das pessoas em sofrimento psíquico, o propósito é abandonar gradativamente o padrão concentrado na instituição hospitalar segregadora em prol de uma rede de atenção psicossocial consolidada, pautada em unidades de serviços abertos.

O Estado passa a ser o responsável quanto ao desenvolvimento da política de saúde mental, a assistência e a promoção de ações de saúde às pessoas em sofrimento psíquico, agora com a devida participação da sociedade e da família.

E partindo desse novo referencial, as internações compulsórias determinadas pela Justiça (art. 6°, parágrafo único, III, da Lei 10.216/01) – que é o caso da medida de segurança de internação – só deverão ser indicadas "quando os recursos extra-hospitalares se mostrarem insuficientes" (art. 4° da Lei 10.216/01), mesmo nos casos puníveis com reclusão nos quais, segundo o art. 97 do CP, seria cabível a medida detentiva. Agora, o referido artigo deve ser interpretado em consonância com o art. 4° da Lei 10.216/01 e, caso não seja possível aplicar os recursos extra-hospitalares, o juiz, ao determinar a internação, deverá atender, obrigatoriamente, a exigência do art. 6° que é a presença do laudo médico circunstanciado que caracterize os motivos reais de tal necessidade.

Em qualquer situação, o tratamento tem como finalidade permanente a reinserção social do paciente em seu meio (art. 4°, § 1°). A partir de um empoderamento dos verdadeiros protagonistas dessa nova frente (usuários e técnicos do movimento), num processo contínuo de construção da dimensão técnico-assistencial e sociocultural, visa-se a uma real humanização e superação de paradigmas obsoletos, em busca de assistência integral à pessoa em sofrimento psíquico, incluindo serviços médicos, de assistência social, psicológicos, ocupacionais, de lazer, e outros (art. 4°, § 2°). E fica expressamente vedada a internação de pacientes em instituições com características asilares, ou seja, aquelas desprovidas dos recursos que não assegurem aos pacientes a dignidade humana.[539]

Nessa nova conjuntura, surgem no Brasil dois grandes modelos diferenciados de assistência à pessoa em sofrimento psíquico submetidas ao Sistema de Justiça Criminal. Buscando atender as diretrizes da reforma psiquiátrica, zelando pelo respeito e dignidade humana, em 2000 surge o primeiro deles, em Minas Gerais, chamado de Programa de Atenção Integral ao Paciente Judiciário Portador de Sofrimento Mental – PAI-PJ, vinculado ao Tribunal de Justiça do Estado de Minas Gerais. O segundo programa foi criado no ano de 2006 em Goiás, denominado de Programa de Atenção Integral ao Louco Infrator – PAILI –, vinculado à Secretaria de Saúde do Estado de Goiás. Serão tratados e problematizados no que se refere ao alcance efetivo como alternativas ao sistema prisional-manicomial e se, a partir disso, conseguem atingir a via do não controle. Somado a essas duas iniciativas, tem-se o Programa de Volta Para Casa, do Governo Federal, que também trabalha na tentativa de fortalecer a rede assistencial extra-hospitalar e a inserção de pessoas após o tratamento asilar.

5.4.1. Programa de volta para casa

O "Programa de volta para casa" está ligado ao Ministério da Saúde e tem por objetivo "a inserção social de pessoas acometidas de transtornos mentais, incentivando a organização de uma rede ampla e diversificada de recursos assistenciais e de cuidados",[540] evitando o agravamento do quadro clínico e do abandono social após o tratamento asilar. É uma estratégia que atende as recomendações da OPAS (Organização Pan-Americana da Saúde) e da OMS (Organização Mundial da Saúde) para a área de saúde mental "com vistas a reverter gradativamente um modelo de atenção centrado na referência à internação em

---

[539] Direitos enumerados no parágrafo único do art. 2° da Lei 10.216/01. São eles: "Parágrafo único. São direitos da pessoa portadora de transtorno mental: I – ter acesso ao melhor tratamento do sistema de saúde, consentâneo às suas necessidades; II – ser tratada com humanidade e respeito e no interesse exclusivo de beneficiar sua saúde, visando alcançar sua recuperação pela inserção na família, no trabalho e na comunidade; III – ser protegida contra qualquer forma de abuso e exploração; IV – ter garantia de sigilo nas informações prestadas; V – ter direito à presença médica, em qualquer tempo, para esclarecer a necessidade ou não de sua hospitalização involuntária; VI – ter livre acesso aos meios de comunicação disponíveis; VII – receber o maior número de informações a respeito de sua doença e de seu tratamento; VIII – ser tratada em ambiente terapêutico pelos meios menos invasivos possíveis; IX – ser tratada, preferencialmente, em serviços comunitários de saúde mental".

[540] MINISTÉRIO DA SAÚDE. *Programa de volta para casa*. Liberdade e cidadania para quem precisa de cuidados em saúde mental. Disponível em: <http://bvsms.saude.gov.br/bvs/publicacoes/prog_volta_para_casa.pdf>.

hospitais especializados por um modelo de atenção de base comunitária, consolidado em serviços territoriais e de atenção diária".

Pertence ao conjunto de medidas sugeridas pela Reforma Psiquiátrica, que visa a reduzir progressivamente os leitos psiquiátricos; qualificar, expandir e fortalecer a rede extra-hospitalar – Centros de Atenção Psicossocial (CAPS), Serviços Residenciais Terapêuticos (SRT)[541] e Unidades Psiquiátricas em Hospitais Gerais (UPHG) – e incluir as ações da saúde mental na atenção básica e Saúde da Família.

Atende ao disposto na Lei n° 10.216/01, redirecionando o modelo assistencial em saúde mental, que determina que os pacientes hospitalizados por longo tempo, ou que se caracterize situação de grave dependência institucional, sejam objeto de política específica de alta planejada e reabilitação psicossocial assistida.

Como principal componente deste programa, tem-se o *auxílio-reabilitação psicossocial* "para assistência, acompanhamento e integração social, fora de unidade hospitalar, de pacientes acometidos de transtornos mentais, internados em hospitais ou unidades psiquiátricas", estabelecido pela Lei 10. 708/03. Em seu artigo 2°, a legislação determina que o benefício "consistirá em pagamento mensal de auxílio pecuniário, destinado aos pacientes egressos de internações" e que o valor do benefício é de *R$ 240,00 (duzentos e quarenta reais)*, podendo ser reajustado pelo Poder Executivo de acordo com a disponibilidade orçamentária. O benefício terá a duração de um ano, podendo ser renovado quando necessário aos propósitos da reintegração social do paciente e os valores serão pagos diretamente aos beneficiários, mediante convênio com instituição financeira oficial, salvo na hipótese de incapacidade de exercer pessoalmente os atos da vida civil, quando serão pagos ao representante legal do paciente (art. 2°, § 3°).

Os requisitos para a obtenção do benefício são cumulativos, conforme art. 3° da Lei 10.708/03:

I – o paciente seja egresso de internação psiquiátrica cuja duração tenha sido, comprovadamente, por um período igual ou superior a dois anos;

II – a situação clínica e social do paciente não justifique a permanência em ambiente hospitalar, indique tecnicamente a possibilidade de inclusão em programa de reintegração social e a necessidade de auxílio financeiro;

III – haja expresso consentimento do paciente, ou de seu representante legal, em se submeter às regras do programa;

IV – seja garantida ao beneficiado a atenção continuada em saúde mental, na rede de saúde local ou regional.

---

[541] Sobre residenciais terapêuticos ver o relatório de Inspeção Nacional em Comunidades Terapêuticas 2017, disponível em: <http://fileserver.idpc.net/library/Relatorio-da-Inspecao-Nacional-em-Comunidades-Terapeuticas.pdf>.

§ 1º O tempo de permanência em Serviços Residenciais Terapêuticos será considerado para a exigência temporal do inciso I deste artigo.

§ 2º Para fins do inciso I, não poderão ser considerados períodos de internação os de permanência em orfanatos ou outras instituições para menores, asilos, albergues ou outras instituições de amparo social, ou internações em hospitais psiquiátricos que não tenham sido custeados pelo Sistema Único de Saúde – SUS – ou órgãos que o antecederam e que hoje o compõem.

O destaque está no § 3º que expõe que "egressos de Hospital de Custódia e Tratamento Psiquiátrico poderão ser igualmente beneficiados, procedendo-se, nesses casos, em conformidade com a decisão judicial". Ou seja, as pessoas em sofrimento psíquico, submetidas às medidas de segurança detentivas por um período igual ou superior a dois anos, após a "cessação de periculosidade" e a autorização de liberação ao convívio social, têm direito ao benefício pecuniário, se autorizado pela justiça. Assim, está sob discricionariedade do juiz a garantia desse valor.

O pagamento do auxílio-reabilitação psicossocial será *suspenso* quando o beneficiário for reinternado em hospital psiquiátrico e quando alcançados os objetivos de reintegração social e autonomia do paciente (art. 4º). Em caso de óbito, no mês seguinte ao do falecimento do beneficiado, o benefício será interrompido. Para a obtenção do benefício:

> Todos os beneficiários devem possuir condições clínicas e sociais que não justifiquem a permanência em ambiente hospitalar, avaliadas por equipe de saúde mental local, assim como expresso consentimento do paciente ou de seu representante legal em se submeter ao programa.

Será necessário que a pessoa esteja de alta hospitalar, morando em residência terapêutica ou com suas famílias (de origem ou substitutas), ou que tenha formas alternativas de moradia. Será necessário também que o paciente esteja sendo atendido por um CAPS (Centros de Atenção Psicossocial) ou outro serviço de saúde mental do município onde passará a residir. Os beneficiários deverão ser acompanhados permanentemente por uma equipe municipal encarregada de prover e garantir o bom acompanhamento do paciente e apoiá-lo em sua integração ao ambiente familiar e social.[542] Por fim, o Município que desejar implantar o programa deve possuir rede local ou regional de atenção continuada em saúde mental, com projeto de reabilitação psicossocial assistida e equipe específica para realizar as ações de reabilitação, inserção e acompanhamento do beneficiário no programa.

---

[542] MINISTÉRIO DA SAÚDE. *Programa de volta para casa*. Liberdade e cidadania para quem precisa de cuidados em saúde mental. Disponível em: <http://bvsms.saude.gov.br/bvs/publicacoes/prog_volta_para_casa.pdf>.

A passagem de um modelo psiquiátrico tradicional à tentativa de novas formas de organização e assistência em saúde mental pode percorrer estradas diversas e problemáticas, atingindo chegadas estéreis. Dentre algumas inadequações, estão:

a) O benefício financeiro, sendo o principal componente do "Programa de Volta para Casa", exerce uma função meramente simbólica, para constar na agenda das ações de saúde mental do Ministério da Saúde. As pessoas, provavelmente já em situação de miséria anterior à segregação, com esse valor recebido, certamente não atingirão o propósito básico do auxílio pecuniário, que é a inclusão social. O valor irrisório não garante condições básicas de sobrevivência, nem promove resgate de cidadania como prometido;

b) A proposta do programa tem um texto sofisticado, mas com pouca aplicabilidade prática (para não dizer total). O programa, além de improdutivo, reafirma a estigmatização e transforma os princípios da reforma no que mais se temia: mero assistencialismo. Também não se pode falar em simples humanização do tratamento (pós-asilar) – que também era rechaçado por Franco Basaglia e todos os adeptos do movimento antimanicomial – porque o programa, de tão inapto, não consegue cumprir adequadamente sua função declarada que é "reverter gradativamente um modelo de atenção centrado na referência à internação". É estéril.

A reforma manicomial vislumbrada por Basaglia e absorvida em essência pelo movimento brasileiro requer, antes de mais nada, uma exigência de renovação complexa, que é alimentada por uma consciência democrática (tradicional), para além de superação hospitalocêntrica ou práticas de caridade. O *auxílio-reabilitação psicossocial, como ponto nevrálgico do "programa de volta para casa"* e como bem definido em lei – voltado para assistência, acompanhamento e integração social, de pacientes acometidos de transtornos mentais, internados em hospitais ou unidades psiquiátricas –, parece não ter conseguido superar os limites da simples humanização (se é que foi possível chegar nesse nível), de providência civil genérica e de mero cumprimento de agenda política de saúde pública e direitos humanos. É explícita a incapacidade social do programa e dos efeitos práticos a que se propõe, inclusive por não disponibilizar números oficiais com os resultados (positivos ou não).

5.4.2. Programa de Atenção Integral ao Paciente Judiciário Portador de Sofrimento Mental Infrator (PAI – PJ)

O Programa de Atenção Integral ao Paciente Judiciário Portador de Sofrimento Mental Infrator (PAI-PJ) foi o primeiro programa brasileiro destinado à assistência de pessoas em sofrimento psíquico submetidas ao Sistema de Justiça Criminal. Implantado em 2000, ligado ao Tribunal de Justiça de Minas Gerais, foi inaugurado na capital Belo Horizonte e estendido a algumas cidades do interior do estado. A sistemática do PAI-PJ realiza-se por determinação judicial e, auxiliado por uma equipe multidisciplinar do programa, tem autonomia para decidir a medida judicial a ser aplicada, conjugando tratamento, responsabilidade e inserção social.

A orientação de base do PAI-PJ pauta-se nos princípios da reforma psiquiátrica, através da Lei 10.216/2001, *promovendo o acesso ao tratamento em saúde mental na rede substitutiva ao modelo manicomial*, privilegiando o acompanhamento de cada sujeito para que a execução da sentença possa se dar de forma a considerar os pacientes como *sujeitos de direitos e capazes de responder por seus atos*.[543]

Tem como objetivo trabalhar no acompanhamento dos processos judiciais de primeira instância com indicativos de incidente de insanidade mental, ou já sentenciados com medida de segurança ou medidas socioeducativas, bem como outros tipos de processos nos quais a autoridade judicial julgue importante a inclusão do réu/sentenciado na metodologia do PAI-PJ. Esse trabalho de inserção é desenvolvido através do acompanhamento individual,[544] considerando a sua singularidade clínica, social e jurídica, secretariando o paciente judiciário em sua construção do laço com a família, comunidade e/ou território social.

> Se a pessoa encaminhada não possuir sentença de medida de segurança, ou se não houver o incidente de sanidade mental instaurado no processo, realiza-se uma avaliação jurídica, clínica e social do caso e solicita-se ao juiz criminal autorização para o acompanhamento do caso. Sendo autorizado, este é encaminhado à Rede Pública de Saúde Mental, se ainda não estiver em tratamento. Junto com a rede, construir-se-á o projeto terapêutico e social para o paciente, o qual será constantemente revisto e reconstruído, de acordo com as indicações do próprio sujeito. O acompanhamento ocorre durante o processo criminal até a finalização da execução penal. [...] O PAI-PJ, através desta equipe multidisciplinar – psicólogos, assistentes sociais judiciais e assistentes jurídicos –, funciona também como um serviço auxiliar do juiz, subsidiando a decisão judicial e conectando aos autos os relatórios cujo material foi tecido no trabalho com os diversos parceiros fora do sistema jurídico: trabalhadores da saúde mental, de organizações e entidades sociais, familiares, entre outros.[545]

---

[543] TRIBUNAL DE JUSTIÇA DE MINAS GERAIS. *Programa de Atenção Integral ao Paciente Judiciário Portador de Sofrimento Mental Infrator.* Disponível em: <http://ftp.tjmg.jus.br/presidencia/projetonovosrumos/pai_pj/funcionamento.html>

[544] Os casos são encaminhados por meio de ofício dos juízes criminais, determinando que sejam acompanhados pelo programa. Chegam, também, encaminhados por familiares, estabelecimentos prisionais, instituições de tratamento em saúde mental e outros parceiros.

[545] BARROS-BRISSET, Fernanda Otoni de. *Por uma política de atenção integral ao louco infrator.* Belo Horizonte: Tribunal de Justiça do Estado de Minas Gerais, 2010, p. 29.

Assim, a autoridade judicial em ação conjunta realiza sua *função jurisdicional*[546] de acompanhamento da sentença aplicada, promovendo os meios para que o paciente judiciário possa acessar os recursos necessários – sociais, de tratamento ou mesmo jurídicos – "na invenção de um laço social que lhe convenha e que seja razoável". Para o PAI-PJ, a questão do "louco infrator" não é um problema exclusivo da Saúde, mas também de competência do Direito, este como campo atuante da relação e não reduzido apenas à função burocrática de receber e anexar ao processo as comunicações dos serviços de Saúde. À Saúde cabe prestar a assistência em saúde mental. A resposta jurídica é função exclusiva do representante social da lei. E enfatiza:

> A nossa experiência ensina que o fato de alcançar o direito de ter acesso ao tratamento de saúde que corresponda à singularidade clínica e social do cidadão, no ambiente universal e democrático do SUS, não o dispensa do dever de responder pelo seu crime, segundo a orientação do texto normativo em vigor. A possibilidade de responder pelo crime cometido é uma condição humanizante, um exercício de cidadania que aponta para a responsabilidade e para a capacidade do sujeito de se reconhecer como parte de um registro normativo que serve para todos. Responder pelo seu crime é um modo de inclusão, pois insere o sujeito dentro do "guarda-chuva" da lei, que abriga a todos sob o seu manto.[547]

O projeto destaca, como inovação, a "possibilidade de colocar no centro dessa rede de atenção e cuidados, o sujeito, acompanhando sua trajetória e secretariando-o de perto" para que possa ajudar nos "embaraços que a sua singular diferença pode lhe apresentar nas suas relações de convivência".[548]

Outro ponto relevante foi a oportunidade de "dispensar o manicômio judiciário como lugar para os loucos infratores",[549] ressalta Fernanda Otoni. O PAI-PJ "substituiu a prática reacionária do manicômio pela inclusão dessa população nas políticas públicas de atenção à saúde mental, sem desprezar a importância do tratamento jurídico na solução de cada caso" e assim criaram-se as condições necessárias para que o "paciente judiciário receba seu tratamento em saúde mental e tenha um acompanhamento jurisdicional de modo individualizado, particular, na medida de sua possibilidade, capacidade e responsabilidade".

O trabalho do programa é divido em três grandes etapas compostas pelo tratamento na rede pública e acompanhamento clínico, social

---

[546] BARROS-BRISSET, Fernanda Otoni de. *Por uma política de atenção integral ao louco infrator*..., p. 29.
[547] Ibidem, p. 31.
[548] Ibidem, p. 30.
[549] Idem.

e jurídico.[550] O acompanhamento clínico se dá através do contato permanente com a rede de saúde pública, com foco na atenção integral de cada caso. A assistência social visa à busca de autonomia, inclusão social e melhor convivência familiar. O setor jurídico emite pareceres e relatórios à autoridade judiciária, informando o desenvolvimento de cada pessoa; diferentemente do PAILI, conduz a tramitação processual nas diversas fases da instrução (e não só da execução penal), acompanha o paciente judiciário em juízo, dentre outras demandas.

A ação conjunta do PAI-PJ objetiva a efetividade na garantia dos direitos, a redução da violência e a acessibilidade à saúde, como também uma execução penal em constante movimento, sempre atualizada, buscando garantir um laço social satisfatório para o sujeito e razoável para a sociedade.

Os poucos dados estatísticos oficialmente disponibilizados no site[551] do Programa indicam que em 2010 trabalhava-se com um total de 799 processos, dentre eles 246 ativos e 553 arquivados. Em março do referido ano, do total de casos atendidos pelo PAI-PJ, *70% estavam cumprindo medida de segurança em casa, 23% estavam submetidos à medida de segurança detentiva e 7% estavam internados na rede pública de saúde*. O índice de reincidência não ultrapassava 2%, e nesse total não tinha nenhum caso de crime hediondo, sendo todos crimes de menor potencial ofensivo.

Admitindo o significativo avanço que o PAI-PJ delineou no tratamento de pessoas em sofrimento psíquico submetidas ao Sistema de Justiça Criminal – por ser o primeiro programa nesse âmbito atinente ao movimento antimanicomial e antipsiquiátrico –, e o significativo espaço que abriu para novas frentes de lutas no setor, há que se fazer duas[552] observações centrais sobre o seu desempenho e sua dificuldade em executar as propostas substanciais.

Considerando que a Lei Antimanicomial mapeia a política do PAI-PJ e prevê que "a internação só será indicada quando os recursos extra-hospitalares se mostrarem insuficientes" e considerando ainda que um dos objetivos centrais do programa é a desmanicomialização fortalecedora de uma rede assistencial extra-hospitalar, o primeiro ponto a ser levantado diz respeito ao insucesso dessa diretriz, pesando a questão da não superação das internações em manicômios no es-

---

[550] TRIBUNAL DE JUSTIÇA DE MINAS GERAIS. *Programa de Atenção Integral ao Paciente Judiciário Portador de Sofrimento Mental Infrator.* Disponível em: <http://ftp.tjmg.jus.br/presidencia/projetonovosrumos/pai_pj/funcionamento.html>.

[551] Idem.

[552] Limitaremos as observações a duas questões que julgamos centrais sobre o desenvolvimento desse programa, tendo em vista que a tese não se destina a analisá-lo de forma pormenorizada.

tado. Pelo contrário, em 2013, denúncias foram feitas ao CNJ quanto às filas de espera para o ingresso em hospitais psiquiátricos e mesmo com a existência do programa, três manicômios judiciários continuam em pleno funcionamento em Minas, um deles entre os mais antigos do país: o Hospital Psiquiátrico e Judiciário Jorge Vaz, em Barbacena.[553] Assim, da forma como vem sendo executado atualmente, o projeto sugere um rearranjo de tratamento hospitalar, seguindo de forma incoerente ao movimento de reforma psiquiátrica, protelador e permissivo à manutenção dos hospitais de custódia e tratamento psiquiátrico (na qualidade de via de controle), que são uma realidade no estado de Minas Gerais.

Outra observação refere-se à fidelização ao tratamento jurídico como "resgate de humanidade", ou seja, "autonomia", "exercício de cidadania" e "humanização" do sujeito em sofrimento psíquico reclamada pela via de responsabilização jurídico-penal. A luta pela autonomia e humanização por este caminho produzirá, como manifesta consequência, a garantia de controle e exclusão, mas jamais de inclusão. A responsabilização, se existir, trabalhada nos moldes de dignidade humana, provavelmente só poderá ser pensada adequadamente por esferas não penais.

Daqui se abre, dentre outras discussões possíveis, a levantada no início dos anos 90 pela Prof. Vera Regina Andrade, sobre a *reemergência da problemática da cidadania no Brasil*, postulando a necessidade de revisão e adensamento do seu espaço prático-teórico, conduzindo a uma potencial ampliação do seu espaço jurídico-legal. Entender a responsabilização jurídico-penal como *exercício de cidadania* e *resgate de humanidade* é trabalhar com um equívoco ingênuo e desconhecer que a cidadania é "o espaço político pelo qual a reivindicação e o exercício dos direitos se exteriorizam", ou seja, é a visualização dos "potenciais democráticos enquanto discurso político plural".[554] A autora lucidamente sintetiza a questão na obra Sistema Penal Máximo X Cidadania Mínima:

> Enquanto a cidadania é dimensão de construção de direitos e necessidades, o sistema penal é dimensão de restrição e violação de direitos e necessidades; enquanto a cidadania é dimensão de luta pela afirmação da igualdade jurídica e da diferença das subjetividades, o sistema penal é dimensão de reprodução da desigualdade e de desconstrução das subjetividades; em definitivo, enquanto a cidadania é dimensão de inclusão, o sistema penal é dimensão de exclusão.

---

[553] SASSINE, Vinicius. *Loucura atrás das grades: até programas-modelo falham no atendimento*. Jornal O Globo. 19 de fevereiro de 2013. Disponível em: <http://oglobo.globo.com/brasil/loucura-atras-das-grades-ate-programas-modelo-falham-no-atendimento-7625566>.

[554] ANDRADE, Vera Regina Pereira de. *Cidadania*: do direito aos direitos humanos. São Paulo: Editora Acadêmica, 1993, p. 130-131.

Por tudo isso, impossível trabalhar nessa perspectiva contraditória de que a esfera reconhecidamente como maximização de exclusão, de desigualdade, de desconstrução de subjetividades, de violação de direitos, possa ser acionada como meio de resgate de humanidade e inclusão social. Mais sobre essa questão será retomado em tópico posterior.

5.4.3. Programa de Atenção Integral ao Louco Infrator (PAILI)

O PAILI é o programa responsável pela execução das medidas de segurança no estado de Goiás, mas com foco na capital goiana. Foi inspirado no Programa de Atenção Integral ao Paciente Judiciário (PAI-PJ), mas diferentemente do primeiro, não está vinculado diretamente ao Poder Judiciário, mas à Secretaria de Saúde do Estado. Funciona desde 2006 na cidade de Goiânia, seguindo proposta elaborada pela 25ª Promotoria de Justiça, que teve como fundamento as disposições da Lei nº 10.216/2001. Desde então, assumiu a tarefa de acompanhar os pacientes julgados e absolvidos pela Justiça Criminal, submetidos à internação psiquiátrica ou ao tratamento ambulatorial. Desde sua implantação já recebeu 494 pacientes, sendo atualmente 315 acompanhados na Rede de Saúde existente em cada município, destes, 237 estão em tratamento ambulatorial (seja em CAPS, Ambulatórios, ESF), 38 falecidos e 141 medidas extintas, oriundos de 87 municípios goianos.[555]

Direcionado ao cuidado em liberdade, superando o conceito tradicional hospitalocêntrico,[556] o PAILI, sendo órgão da Secretaria de Saúde, supervisiona o tratamento dispensado ao paciente na rede de atenção em saúde mental, o que compreende os CAPS (Centros de Atenção Psicossocial), leitos psiquiátricos em hospitais gerais, clínicas psiquiátricas conveniadas ao SUS, serviços residenciais terapêuticos e, ao mesmo tempo, faz a mediação entre o paciente e o juiz, em canal direto de comunicação que favorece, simplifica e desburocratiza o acesso permanente à Justiça.[557]

Com total autonomia para ministrar o tratamento, a partir da sentença que determina a aplicação da medida de segurança, o médico e as equipes psicossociais das clínicas conveniadas ao SUS assumem o

---

[555] Essas informações foram fornecidas por *e-mail* pela equipe coordenadora do PAILI.
[556] O PAILI se difere do programa PAI-PJ de Minas Gerais, dentre outras características, pelo fato de este estado ainda possuir Hospitais de Custódia e tratamento psiquiátricos, ao passo que o estado Goiás não mais possui.
[557] MINISTÉRIO PÚBLICO DO ESTADO DE GOIÁS. CENTRO DE APOIO OPERACIONAL DE DEFESA DO CIDADÃO. *Implementação da reforma psiquiátrica na execução das medidas de segurança*. Goiás, 2009.

desenvolvimento da execução e colocam em prática a melhor terapêutica para cada caso concreto, acompanhados de perto pelos profissionais do PAILI, cuja atuação deve ser marcada pela interlocução e integração com todo o sistema de saúde mental, que inclui também os Centros de Apoio Psicossocial (CAPS) e as residências terapêuticas. O processo de execução da medida de segurança continua *jurisdicionalizado*, porém, não será o juiz quem determinará o tratamento a ser designado ao paciente, função destinada ao médico responsável, que é o profissional habilitado a estabelecer a necessidade da terapia, conforme art. 6º da Lei nº 10.216/2001.[558]

Segundo Haroldo Caetano,[559] ex-coordenador do programa, a permanência da jurisdicionalidade é garantia constitucional do cidadão na esfera da execução penal. Na presidência da execução processual, o juiz acompanha o tratamento dispensado ao paciente e decide sobre eventuais excessos ou desvios, até a extinção da medida de segurança. Nessa diagramação, o Ministério Público continua com sua atuação fiscalizadora, acompanhando o procedimento judicial e, fundamentalmente, o tratamento dispensado aos pacientes pelas clínicas psiquiátricas e o regular funcionamento do PAILI. Dessa forma, além de conferir autonomia aos profissionais da saúde mental para o tratamento, o programa coloca o paciente no ambiente universal e democrático do Sistema Único de Saúde, sem distinção de outros pacientes, o que favorece a inclusão à família e à sociedade.

Uma das funções importantes do PAILI, além de supervisionar o tratamento, é a "facilitação da comunicação entre o paciente e o juiz, em canal direto de comunicação que favorece o acesso permanente e rápido à Justiça".[560] A rotina desburocratizada do programa, conduzida pela Lei nº 10.216/2001, torna célere a aplicação da terapia exigida para cada paciente e "isto significa acesso e efetiva realização da Justiça no

---

[558] MINISTÉRIO PÚBLICO DO ESTADO DE GOIÁS. CENTRO DE APOIO OPERACIONAL DE DEFESA DO CIDADÃO. *Implementação da reforma psiquiátrica na execução das medidas de segurança*. Goiás, 2009.

[559] CAETANO, Haroldo. PAILI – PROGRAMA DE ATENÇÃO INTEGRAL AO LOUCO INFRATOR. In: Instituto Innovare. *Prêmio Innovare*. Edição VI, 2009. Disponível em: <http://www.premioinnovare.com.br/praticas/paili-programa-de-atencao-integral-ao-louco-infrator/>

[560] "O antigo modelo, fundamentado exclusivamente na legislação penal, acabava por significar, na prática, o abandono do doente mental em manicômios ou em locais impróprios, principalmente prisões, sem qualquer possibilidade ou com extrema dificuldade de acesso ao juiz da execução penal. Em Goiás, antes do PAILI, casos foram verificados em inquérito civil público conduzido pela 25ª Promotoria de Justiça de Goiânia, de dezenas de homens esquecidos no antigo CEPAIGO (nome da penitenciária local à época), alguns há dez, quinze e até por mais de vinte anos, impossibilitados não apenas de buscar a Justiça, mas também, pelas evidentes dificuldades de comunicação atrás dos muros das prisões, agravadas pelas características próprias das doenças mentais e pela inexistência de atendimento psiquiátrico, de se expressarem até mesmo junto às autoridades administrativas". (Idem)

universo das medidas de segurança". Assim, a execução nos moldes que orientam a atuação do PAILI:

> Torna simples não apenas o acesso à Justiça, mas também a noção mais adequada do que seja essa Justiça relativa aos crimes praticados por pessoas portadoras de transtornos psiquiátricos e que, por isso, são consideradas inimputáveis.[561]

Segundo a cartilha de implementação,[562] a dinâmica do PAILI é diferenciada e funciona da seguinte forma: o juiz criminal aplica a medida de segurança e faz a comunicação ao PAILI; se o paciente está preso, o programa busca a vaga para a internação junto à rede conveniada ao SUS e operacionaliza o deslocamento do paciente da casa de detenção para a clínica psiquiátrica; a partir daí, o programa realiza um estudo sobre o caso, individualizando a execução da medida de segurança, acompanha o paciente na clínica psiquiátrica e dá início ao acompanhamento psicossocial, inclusive familiar; indicada a possibilidade de desinternação, mediante laudo médico circunstanciado, o PAILI providencia meios para a inclusão do paciente em tratamento ambulatorial, com suporte da família; emite-se relatório ao juízo da execução penal e, verificadas condições para o reconhecimento da cessação de periculosidade, o PAILI comunica ao juiz da execução para os procedimentos devidos; a qualquer momento, havendo a necessidade de orientações quanto ao encaminhamento da execução, o PAILI entra em contato direto com o juízo da execução penal.

O PAILI é um projeto pioneiro sob várias perspectivas que precisam ser destacadas: a) *É um órgão da Secretaria de Saúde do Estado de Goiás*, desvinculado do Poder Judiciário, em âmbito de atuação; b) Nessa política de saúde pública, as equipes psicossociais dos CAPS ou das unidades de internação têm plena *autonomia* para lidar com o paciente submetido à medida de segurança. A internação, a desinternação e outros procedimentos (já na fase de execução da medida) independem de qualquer ordem/autorização judicial. As equipes de saúde, em conjunto com o PAILI, fazem os encaminhamentos e apenas comunicam ao juiz da execução penal os passos dados; c) Ao longo do desenvolvimento do programa, vem-se trabalhando na tentativa de superação do paradigma da periculosidade. Não se vislumbra mais a "cessação de periculosidade" (como nos procedimentos anteriores), mas sim a inclusão social do sujeito. Assim, superou-se a perícia de "cessação da

---

[561] SILVA, Haroldo Caetano da. PAILI – PROGRAMA DE ATENÇÃO INTEGRAL AO LOUCO INFRATOR. In: Instituto Innovare. *Prêmio Innovare*. Edição VI, 2009. Disponível em: <http://www.premioinnovare.com.br/praticas/paili-programa-de-atencao-integral-ao-louco-infrator/>
[562] MINISTÉRIO PÚBLICO DO ESTADO DE GOIÁS. CENTRO DE APOIO OPERACIONAL DE DEFESA DO CIDADÃO. *Implementação da reforma psiquiátrica na execução das medidas de segurança*. Goiás, 2009.

periculosidade", impondo-se agora, a *avaliação psicossocial*,[563] não mais puramente psiquiátrica e materializada mediante relatório da própria equipe técnica do programa; d) O PAILI, nos últimos anos, vem combatendo fortemente a internação hospitalar[564] por mais de 60 dias, pois, de acordo com critérios médicos, esse período seria suficiente para cuidar dos sintomas psicóticos apresentados pelos pacientes em crise.

Porém, sobre a questão da aplicação da medida de segurança detentiva no estado de Goiás,[565] conforme Relatório Brasil (2015) de inspeções aos manicômios judiciários brasileiros, o Presídio Regional Antônio Garrote (GO) possuía 3 casos de medida de internação sob tutela do PAILI,[566] contrariando sua própria política. Isso porque, segundo a coordenação do programa, não havia vagas nas residências terapêuticas e os pacientes não possuíam qualquer vínculo familiar. Também não havia psicólogo nem assistente jurídico na instituição, e a equipe do complexo não participava da elaboração do laudo ou relatório psicológico. E o relatório acrescenta:

> Os pacientes que cumprem medida de segurança na unidade, quando apresentam alguma intercorrência, recorrem ao CAPS para avaliação psiquiátrica e medicação quando indicado. Utilizam também os leitos do Hospital Municipal. Após passar pelo CAPS, eles retornam à Unidade prisional. Os pacientes que cumprem M.S. vão para o CAPS para participar de terapia ocupacional. Não há assistente jurídico na instituição. Não há psicólogo na instituição. A Junta Pericial do Estado de Goiás está subordinada ao Tribunal de Justiça de Goiás (TJ-GO). Não há junta pericial no sistema penitenciário. A equipe do complexo não participa do processo de elaboração do laudo ou relatório psicológico.

---

[563] As informações do laudo de avaliação psicossocial, que deverá responder aos quesitos eventualmente apresentados, subsidiarão o juiz para a liberação condicional do paciente (Código Penal, art. 97, § 3º). Quesitos básicos: a. Há quanto tempo o paciente é acompanhado pelo PAILI? b. Quais serviços da rede de atenção em saúde mental vêm sendo utilizados pelo paciente? c. Como foi a adesão do paciente ao tratamento? d. Onde reside o paciente? Mora só ou com familiares? Tem companheira? Tem filhos? e. O paciente faz uso de medicamentos? Quais? f. O paciente trabalha? Em que atividade? g. O paciente recebe algum benefício previdenciário ou assistencial? Qual (ou quais)? h. Houve algum evento, durante o acompanhamento do paciente pelo PAILI, que demonstrasse falha no tratamento a ele dispensado? i. A rede de atenção em saúde mental do município está em condições de continuar o acompanhamento do paciente independentemente da supervisão do PAILI? j. Há outras informações que sejam relevantes para a análise da situação psicossocial do paciente?" (MINISTÉRIO PÚBLICO DO ESTADO DE GOIÁS. CENTRO DE APOIO OPERACIONAL DE DEFESA DO CIDADÃO. *PAILI: Programa de atenção integral ao louco infrator*. SILVA, Haroldo Caetano da. (coord.). Goiânia: MP/GO, 2013.)

[564] Os pacientes são internados em clínicas psiquiátricas somente quando em crise e sem suporte ambulatorial ou familiar. No estado de Goiás, há ainda 756 leitos SUS conveniados em oito clínicas particulares em todo o estado, sendo duas em Goiânia com 192 leitos, e um pronto Socorro Psiquiátrico com 30 leitos de observação até 72 horas.

[565] Contatamos a coordenadoria do PAILI, que por *e-mail* confirmou a ocorrência de pessoas submetidas à Medida de Segurança detentiva no Complexo Prisional. Esses casos são em decorrência de prática de novo delito (são 07 reincidentes presos atualmente) ficando, assim, na responsabilidade da Gerência de Saúde Prisional, aguardando decisão judicial.

[566] Dado fornecido no tempo da pesquisa.

> Nenhum paciente/preso em medida de segurança mantém contato com familiares ou amigos. A equipe multiprofissional do PAILI tem buscado resgatar os vínculos familiares dos pacientes em medida de segurança que se encontram presos.[567]

As dificuldades encontradas no desenvolvimento de um programa dessa natureza são normalmente esperadas, pois os sujeitos envolvidos são historicamente escolhidos como indesejáveis sociais e estrategicamente excluídos. Pensar num programa que proporcionará atendimentos em liberdade e garantia de dignidade humana é estar na contramão de uma demanda social e política não tão receptiva, pois suscitaria a iludida atmosfera do risco e da ameaça social, advinda do velho ranço do determinismo positivista. Dentre as várias dificuldades, destacam-se a resistência (previsível) de alguns juízes e promotores de justiça – adeptos ao punitivismo – em aplicar a Lei nº 10.216/2001, como também a resistência de algumas clínicas psiquiátricas em receber os pacientes do PAILI como pacientes comuns, com o aproveitamento de leitos custeados pelo Sistema Único de Saúde.

Apesar dos desacertos e dificuldades, o PAILI, sem dúvida alguma, é o programa que mais se aproxima da reforma psiquiátrica (em âmbito penal) e que consegue estabelecer, verdadeiramente, a Lei 10.216/01 como sua base estruturante e norteadora das ações práticas. Ao desafiar rotinas e conceitos cristalizados nos núcleos institucionais, provou a abertura para outras formas de resolução de conflitos e suscitou possibilidades de superações ainda não (pré)escritas. Assim, deu margem para um caminho mais viável – não com rompimento total e imediato com um sistema penal-psiquiátrico altamente complexo e fortalecido – mas como potência (em construção) de alternativas minimizadoras dos efeitos deletérios desse sistema genocida.

5.5. A (in)viabilidade de superação do modelo penal-psiquiátrico

As medidas de segurança são a consagração mais pura da ideologia do direito penal do autor, pois a fórmula do criminoso nato brasileiro foi cientificamente aproximada à categoria de doença como estratégia político-médico-criminal de segregação da pobreza. Sempre rearranjada para garantir a permanência no ordenamento jurídico, como sofisticada e eficiente economia penal-psiquiátrica de controle social, tornou-se a via de contenção mais brutal e desumana do sistema penal brasileiro.

---

[567] CONSELHO FEDERAL DE PSICOLOGIA. *Inspeções aos manicômios...*, p. 34.

Assim, doença, psiquiatria e instituição hospitalar reduzem-se a um mero nominalismo, dado que a doença é a ilusão da periculosidade presumida que convém conter; a psiquiatria, um ramo da justiça que pune todo suspeito de periculosidade; e a instituição hospitalar, o cárcere em que essa presumida periculosidade fica segregada.[568]

As medidas de segurança (em especial a de internação) cumprem, então, várias funções: social, político-criminal, econômica, etc. Alguns exemplos:

a) Social e político-criminal: A segregação psiquiátrica dos "mal viventes" é terapêutica para os "bem viventes"; funciona como limpeza urbana demonstrando o pleno funcionamento do Sistema Penal. A internação garante a mesma sensação que a pena privativa de liberdade – a falsa tranquilidade e segurança;

b) Econômica: A vasta criação de hospitais de custódia e tratamento (ainda em fluxo contínuo, apesar da reforma psiquiátrica) ajuda a produzir novos empregos e circulação de capital. Destacando também as clínicas particulares que perpetuam o modelo, absorvem uma vasta oferta de mão de obra e produzem a denominada *transinstitucionalização*. Sem falar na indústria da doença mental que arrecada uma receita significativa com o controle social medicalizado, iniciado cada vez mais cedo.

Na modulação dessa vida institucional, faz-se importante ter *estratégias de sobrevivência*, que é o fazer-se útil; e ter *estratégias de resistência* – que é o manter-se vivo.[569] A resistência ao complexo mortífero do humano é o êxito da sobrevivência e nada mais. Diante da superestrutura agigantada, a luta pela sobrevida e pela utilidade talvez sejam as únicas táticas possíveis de combate ao genocídio do subjetivo.

Sob uma perspectiva distinta, que não pode ser descartada, têm-se as correntes teóricas que defendem que a internação compulsória – como a medida de segurança detentiva – não representa violação de direito fundamental e nem um "mal em si", pelo contrário, "representa uma alternativa para uma vida com mais qualidade". Nesse sentido, Sarlet e Monteiro afirmam:

> A internação obrigatória, nas duas modalidades previstas pela legislação brasileira vigente, não corresponde, portanto, necessariamente a uma violação de direito fundamental, mas poderá constituir uma restrição constitucionalmente legítima, mas isso apenas se submetida a uma interpretação corretiva e iluminada pelo princípio da dignidade da pessoa humana e pelos direitos e garantias fundamentais. (...) A internação obrigatória

---

[568] BASAGLIA, Franco. *Escritos selecionados em saúde mental e reforma psiquiátrica*..., p. 273.

[569] LEITE, Loiva dos Santos. *Viver fora depois de muito tempo dentro*...: narrativas de vida de pessoas libertadas. Porto Alegre: Letra & Vida, 2012.

(excepcional, necessária e controlada nos termos esboçados) não representa, portanto, necessariamente um mal em si, mas sim, poderá ser uma alternativa para uma vida com mais qualidade, seja do ponto de vista da pessoa com transtorno mental, seja do ponto de vista de seu ambiente familiar e social.[570]

Há, por sua vez, outra via de interpretação mais contundente, que propõe uma saída prática para os sujeitos em sofrimento psíquico submetidos ao Sistema de Justiça Criminal.

Sugerem alguns autores que parece haver um consenso na esfera crítica das ciências criminais quanto à necessidade de assegurar à pessoa em sofrimento psíquico em conflito com a lei os mesmos direitos e garantias que regem a persecução penal dos imputáveis. Isso se dá em decorrência das inúmeras restrições (para não dizer ilegalidades) processuais que as medidas de segurança possuem se comparadas à pena privativa de liberdade, nas quais se destaca, entre outras, a possibilidade da execução sem limites máximos da medida detentiva (ainda que veementemente proibido pelos Tribunais superiores[571]). No campo do direito penal material, a inimputabilidade impede uma série de causas da exclusão da ilicitude e tipicidade; no âmbito processual são afastados vários institutos despenalizadores (transação penal, suspensão condicional do processo, etc.); na execução penal, são negados inúmeros direitos assegurados ao preso comum (remição, progressão de regime, livramento condicional, etc.). Ademais, levanta-se a crítica à categoria de periculosidade, que com o advento da Lei 10.216/01, restou incapaz de sustentar a desresponsabilização penal dos sujeitos inimputáveis.[572] Segundo Carvalho e Weigert:

> Cremos, portanto, que o novo cenário normativo impede a afirmação de que o portador de sofrimento psíquico é absolutamente irresponsável pelos seus atos (absolutamente incapaz na linguagem do ordenamento civil), lícitos ou ilícitos. A reforma psiquiátrica, ao definir as formas ou os graus distintos de responsabilidade, estabelece um novo paradigma para o tratamento jurídico dos portadores de transtorno mental, situação que demanda, necessariamente, a construção de formas diversas, de interpretação dos institutos do direito penal. A mudança central é tratar a pessoa com diagnóstico de transtorno mental como verdadeiro sujeito de direitos, e não como intervenção do laboratório psiquiátrico-forense.[573]

---

[570] SARLET, Ingo Wolfgang; MONTEIRO, Fábio de Holanda. Notas acerca da legitimidade jurídicoconstitucional da internação psiquiátrica obrigatória. In: *Revista Eletrônica Direito e Política*. v.10, n.2. Itajaí, 2015. Disponível em: www.univali.br/direitoepolitica

[571] Súmula 527 STJ e HC 84.219, HC 98.360, HC 97.621 julgados pelo STF que determinam que o tempo de duração da medida de segurança não poderá ultrapassar o limite máximo da pena em abstrato.

[572] CARVALHO, Salo de; WEIGERT, Mariana de Assis Brasil e. A punição do sofrimento psíquico no Brasil: reflexões sobre os impactos da reforma psiquiátrica no sistema de responsabilização penal. In: *Revista de Estudos Criminais*, n° 48, janeiro-março, 2013.

[573] Idem.

Dessa forma, os autores alertam, primeiramente, que como a Lei 10.216/01 garantiu um espaço próprio e diferenciado de responsabilização, excluindo o binômio doença mental-periculosidade, *conclui-se que o fundamento e a própria possibilidade de aplicação de medidas de segurança, segundo a disposição codificada, está superada diante do movimento reformador.* E, como respostas garantistas de responsabilização, defendem:

> Em termos processuais, em vez da absolvição imprópria, entendemos que o mais adequado seria a responsabilização penal por meio de juízo condenatório, com a consequente aplicação da pena. Isto pensando, logicamente, em um modelo garantista intermediário, anterior às reais possibilidades abolicionistas que a Lei da Reforma Psiquiátrica oferece.[574]

Já na obra *Penas e medidas de segurança no direito penal brasileiro*, Carvalho posicionou-se pela viabilidade da responsabilidade penal, agora "por meio de um juízo condenatório, com a consequente aplicação de *uma pena atenuada*".[575]

O autor justifica tal tese por vários eixos, os quais precisam ser abordados, ainda que resumidamente. Em primeiro lugar, está a esfera da teoria do delito, em que sustenta que devem ser analisados todos os pressupostos de configuração do delito, inclusive culpabilidade (com exceção da imputabilidade), pois para o autor, o sofrimento psíquico isoladamente não exclui a consciência da ilicitude. Em segundo lugar, está a esfera processual em que expõe que o diagnóstico de transtorno mental não pode excluir a incidência de qualquer substituto. Em terceiro lugar, no campo da aplicação da pena, defende que a dosimetria pode ser idêntica aos imputáveis, considerando ser *possível a análise da culpabilidade (de forma sui generis), garantindo assim, determinada responsabilização, informada pelos preceitos da reforma psiquiátrica*. Sendo assim, finaliza afirmando que o sujeito em sofrimento psíquico, dispondo de uma culpabilidade *sui generis*, utilizando as ferramentas do Código Penal, poderia ter "como diretriz instrumental o seu tratamento jurídico similar ao do semi-imputável". E "após quantificar a sanção e converter em medida de segurança, cabe ao julgador analisar a possibilidade de substituição de forma segregacional (internação) pelo regime ambulatorial".[576]

---

[574] CARVALHO, Salo de; WEIGERT, Mariana de Assis Brasil e. A punição do sofrimento psíquico no Brasil..., 2013.

[575] CARVALHO, Salo de. *Penas e medidas de segurança no direito penal brasileiro*. São Paulo: Saraiva, 2013, p. 527.

[576] Ibidem, p. 528-529.

Com entendimento similar, Virgílio de Mattos sustenta que:

> Todos os cidadãos devem ser considerados imputáveis, para fins de julgamento penal,[577] com todas as garantias a ele atinentes. Direito ao processo como reconstrução dos eventos que nele culminaram. Direito ao contraditório e ampla defesa, com manejo de todos os instrumentos a ela inerentes. Em havendo condenação, imposição de pena com limite fixos (dentro dos intervalos de mínimo e máximo anteriormente previstos), possibilitando-se a detração, a progressão de regime, o livramento condicional, exemplificativamente, e, respeitados os intervalos temporais, a transação penal, a suspensão condicional do processo e a extinção da punibilidade, pela prescrição. Quando muito, poderá o transtorno mental do imputado servir como atenuante genérica se houver relação entre a patologia e o crime, devendo a pena imposta ser cumprida, se o caso assim o exigir e apenas em períodos de crise, em hospital penitenciário geral.[578]

O autor reitera que na sua proposta de *extinção das medidas de segurança e dos manicômios judiciários* aponta-se uma responsabilização que possa levar a pessoa em sofrimento psíquico que comete um injusto ao "julgamento de seus atos, significando que deverão ser-lhe garantidos todos os direitos, previstos nas normas penais e processuais penais, até então sonegados".[579]

Partindo dessas linhas teóricas e dos pontos levantados que se julgam importantes nesse contexto, cabem algumas observações. Apesar da densidade e complexidade do tema, percebeu-se inicialmente que poucos são os pesquisadores que se debruçam sobre ele, tanto em relação às questões transversais (e estruturais) quanto às questões mais operacionais no campo jurídico-penal.

Nesse aspecto mais prático trabalhado aqui, poucas alternativas têm sido descritas para as superações ou amenizações urgentes das questões suscitadas. Por isso a limitação aos autores referidos, que de forma corajosa, densa e exaustiva, debruçaram-se sobre tais complexidades. Explicado isto, volta-se às considerações.

a) Quando Carvalho e Weigert trazem que a Reforma Psiquiátrica proporcionou uma mudança central, tratando "a pessoa com diagnóstico de transtorno mental como verdadeiro sujeito de direitos, e não como intervenção do laboratório psiquiátrico-forense", reafirmam uma premissa fundamental de todo o movimento antipsiquiátrico e antimanicomial. É a defesa do protagonismo desses sujeitos nas suas próprias

---

[577] Destaca-se aqui a observação de Heinz Steinert: "La irracionalidad de estas hipótesis es la irracionalidad de la racionalidad instrumental que se ha apoderado de las políticas homicidas y suicidas de masa de los últimos cincuenta años". (STEINERT, Heinz. Mas alla del delito y de la pena. In: *Abolicionismo penal*. Traducción del Mariano Alberto Ciafardini e Mirta Lilían Bondanza. Buenos Aires: Sociedad Anonima Editora, 1989, p. 35)

[578] MATTOS, Virgílio de. *Crime e psiquiatria...*, p. 168. Com o mesmo entendimento, ver: QUEIROZ, Paulo. *Direito penal*: parte geral. Rio de Janeiro: Lumen Juris, 2011.

[579] Ibidem, p. 182.

histórias, lutando por cidadania plena e resgate de humanidade. Partindo desse núcleo inclusivo, de defesa de direitos e dignidade humana – que ainda sustentam estar superada a possibilidade de aplicação da medida de segurança diante do movimento reformador – parece incoerente a cumulada defesa da "responsabilização penal do sujeito por meio de juízo condenatório", como também do tratamento jurídico "similar ao da semi-imputabilidade";

b) Inadequada parece também a percepção de que "todos os cidadãos devem ser considerados imputáveis"[580] para que sejam devidamente responsabilizados, com garantia de direitos, "até então sonegados".[581]

> Após a humanidade ter assistido atemorizada, ao longo do século passado, aos genocídios legitimados por ordens jurídicas totalitárias, é inadmissível seguir sacrificando pessoas em nome da manutenção da coerência e da harmonia dos sistemas dogmáticos puros.[582]

Esse é o ponto de tensão dos argumentos levantados pelos autores:[583] trabalhar na lógica da reforma psiquiátrica, pleiteando desospitalização, desinstitucionalização e fim da internação compulsória e perpétua e, ao mesmo tempo, lutar pela imputabilidade – requerendo autonomia e responsabilização do indivíduo – *removendo-o para o sistema prisional*, parece ser incoerente.

Esse deslocamento segue na contramão do próprio movimento antipsiquiátrico de superação do asilamento, pois, assim como na reforma italiana, a crítica que o movimento brasileiro empreende, também está relacionada a "todas as instituições de assistência e controle social, a todas as instituições totais, mas também a todos os mecanismos de poder que se realizam em todas as instituições".[584] Não se pode tratar de uma reforma dessa amplitude sem tocar, necessariamente, em todas as outras tecnologias de poder e exclusão social, pois a luta pela emancipação de uma pessoa em sofrimento psíquico soma-se à luta pela emancipação do todo social.

Consequentemente, abrange-se o sistema penal nesse contexto, sobretudo por este utilizar os mecanismos psiquiátricos como estraté-

---

[580] No mesmo sentido está Paulo Delgado, que defende a imputabilidade de todos, sem discriminação. Para ele, em caso de surto, aplica-se a atenuante, não substituindo a pena privativa de liberdade pelo tratamento compulsório.

[581] MATTOS, Virgílio de. *Crime e psiquiatria*..., p. 168.

[582] CARVALHO, Salo de; WEIGERT, Mariana de Assis Brasil e. A punição do sofrimento psíquico no Brasil..., 2013.

[583] E é também a mesma incoerência do projeto PAI-PJ que defende a responsabilização penal como empoderamento, autonomia e garantias de direitos.

[584] ROTELLI, Franco. Superando o manicômio: o circuito psiquiátrico de Triste. In: AMARANTE, Paulo (org.). *Psiquiatria social e reforma psiquiátrica*. Rio de Janeiro: Fiocruz, 1994, p. 152.

gia biopolítica de antecipação do perigo e instrumentalização científica de controle social. Logo, solicitar o empoderamento e a responsabilização do sujeito pela estrutura prisional (também genocida), não parece ser o caminho garantidor de autonomia, dignidade e valorização do ser humano. Pelo contrário, como bem assinalam Hulsman e Celis, "o sistema penal produz efeitos totalmente contrários ao que pretende um determinado discurso oficial".[585] E o encarcerado permanece sendo "um corpo sobre o qual se investem dor, castigos, produtividade, moral e equipamentos de controle".[586] "A prisão é o lugar da degradação dos corpos",[587] não de garantia de direitos.

Lida-se com um processo de desinstitucionalização que deve ser executado continuamente nos territórios como estratégia terapêutica na comunidade. Não parece adequado pensar-se em saídas pelas mesmas vias institucionais (alvos de críticas), pois elas não se sustentam dentro da perspectiva de reforma e, obviamente, não configuram saídas e sim, relegitimações e expansões. E como bem assinala Ávila, "a redução de danos é insuficiente, na medida em que ela pressupõe o sistema e a sua atuação prévia".[588]

Os "novos" discursos ou as "novas" saídas são respostas residuais. Recicladas e requentadas formas conservadoras dos castigos, das torturas e dos abusos penais, com a inovação do eufemismo que se diz crítico. É quase um criticismo *"cool"*,[589] com soluções simplificadas e práticas (para não dizer superficiais) de setores que não podem ser simplificados, muito menos terem suas complexidades minimizadas. Se assim for feito, a crítica torna-se vazia, oca, sem perspectiva social, política e, sobretudo, empírica.

Questionam um tipo de sanção e optam por fórmulas (já velhas conhecidas), igualmente violentas, que é a prisão comum. Questionam o controle e não conseguem desvencilhar-se dele enquanto referencial. Pelo contrário, (re)legitimam o tão criticado sistema prisional já *deslegitimado*,[590] colocando-o num patamar inaceitável: a prisão como saída viável que atenderia garantias e direitos fundamentais (?). A prisão, que

---

[585] HULSMAN, Louk; CELIS, Jacqueline Bernat de. *Penas perdidas*: o sistema penal em questão. Tradução de Maria Lúcia Karam. Rio de Janeiro: LUAM, 1993, p. 72.

[586] PASSETTI, Edson (coord.); *et al. Curso livre de abolicionismo penal*. Rio de janeiro: Revan, 2012, p. 25.

[587] ÁVILA, Gustavo Noronha de. *Falsas memórias e sistema penal*: a prova testemunhal em xeque. Rio de Janeiro: Lumen Juris, 2013, p. 256.

[588] ÁVILA, Gustavo Noronha de. *Falsas memórias e sistema penal...*, p. 302.

[589] ZAFFARONI, Eugenio Raúl. *O inimigo no direito penal...*, p. 69.

[590] Sobre deslegitimação do sistema, ver nota 398. Ver também: ÁVILA, Gustavo Noronha de; GUILHERME, Vera M. *Abolicionismos penais*. Rio de Janeiro: Lumen Juris, 2015.

sempre representou uma das formas mais brutais de racionalização da vingança, ser invocada como um mecanismo garantidor de direitos do ser humano é trabalhar num patamar de obsoleta ingenuidade com critérios reduzidos, percebido como *garantismo prisioneiro*.[591] Dessa forma, encapsulam-se as heterogeneidades, ativando-se perigosos gatilhos arbitrários, punitivos e de sofrimentos estéreis. Pode-se arriscar dizer que são "reformas" limitadas, que representam simulacros de transformações – meramente simbólicas –, ancoradas nas inter-relações brutalizantes do sistema prisional.

Refere-se aqui, não a mero exercício retórico, mas a mecanismos cotidianos, silenciosos e legitimados pelo saber científico de mortes em vida, de destruição de almas, de genocídios em massa nunca responsabilizados. Isso porque o Estado que racionaliza a vingança e autoriza o massacre é o mesmo que deveria, em tese, exercer a função de contenção do poder punitivo e da garantia de direitos individuais.

Nesse sentido, Baratta[592] é enfático ao afirmar que uma vez superada a ideologia negativa, a ciência jurídica seria incapaz de construir, por dentro de suas estruturas, uma ideologia positiva, isto é, uma estratégia alternativa ao atual sistema repressivo de controle dos comportamentos socialmente nocivos ou problemáticos. Parece perfeitamente cabível o raciocínio à questão penal-psiquiátrica, sobretudo no que se refere às medidas de segurança detentivas. Tem-se, então, duas questões:

> 1) Uma política de contenção da violência punitiva só é realista se inserida no movimento para a afirmação dos direitos humanos e da justiça social, pois, definitivamente, não se pode isolar a violência institucional da violência estrutural e da injustiça das relações de propriedade e de poder. 2) As possibilidades de utilizar alternativamente os instrumentos tradicionais da justiça penal para a defesa dos direitos humanos são sumamente limitadas.[593]

Vislumbra-se, por enquanto, um único horizonte: não há saída por dentro do sistema (penal) vigente que não seja violenta. "Dignidade humana é exigência de vida propriamente humana".[594] E por ser assim,

---

[591] De acordo com Andrade, "precisamente aí, nos labirintos da ambiguidade entre promessas declaradas de garantismo e exigências latentes de regulação social, encontramos a própria Dogmática na prisão e o garantismo dogmático prisioneiro da própria fantasia que cria. O limite da Dogmática, o limite do garantismo prometido, não é outro senão o limite estrutural da própria sociedade: é o limite do espelho". (ANDRADE, Vera Regina Pereira de. Construção e identidade da dogmática penal: do garantismo prometido ao garantismo prisioneiro. In: *Sequência*. Vol. 29, n. 57. Florianópolis: PPGD, UFSC, 2008. Disponível em: <https://periodicos.ufsc.br/index.php/sequencia/article/view/2177-7055.2008v29n57p237>).

[592] BARATTA, Alessandro. *Criminologia crítica e crítica do direito penal...*, 2002.

[593] BARATTA, Alessandro. *Princípios do direito penal mínimo...*, p. 5.

[594] SOUZA, Ricardo Timm. *Justiça em seus termos...*, p. 151.

não há nenhuma via penal-psiquiátrica que suporte e sustente isso. Não há invocação desse direito por campos sombrios.

Todas as vias alternativas[595] apresentadas – que talvez estejam funcionando apenas como redução de danos – deságuam em mecanismos de controles (sejam médicos e/ou jurídico-penais), uns mais, outros menos violentos, mas sempre vinculados ao poder disciplinar que a qualquer momento, os tentáculos penais mais severos podem ser acionados, porque todos os programas alternativos continuam com suas execuções jurisdicionalizadas. Estar filiado ao sistema penal – seja da maneira reducionista que for – é garantir a resposta social pelo fato punível, e por assim ser, é estar na dimensão de "controle e regulação, em cujo centro radica a reprodução de estruturas e instituições sociais e não a proteção do sujeito, ainda que em nome dele fale e se legitime".[596]

A sinalização de rotas de superação (?), certamente, só pode ser vislumbrada com imaginação não punitiva, com potência e ânimo libertário. Segue-se questionando as próprias ideias, as próprias saídas, as próprias angústias num fluxo contínuo sem ponto final. Os ajustes constantes, as críticas, o aperfeiçoamento da visibilidade dos excluídos, o aprimoramento da escuta dos emudecidos, a resistência do extermínio cotidiano, que pertencem ao campo das incertezas, são práticas que podem indicar um caminho de suplantação, em constante devir, de ruptura com o poder punitivo psiquiátrico.

A proposta aqui não é a criação de um referencial teórico capaz de dar conta da complexidade do tema, ou mesmo, respostas emolduradas com o contexto da reforma psiquiátrica, pois isso negaria por completo o teor do movimento humanitário inaugurado por Basaglia e sua proposta de superação de um modelo ortodoxo. Além disso, seria impossível oferecer qualquer tipo de saída viável capaz de romper por completo com a estrutura vigente. Dentro dos padrões dogmáticos (penal/processual), todas as alternativas pertencem ao sistema e a ele estão vinculadas. Logo, as mudanças estão sempre no patamar do paliativo, da minimização da dor, da redução de danos, do menos violento, do assistencialismo, mas não conseguem romper com a cadeia punitiva – exatamente pelo grau de dificuldade multifacetada exposta – muito menos propor práticas efetivas de liberação e libertação.

---

[595] Admitindo aqui os programas em andamento que mencionamos no tópico anterior, em especial nesse caso, o PAI-PJ.
[596] ANDRADE, Vera Regina Pereira de. *Sistema penal máximo X cidadania mínima...*, p. 22.

Considerações finais

*A partir de certo ponto não há mais qualquer possibilidade de retorno.
É exatamente este o ponto que devemos alcançar.*[597]

O momento conclusivo de um trabalho acadêmico não constitui o término de um ofício, pelo contrário, significa um novo começo de discussões e a multiplicação dos dilemas envolvidos, sem qualquer possibilidade de retornar ao ponto que se partiu. A pesquisa desenvolveu-se ampliando as argumentações, revelando descobertas sequer vislumbradas, transcorrendo entre particularidades, inicialmente invisíveis ao limitado discurso jurídico-penal, gerando assim, inúmeras problemáticas, que assumidamente, permanecem em aberto. Os avanços necessários sugeriram outros horizontes – muito superiores às questões aparentemente esclarecidas – que precisam, a partir de agora, ser enfrentados e debatidos em busca de mudanças (pro)positivas e não violentas.

Com efeito, o objetivo central foi problematizar a permanência das medidas de segurança no ordenamento jurídico-penal brasileiro, tensionando-a com o vigente movimento de Reforma Psiquiátrica, validado pela Lei 10.216/01. Dessa forma, buscou-se demonstrar quais os fundamentos que (re)legitimam essa subsistência e como isso se processou a partir do século XIX, momento em que se configurou definitivamente o Estado brasileiro. A pesquisa situou a importância do tema e do recorte trabalhado, bem como o ineditismo da problemática e do trajeto que se escolheu percorrer.

Nesse sentido, procurou-se resgatar a dimensão sociopolítica que originou o desenvolvimento das medidas de segurança no Brasil até sua heterogênea relação de (des)legitimação.

O paradigma racista-higiênico-disciplinar inaugurou no século XIX um modelo de administração pública e de controle social inovador. Pautado na ciência médica, o programa político (cientificizado)

---

[597] KAFKA, Franz. *Contos, fábulas e aforismos*. Rio de Janeiro: Civilização Brasileira, 1993, p. 92.

normalizador e sanitário, ligado intimamente às questões de saúde pública, operacionalizava uma estratégia biopolítica de higienismo, controle, disciplina e defesa social, fundamental naquele momento de crise geral. A prevenção passou a ser um dos grandes objetivos dessa dinâmica, em busca do bem-estar coletivo.

O(s) racismo(s) e, por conseguinte, a teoria da degenerescência, desenvolvida plenamente no Brasil por Nina Rodrigues e seus seguidores, aproximaram diversas categorias e *estruturaram a noção de periculosidade* – que permeou verticalmente toda a formação das medidas de segurança – autorizando, por sua vez, as práticas de eliminação do Estado, como assinalou Foucault. Os negros e os miscigenados (bem como todos os indesejáveis) estavam diretamente ligados à noção de doença (degenerados) e agora pertenciam às classes perigosas, potencialmente criminosas. Assim sendo, essa tecnologia de controle necessitou do aparato policialesco fortalecido, instrumentalizador de uma política de "zelo".

O controle social-terapêutico, pautado em bases hospitalocêntricas inocuizadoras, naturalizou a tortura, a exclusão, as mortificações e todos os tipos de violência, através do asilamento, da vigilância e da medicalização. "É no corpo que o poder faz as forças emergirem ou calarem. É o ponto de partida e de chegada do poder no âmbito das instituições e o caminho são as disciplinas anátomo-políticas do corpo".[598]

Isso ficou evidenciado no trabalho, sobretudo, por meio dos exemplares da Gazeta Médica aqui trabalhados, os quais comprovaram que, apesar da tensão entre médicos e juristas em busca da salvação da nação, havia a prevalência médica e sua estratégia biopolítica de controle, reconhecidamente admitida pelas Escolas de Direito.

Dessa forma, o processo legislativo no âmbito penal brasileiro teve fortes influências desse campo fértil e "promissor" da psiquiatrização do crime. Os códigos penais do final do século XIX já apresentavam indicativos, mas foi em 1940, que a criminologia positivista trouxe seus aportes definitivos, com a implantação das medidas de segurança (como cordão sanitário de controle), ainda no modelo do duplo binário. Em 1984 ocorreu a "emancipação" das medidas, reconhecidas como sanções autônomas e com a nítida contradição, pelo menos em termos simbólicos, entre o tratamento e a custódia. A punição do cárcere ligou-se à correção moral e física dos manicômios, voltados à repressão de qualquer ameaça ao coletivo e seus valores, num duplo de violência extremada que, obviamente, não conseguiu atingir suas funções declaradas e simbólicas de prevenção, tratamento e ressocialização,

---

[598] GHIRALDELLI JR., Paulo. *O corpo* – filosofia e educação. São Paulo: Ática, 2007, p. 101.

conforme o vazio das estatísticas apresentadas. Por outro lado, mostrou eficiência quanto à função obscura, de inocuização (ilimitada), tortura, invalidação e morte dos seres humanos estrategicamente psiquiatrizados na esfera penal.

Nos rearranjos para a manutenção como sistema sancionatório, as medidas de segurança, além das características novecentistas herdadas, ligaram-se à administração dos riscos e à dinâmica do atuarialismo, momento em que abandonaram, em definitivo, quaisquer resquícios (ainda que representativos) das propostas reabilitadoras, assumindo assim, seu papel original de afastar do convívio social os seres considerados perigosos (por sua condição biopsicopatológica) e controlar práticas delitivas (prevenção), sem grandes comprometimentos sociais, como enfatizou Anitua.

Os hospitais de custódia e tratamento psiquiátrico ou manicômios judiciários continuaram como a mais representativa materialização do poder penal-psiquiátrico, somando o pior da prisão com o pior do manicômio. É o "quarto-forte" da demissão de qualquer possibilidade terapêutica.

Isso fica claro quando o movimento de reforma psiquiátrica assume seu protagonismo no sistema de saúde brasileiro – negando as instituições da violência e lutando por uma sociedade sem manicômios –, mas ao mesmo tempo, estabelece uma relação apática com o Sistema de Justiça Criminal. Este, por sua vez, resiste ao movimento reformador, mantendo o tradicionalismo psiquiátrico positivista na qualidade de política eficientista preponderante de controle social psiquiatrizado.

Dito isso, afloram algumas considerações finais no sentido de ratificação da hipótese sugerida no início do trabalho.

a) Os conceitos e as estruturas criticadas que ditam o teor da deslegitimação e da desfuncionalização das medidas de segurança são as mesmas que legitimam e atualizam sua permanência no Sistema de Justiça Criminal brasileiro. Mantém-se o mito do tratamento e da ressocialização e o equívoco da construção positivista da periculosidade e do risco presumido, como eixos de ancoramento e verticalização. Isso garante a permanência (quase inabalável) da lógica psiquiátrica tradicional (hospitalocêntrica) do século XIX, apesar das frentes reformadoras que estabelecem um novo modelo assistencial em saúde mental. O ser "degenerado" em sofrimento psíquico ainda proporciona a justificativa ideal para a manutenção da clássica terapêutica (penal). Fixa-se, assim, no discurso anestésico da eficiência da contenção penal-psiquiátrica;

b) A medida de segurança reflete a articulação do Estado Penal e seu aparato de captura, exclusão e vigilância, operacionalizando, em máxima potência, o exercício de poder e de controle no âmbito da normalização;

c) Além das hipóteses sugeridas no início do trabalho, percebeu-se a (in)viabilidade de superação do modelo penal-psiquiátrico por dentro da estrutura vigente. Explica-se. Os programas alternativos ora apresentados deixam dúvidas quanto à superação do modelo de controle (penal-psiquiátrico) ou mesmo quanto ao atendimento das propostas da Reforma Psiquiátrica. Trabalhar com deslocamentos institucionais favorece os mecanismos de violência, controle e perda de autonomia, como também as armadilhas da judicialização do cuidado e do hospitalocentrismo terapêutico. Com exceção do PAILI, as demais propostas não operacionalizaram, em âmbito penal, nem a humanização adequada do tratamento – o que já era rechaçado pela reforma – nem tampouco a superação da contenção asilar – aqui se enquadrando também o PAILI;

d) A saída prática pleiteando a imputabilidade e o deslocamento do sujeito para o sistema prisional comum, como resgate de autonomia e garantias de direitos, oferece uma incompatibilidade com a própria reforma. É incompatível porque, a luta contra o manicomialismo e a desinstitucionalização, como claramente sugere, caracteriza-se por enfrentar todas as formas de opressão e exclusão social, incluindo o sistema prisional comum. Logo, essa demanda não pode ser pleiteada com argumentos da própria reforma por incoerência sistêmica e ideológica.

As saídas suavizantes e paliativas do caos, por caminhos ainda sombrios, parecem não caber mais no patamar que se atingiu.

É no intervalo da vida que "o exercício da dignidade – dignidade humana, expressão de dignidade do mundo, transbordamento generoso da dignidade humana – é unicamente possível; é neste intervalo que o humano pode encontrar consigo, apesar de tudo".[599] No entanto, não há nenhuma medida por via médico-penal capaz de se sustentar nesse intervalo percebido. O exercício da dignidade humana é incompatível com a fraturada, porém resistente, dinâmica penalógica psiquiatrizada.

A reforma basagliana trouxe para o campo híbrido prisional/manicomial a reflexão mais importante: que o ambiente é de incertezas. Dinâmicas, conflitos, aprendizados, erros, acertos, num devir perma-

---

[599] SOUZA, Ricardo Timm. *Justiça em seus termos...*, p. 154.

nente, complexo e contraditório. A desinstitucionalização proposta é um intricado processo de *des:* construção, articulação, informação, estruturação, humanização.

O caminho percorrido aqui não teve o propósito de encontrar respostas fechadas, bem articuladas que pudessem atender aos anseios iniciais. Pelo contrário, na linha da desestabilização das certezas acadêmicas, o livro encontra-se na liberdade que busca a soma de experimentos capazes de minimizar dores, torturas, mortes e que, no futuro, possa chegar à abolição do que podemos chamar de prisão manicomial. Para isso, o primeiro passo é livrar-nos das prisões e dos manicômios que nos detêm e fazem-nos reféns de um modelo sedutor e (in)fecundo, cultivando sempre as inquietações que nos fazem seguir as utopias. Se conseguirmos, ainda que minimamente, abolir os microssistemas penais-psiquiátricos individuais, teremos reduzido as microestruturas prisionais e manicomiais, as microsseleções cotidianas, os microfascismos, os microativismos das doenças, os microconsumos de drogas que atendem ao lucrativo mercado farmacêutico, enfim, microssistemas de controle de todas as ordens.

Referências

ALARCON, Sergio. Da reforma psiquiátrica à luta pela 'vida não-fascista'. In: *História, Ciências, Saúde – Manguinhos*, v. 12, n. 2, maio-ago, 2005.

ALVAREZ, Marcos César. A criminologia no Brasil ou como tratar desigualmente os desiguais. In: *Dados – Revista de ciências sociais*. Rio de Janeiro, vol. 45, no. 4, 2002.

AMARAL, Augusto Jobim do. *Política da prova e cultura punitiva*: a governabilidade inquisitiva do processo penal brasileiro contemporâneo. São Paulo: Almedina, 2014.

——. Crônica do interior da laranja. In: FRANÇA, Leandro Ayres (org.). *Literatura e pensamento científico*: discussões sobre ciência, política e violência nas obras literárias. Curitiba: iEA Academia, 2014.

AMARANTE, Paulo. Asilos, alienados e alienistas: pequena história da psiquiatria no Brasil. In: AMARANTE, Paulo (org.). *Psiquiatria social e reforma psiquiátrica*. Rio de Janeiro: Fiocruz, 1994.

——. *Psiquiatria social e reforma psiquiátrica*. Rio de Janeiro: Fiocruz, 1994.

——. Uma aventura no manicômio: a trajetória de Franco Basaglia. In: *História, Ciências, Saúde – Manguinhos*, julho-out, 1994.

——. *Loucos pela vida*: a trajetória da Reforma Psiquiátrica no Brasil. Rio de Janeiro, Fiocruz, 1995.

——. Rumo ao fim dos manicômios. In: *Mente e Cérebro*: psicologia, psicanálise e neurociência. Setembro, 2006. Disponível em: <http://www2.uol.com.br/vivermente/reportagens/rumo_ao_fim_dos_manicomios.html>.

ANCEL, Marc. *A nova defesa social*. Tradução de Oswaldo melo. Rio de Janeiro: Forense, 1979.

ANDRADE, Vera Regina Pereira de. *Cidadania*: do direito aos direitos humanos. São Paulo: Editora Acadêmica, 1993.

——. *A ilusão da segurança jurídica*: do controle da violência à violência do controle penal. Porto Alegre: Livraria do Advogado, 2003.

——. *Sistema penal máximo x cidadania mínima* – códigos da violência na era da globalização. Porto Alegre: Livraria do Advogado, 2003.

——. Construção e identidade da dogmática penal: do garantismo prometido ao garantismo prisioneiro. In: *Sequência*. Vol. 29, n. 57. Florianópolis: PPGD, UFSC, 2008. Disponível em: <https://periodicos.ufsc.br/index.php/sequencia/article/view/2177-7055.2008v29n57p237>.

——. *Pelas mãos da criminologia* – o controle penal para além da (des)ilusão. Rio de Janeiro: Revan, 2012.

ANGELL, Marcia. *A verdade sobre os laboratórios farmacêuticos:* como somos enganados e o que podemos fazer a respeito. Rio de Janeiro: Record, 2007.

——. Marcia Angell, a coragem na luta contra ação de laboratórios. 2013. Entrevista disponível em: <http://jornalggn.com.br/blog/luisnassif/marcia-angell-a-coragem-na-luta-contra-acao-de-laboratorios>.

ANITUA, Gabriel Ignacio. *Histórias dos pensamentos criminológicos*. Rio de Janeiro: Revan, 2008.

ANTUNES, Maria João. *O internamento de imputáveis em estabelecimentos destinados a inimputáveis* – dos arts. 103, 104 e 105 do código penal de 1982. Coimbra: Coimbra Editora, 1993.

——. *Medida de segurança de internamento e facto de inimputável em razão de anomalia psíquica*. Coimbra: Coimbra Editora, 2002;

ARAÚJO, João Vieira de. *Ensaio de Direito Penal ou Repetições Escritas sobre o Código Criminal do Império do Brasil*. Recife: Tipografia do Jornal do Recife, 1884.

ARBEX, Daniela. *Holocausto brasileiro* – vida, genocídio e 60 mil mortes no maior hospício do Brasil. São Paulo: Geração Editorial, 2013.

ARISTÓTELES. *Ética a Nicômaco*. São Paulo: Nova cultural, 1991.

ÁVILA, Gustavo Noronha de. *Falsas memórias e sistema penal*: a prova testemunhal em xeque. Rio de Janeiro: Lumen Juris, 2013.

ÁVILA, Gustavo Noronha de; GUILHERME, Vera M. *Abolicionismos penais*. Rio de Janeiro: Lumen Juris, 2015.

BANTON, Michael. *A ideia de raça*. Lisboa: Edições 70, 1977.

BARATTA, Alessandro. *Ressocialização ou controle social*: uma abordagem crítica da reintegração social do sentenciado. Disponível em: <http://www.ceuma.br/portal/wp-content/uploads/2014/06/BIBLIOGRAFIA.pdfhttp://www.eap.sp.gov.br/pdf/ressocializacao.pdf>.

——. Princípios do direito penal mínimo – para uma teoria dos direitos humanos como objeto e limite da lei penal. In: *Doctrina penal*. Teoria e prática em las ciências penais. Ano 10, n. 87. Buenos Aires: Depalma, 1987.p. 5. Disponível em: <http://danielafeli.dominiotemporario.com/doc/ALESSANDRO%20BARATTA%20Principios%20de%20direito%20penal%20minimo.pdf>. Acesso em 20.12.2015.

——. *Criminologia crítica e crítica do direito penal*. Rio de Janeiro: Editora Revan, 2002.

BARROS-BRISSET, Fernanda Otoni de. *Por uma política de atenção integral ao louco infrator*. Belo Horizonte: Tribunal de Justiça do Estado de Minas Gerais, 2010.

——. Responsabilidades. In: *Responsabilidades: revista interdisciplinar do programa de atenção integral ao paciente judiciário – PAI-PJ*. Belo Horizonte: Tribunal de Justiça do Estado de Minas Gerais, 2011.

——. Genealogia do conceito de periculosidade. In: *Responsabilidades: revista interdisciplinar do programa de atenção integral ao paciente judiciário – PAI-PJ*. Belo Horizonte: Tribunal de Justiça do Estado de Minas Gerais, 2011.

BASAGLIA, Franco. *A instituição negada*: relato de um hospital psiquiátrico. Rio de Janeiro: Graal, 1985.

——. *Escritos selecionados em saúde mental e reforma psiquiátrica*. Organização: Paulo Amarante; tradução: Joana Angélica d'Ávila Melo. Rio de Janeiro: Garamond, 2005.

——. *Escritos selecionados em saúde mental e reforma psiquiátrica*. Organização Paulo Amarante. Rio de Janeiro: Garamond, 2010.

——; BASAGLIA, Franca *et al*. Considerações sobre uma experiência comunitária. In: AMARANTE, Paulo Duarte de Carvalho (org.). *Psiquiatria social e reforma psiquiátrica*. Rio de Janeiro: Fiocruz, 1994.

——; BASAGLIA, Franca (orgs.). *Crimini di pace: ricerche sugli intellettuali e sui tecnici come addetti all'oppressione*. Milano: Baldini Castoldi Dalai editore, 2009.

BATISTA, Nilo; ZAFFARONI, Eugenio Raúl *et al*. *Direito penal brasileiro I* – teoria geral do direito penal. Rio de Janeiro: Revan, 2003.

BAUMAN, Zymunt. *Modernidade líquida*. Rio de Janeiro: Jorge Zahar Ed., 2001.

——. *Confiança e medo na cidade*. Rio de Janeiro: Jorge Zahar, 2009.

BAUMER, Franklin L. *O pensamento europeu moderno* – séculos XIX e XX. Vol II. Lisboa: Edições 70, 1977.

BECCARIA, Cesare. *Dos delitos e das penas*. São Paulo: Martin Claret, 1764/2003.

BELINI, Marya Gorete; HIRDES, Alice. *Projeto Morada São Pedro:* da institucionalização a desinstitucionalização em saúde mental. 2006. Disponível em: <http://www.scielo.br/pdf/tce/v15n4/v15n4a03.pdf>.

BEVILÁQUA, Clóvis. *Sobre uma nova teoria da responsabilidade*. Recife, 1892.

BIRMAN, Joel; COSTA, Jurandir Freire. Organização de instituições para uma psiquiatria comunitária. In: AMARANTE, Paulo (org.). *Psiquiatria social e reforma psiquiátrica*. Rio de Janeiro: Fiocruz, 1994.

BITENCOURT, Cesar Robert. *Tratado de direito penal*. Parte Geral 1. 16. ed. São Paulo: Saraiva, 2011.

BOURDIEU, Pierre. *O poder simbólico*. Lisboa: Difel, 1989.

——. *Sobre a televisão*. Rio de Janeiro: Jorge Zahar Ed., 1997.

BOLETIM de Farmacoepidemiologia do SNGPC. *Prescrição e consumo de metilfenidato no Brasil*: identificando riscos para o monitoramento e controle sanitário". Ano 2, n° 2 | jul./dez. de 2012

BORRILLO, Daniel. *Homofobia: história e crítica de um preconceito*. Trad. Guilherme João de Freitas Teixeira. Belo Horizonte: Autêntica, 2010.

BRASIL, Rafaela Schneider. *Da maquinaria mortífera do manicômio judiciário à invenção da vida*: saídas possíveis. Dissertação (Programa de Pós-Graduação em Psicologia Social e Institucional). Universidade Federal do Rio Grande do Sul, Porto Alegre, 2012.

BRITTO, Renata Corrêa. A Internação Psiquiátrica Involuntária e a Lei 10.216/01. Reflexões acerca da garantia de proteção aos direitos da pessoa com transtorno mental. 2004. Dissertação (Mestrado em Saúde Pública). Ministério da Saúde Fundação Oswaldo Cruz – Escola Nacional de Saúde Pública, Rio de Janeiro, 2004, p. 70-77.

BRUNO, Aníbal. *Perigosidade criminal e medidas de segurança*. Rio de Janeiro: Editora Rio, 1977.

CAPONI, Sandra. *Loucos e degenerados*: uma genealogia da psiquiatria ampliada. Rio de Janeiro: Fiocruz, 2012.

CAMPOS, Francisco. Exposição de motivos ao código penal de 1940. In: PIERANGELI, José Henrique. *Códigos penais do Brasil* – evolução histórica. 2ª ed. São Paulo: RT, 2004.

CANGUILHEM, Georges. *O normal e o patológico*. Rio de Janeiro: Forense Universitária, 1990.

CARRARA, Sérgio. *Crime e loucura*: o aparecimento do manicômio judiciário na passagem do século. Rio de Janeiro: EdUERJ; São Paulo: EdUSP, 1998.

CARVALHO, Maria Cecília. Os desafios da desinstitucionalização. In: FIGUEIREDO, Ana Cristina; CAVALCANTI, Maria Tavares (Orgs.). *A reforma psiquiátrica e os desafios da desinstitucionalização* – contribuições à III Conferência Nacional de Saúde Mental. Rio de Janeiro: IPUB/CUCA, 2001.

CARVALHO, Salo de (coord). *Crítica à execução penal*. 2ª ed. Rio de Janeiro: Lumen Juris, 2007.

——. *Penas e medidas de segurança no direito penal brasileiro*. São Paulo: Saraiva, 2013.

CARVALHO, Salo de; WEIGERT, Mariana de Assis Brasil e. A punição do sofrimento psíquico no Brasil: reflexões sobre os impactos da reforma psiquiátrica no sistema de responsabilização penal. In: *Revista de Estudos Criminais*, n° 48, janeiro-março, 2013.

CASTEL, Robert. *La gestion de los riesgos* – de la anti-psiquiatria ao post-analisis. Editorial Anagrama, 1968.

——. *O psicanalismo*. Rio de Janeiro: Edições Graal, 1978.

——. *A ordem psiquiátrica*: a idade de ouro do alienismo. Rio de Janeiro: Edições Graal, 1978.

——. *A Insegurança Social*: o que é ser protegido? Petrópolis: Vozes, 2005

CASTRO, Edgardo. *El vocabulario de Michel Foucault* – Um recorrido alfabético por sus tema, conceptos y autores. Buenos Aires: Universidad Nacional de Quilmes, 2004.

CASTRO, Lola Aniyar de. *Criminologia da reação social*. Rio de Janeiro: Forense, 1983.

CONDE, Francisco Muñoz. *Edmund Mezger e o direito penal de seu tempo* – estudos sobre o direito penal no nacional socialismo. Rio de Janeiro: Lumen Juris, 2005.

CONSELHO FEDERAL DE PSICOLOGIA. *Inspeções aos manicômios*. Relatório Brasil 2015. Brasília: CFP, 2015.

——; MECANISMO NACIONAL DE PREVENÇÃO E COMBATE À TORTURA; PROCURADORIA FEDERAL DOS DIREITOS DO CIDADÃO; MINISTÉRIO PÚBLICO FEDERAL. *Relatório da Inspeção Nacional em Comunidades Terapêuticas*. Brasília DF: CFP, 2018.

COOPER, David. *Psiquiatria e antipsiquiatria*. São Paulo: Perspectiva, 1989.

CORRÊA, Mariza. *As ilusões da liberdade* – a escola Nina Rodrigues e a antropologia no Brasil. 1982. Tese (doutorado em Ciências Sociais). Faculdade de Filosofia, Letras e Ciências Humanas da Universidade de São Paulo. São Paulo, 1982.

COSTA, Jurandir Freire. *História da psiquiatria no Brasil*: um corte ideológico. Rio de Janeiro: Campus, 1980.

——. *Ordem médica e norma familiar*. Rio de Janeiro: Graal, 1999.

DARWIN, Charles. *A Origem das Espécies.* São Paulo: Ed. Martin Claret, 2004.

DECLARAÇÃO DE CARACAS. 1990. Disponível em: <http://bvsms.saude.gov.br/bvs/publicacoes/declaracao_caracas.pdf>.

DELGADO, Pedro Gabriel Godinho. *As razões da tutela*. Rio de Janeiro: Te Corá, 1992.

——. Saúde Mental e Direitos Humanos: 10 Anos da Lei 10.216/2001. In_.: *Arquivos de Brasileiros de Psicologia*. Vol. 63, n. 2, 2011. Disponível em: <http://seer.psicologia.ufrj.br/index.php/abp/article/view/713/529>.

DIAS, Jorge de Figueiredo. *Direito penal português* – parte geral – as consequência jurídicas do crime. Coimbra: Coimbra Editora, 2005.

——; ANDRADE, Manuel da Costa. *Criminologia* – o homem deliquente e a sociedade criminógena. Coimbra: Coimbra Editora, 1997.

DIAS, Míriam Thais Guterres. *A reforma psiquiátrica brasileira e os direitos dos portadores de transtorno mental*: uma análise a partir do serviço residencial terapêutico morada São Pedro. Doutorado em Serviço Social. Faculdade de Serviço Social da Pontifícia Universidade Católica do Rio Grande do Sul. Porto Alegre, 2007.

DIETER, Maurício Stegemann. *Política criminal atuarial* – a criminologia do fim da história. Rio de Janeiro: Revan, 2013.

DINIZ, Debora. *A custódia e o tratamento psiquiátrico no Brasil* – censo 2011. Brasília: Editora UnB, 2013.

DUARTE, Evandro Charles Piza. *Criminologia e racismo*: introdução à criminologia brasileira. Curitiba: Juruá, 2006.

DUARTE JÚNIOR, João Francisco. *A política da loucura (a antipsiquiatria).* Campinas: Papirus. 1983.

ENGEL, Magali Gouveia. *Os delírios da razão*: médicos, loucos e hospícios (Rio de Janeiro 1830-1930). Rio de Janeiro: Editora Fiocruz, 2001.

FERNÁNDEZ CARRASQUILLA, Juan. *Derecho penal fundamental:* teoría general del delito e punibilidad. Bogotá: Temis, 1984, p. 9-10.

FERREIRA, Pinto. A Faculdade de Direito e a Escola do Recife. In: *Revista. Inf. Legisl.* Brasília. N°55, jul./set., 1977. Disponível em: <http://www2.senado.leg.br/bdsf/bitstream/handle/id/181024/000359523.pdf?sequence=3>. Acesso em: 01 de fev. 2014.

FERRI, Enrico. *Sociología criminal.* Version Española de Antonio Soto y Hernández. Madri: Centro Editorial de Góngora.

FÓRUM BRASILEIRO DE SEGURANÇA PÚBLICA. *Anuário Brasileiro de Segurança Pública 2014.* Ano 8. São Paulo, 2014.

FOSCARINI, Leia; CASTELO BRANCO, Thayara. Punição química de crianças e adolescentes no Brasil. In: SOUZA, Thiago Hanney Medeiros de; CASTELO BRANCO, Thayara (orgs.). *Anais do I Congresso de Criminologia(s): críticas(s), minimalismo(s) e abolicionismo(s).* Porto Alegre: Edipucrs, 2015.

FOUCAULT, Michel. *Microfísica do poder*. Rio de Janeiro: Graal. 1979.

——. *Obrar mal, decir la verdad* – la función de la confesión em la justicia. Curso de Lovaina. 1ª edição. Buenos Aires: Siglo Veintiuno, 1981.

——. *Vigiar e punir:* Nascimento da prisão. Petrópolis: Vozes, 1987.

——. *Em defesa da sociedade*: curso no Collège de France (1975-1976). São Paulo: Martins Fontes, 1999.

——. *Os anormais*: curso no Collège de France (1974-1975). São Paulo: Martins Fontes, 2001.

——. *História da loucura*: na idade clássica. 8ª ed. São Paulo: Perspectiva, 2005.

——. *O poder psiquiátrico*: curso dado no Collége de France (1973-1974). Tradução Eduardo Brandão. São Paulo: Martins Fontes, 2006.

——. *Ética, sexualidade, política (ditos e escritos V)*. Organização e seleção de textos Manoel Barros da Motta. 2ª ed. Rio de Janeiro: Forense Universitária, 2006.

——. *Segurança, território, população*: curso dado no Collège de France (1977-1978). São Paulo: Martins Fontes, 2008.

——. *Arqueologia do saber*. 7ª ed. Rio de Janeiro. Forense Universitária, 2009.

GALEANO, Eduardo. *De pernas pro ar* – a escola do mundo ao avesso. Porto Alegre: L &PM, 2010.

GARÓFALO, Raffaele. *La criminologia*. Madri: Daniel Jorro Editor, 1912 (1885).

GAUER, Gabriel et al. Inimputabilidade e doença mental. In: *Sistema penal e violência*. Rio de Janeiro: Lumen Juris, 2006, p. 163.

GAUER, Ruth Maria Chittó. *A modernidade portuguesa e a reforma pombalina de 1772*. Porto Alegre: Edipucrs, 1996.

——. *A fundação da norma:* para além da racionalidade histórica. Porto Alegre: Edipucrs, 2011.

GAZETA MÉDICA DA BAHIA. 10 de julho. N. 1. 1866. Disponível em: <http://www.gmbahia.ufba.br/index.php/gmbahia/index>.

——. 15 de fevereiro. N. 39. 1868. <Disponível em: http://www.gmbahia.ufba.br/index.php/gmbahia/index>.

——. Fevereiro. N. 2. 1876. Disponível em: <http://www.gmbahia.ufba.br/index.php/gmbahia/index>.

——. Dezembro. N.2. 1880. Disponível em: <http://www.gmbahia.ufba.br/index.php/gmbahia/index>.

——. Janeiro/ fevereiro/ março. 1890. Disponível em: <http://www.gmbahia.ufba.br/index.php/gmbahia/index>.

——. Julho. 1891. Disponível em: <http://www.gmbahia.ufba.br/index.php/gmbahia/index>.

——. Março, abril, Junho. 1892. Disponível em: <http://www.gmbahia.ufba.br/index.php/gmbahia/index>.

——. agosto. 1893. Disponível em: <http://www.gmbahia.ufba.br/index.php/gmbahia/index>.

——. setembro. 1893. Disponível em: <http://www.gmbahia.ufba.br/index.php/gmbahia/index>.

——. Julho. 1909. Disponível em: <http://www.gmbahia.ufba.br/index.php/gmbahia/index>.

——. maio. 1913. Disponível em: <http://www.gmbahia.ufba.br/index.php/gmbahia/index>.

——. Julho. 1923. Disponível em: <http://www.gmbahia.ufba.br/index.php/gmbahia/index>.

——. V. 56. Janeiro. 1926. Disponível em: <http://www.gmbahia.ufba.br/index.php/gmbahia/index>.

——. Dezembro. 1927. Disponível em: <http://www.gmbahia.ufba.br/index.php/gmbahia/index>.

GHIRALDELLI JR., Paulo. *O corpo* – filosofia e educação. São Paulo: Ática, 2007.

GIRARD, René. *A violência e o sagrado*. São Paulo: Ed. Unesp, 1990.

GLOECKNER, Ricardo; AMARAL, Augusto Jobim do. *Criminologia e(m) crítica*. Curitiba: Editora Champagnat – PUCPR; Porto Alegre: EDIPUCRS, 2013.

——. *O bode expiatório*. São Paulo: Paulus, 2004.

GOFFMAN, Erving. *Manicômios, prisões e conventos*. São Paulo: Perspectiva, 2005.

GOFFMAN, Ken. JOY, Dan. *Contracultura através dos tempos*: do mito de Prometeu à cultura digital. Rio de Janeiro: Ediouro, 2007.

HEIDRICH, Andréa Valente. *Reforma psiquiátrica à brasileira: análise sob a perspectiva da desinstitucionalização*. Tese. Programa de Pós-Graduação em Serviço Social. Pontifícia Universidade Católica do Rio Grande do Sul, Porto Alegre, 2007

HEYWARD, Harold; VARIGAS, Mireille. *Uma antipsiquiatria?.* São Paulo: edições Melhoramentos, 1977.

HULSMAN, Louk; CELIS, Jacqueline Bernat de. *Penas perdidas*: o sistema penal em questão. Tradução de Maria Lúcia Karam. Rio de Janeiro: LUAM, 1993.

IBRAHIM, Elza. *Manicômio judiciário*: da memória interrompida ao silêncio da loucura. Curitiba: Appris, 2014.

KAFKA, Franz. *Contos, fábulas e aforismos*. Rio de Janeiro: Civilização Brasileira, 1993

KINOSHITA, Roberto Tykanori. Uma experiência pioneira: a reforma psiquiátrica italiana. In: COSTA, Jurandir Freire; DALLARI, Dalmo de Abreu *et al*. *Saúde mental e cidadania*. São Paulo: Edições Mandacaru, 1987.

KUMMER, Lizete Oliveira. *A psiquiatria forense e o Manicômio Judiciário do Rio Grande do Sul*: 1925-1941. Tese. Instituto de Filosofia e Ciências Humanas, Programa de Pós-Graduação em História. Universidade Federal do Rio Grande do Sul, Porto Alegre, 2010.

LAING, Robert. *Sobre loucos e sãos*. São Paulo: Brasiliense, 1982.

LARRAURI, Elena. "Populismo punitivo...y como resistirlo. In: *Revista de Estudos Criminais*. Ano VII – n° 25. Porto Alegre: Notadez, 2007.

LEITE, Loiva dos Santos. *Viver fora depois de muito tempo dentro...*: narrativas de vida de pessoas libertadas. Porto Alegre: Letra & Vida, 2012.

LOBO, Lilia Ferreira. *Os infames da história*: pobres, escravos e deficientes no Brasil. Rio de Janeiro: Lamparina, 2008.

LOMBROSO, Cesare. *L´uomo delinquente* – all´antropologia, Allá giurisprudenza Ed alle discipline carcerarie. 5ª ed. Roma: Fratelli Boca Editori, 1896.

——. *O homem delinquente*. Tradução de Maristela Tomasini e Oscar Antonio Garcia. Porto Alegre: Ricardo Lenz, 2001.

LOPES, Luciano Santos. *Injusto penal*: a relação entre o tipo e a ilicitude. Belo Horizonte: Arraes Editores, 2012.

LOPES JÚNIOR, Aury. A instrumentalidade garantista do processo de execução penal. In: CARVALHO, Salo de. *Crítica à execução penal*. Rio de Janeiro: Lumen Juris, 2002.

LILLY, Robert; CULLEN, Francis; BALL, Richard. *Criminological theory*. Londres: Sage, 1995.

LYRA, Roberto. *Direito penal normativo*. Rio de Janeiro: J. Konfino, 1975.

MACHADO, Roberto *et al. Danação da norma:* medicina social e constituição da psiquiatria no Brasil. Rio de Janeiro: Graal, 1978.

MACIEL, Maria Eunice de S. *A eugenia no Brasil*. 1999. Disponível em: <http://www.ufrgs.br/ppghist/anos90/11/11art7.pdf>. Acesso em: 05/10/2013.

MATTOS, Virgílio de. *Crime e psiquiatria uma saída*: preliminares para a desconstrução das medidas de segurança. Rio de janeiro: Revan, 2006.

—— (org.); VENTURINI, Ernest; CASAGRANDE, Domenico; TORESINI, Lorenzo. (autores). *O crime louco*. Tradução de Maria Lúcia Karam. Brasília: CFP, 2012.

MEDEIROS, T. A. Formação do modelo assistencial psiquiátrico no Brasil. Dissertação de mestrado (Universidade Federal do Rio de Janeiro), 1977, *apud*, PICCININI, Walmor; ODA, Ana Maria G. R. História da psiquiatria – a loucura e os legisladores. Disponível em: <http://www.polbr.med.br/ano06/wal0306.php>.

MENEZES. Tobias Barreto de. *Menores e loucos em direito criminal* – estudo sobre o art. 10 do código criminal brasileiro. Rio de Janeiro: Edição da organização Simões, 1884/1951.

——. *Questões vigentes*. Pernambuco: Ed. Estado de Sergipe,1926.

——. *Estudos de Direito*. Campinas: Bookseller, 2000.

MINISTÉRIO DA JUSTIÇA. DEPEN. *Levantamento Nacional de Informações Penitenciárias 2016 – INFOPEN*. Brasília: Ministério da Justiça e Segurança Pública, 2017.

MINISTÉRIO PÚBLICO DO ESTADO DE GOIÁS. CENTRO DE APOIO OPERACIONAL DE DEFESA DO CIDADÃO. *Implementação da reforma psiquiátrica na execução das medidas de segurança*. Goiás, 2009.

——. CENTRO DE APOIO OPERACIONAL DE DEFESA DO CIDADÃO. *PAILI: Programa de atenção integral ao louco infrator*. SILVA, Haroldo Caetano da. (coord.). Goiânia: MP/GO, 2013.

MOLINA, Antonio Garcia-Pablos de. *Criminología* – una introducción a SUS fundamentos teóricos. Valencia: Tirant lo Blanch, 2013.

MOARES, Ana Luisa Zago de. *"Crimigração"*: a relação entre política migratória e política criminal no Brasil. Tese de doutorado. Programa de Pós-Graduação em Ciências Criminais. Pontifícia Universidade do Rio Grande do Sul. Porto Alegre, 2015.

MOREL, Benedict-Augustin. *Traité des dégénérescences physiques, intelectuelles et Morales de l´espèce humaine et les causes qui produisent ces variétés maladives*. Paris: Baillière, 1857.

NEVES, Noyelle Neumann das. O Alienista de Machado de Assis: teorias higienistas e controle das populações no Brasil do final do século XIX e do início do século XX. In: FRANÇA, Leandro Ayres (org.). *Literatura e pensamento científico*: discussões sobre ciência, política e violência nas obras literárias. Curitiba: iEA Academia, 2014.

NUNES, Everardo Duarte (org). *Medicina social:* aspectos históricos e teóricos. São Paulo: Global, 1983.

ODA, Ana Maria Galdini Raimundo. A teoria da degenerescência na fundação da psiquiatria brasileira: contraposição entre Raimundo Nina Rodrigues e Juliano Moreira. *Psychiatry on line Brasil*. Vol. 06, n. 12, dez 2001. Disponível em: <http://www.polbr.med.br/ano01/wal1201.php>. Acesso em: 20 de jun. 2013.

——; DALGALARRONDO Paulo. Pinel no Brasil. In: PINEL, PHILIPPE. *Tratado médico-filosófico sobre a alienação mental ou a mania*. Porto Alegre: UFRGS, 2007.

——; ——. História das primeiras instituições para alienados no Brasil. In: *História, Ciências, Saúde – Manguinhos*. v. 12, n° 3, set-dez, 2005.

PASSETTI, Edson (coord.) et al. *Curso livre de abolicionismo penal*. Rio de janeiro: Revan, 2012.

PASSOS, Izabel Christina Friche. *Loucura e sociedade*: discursos, práticas e significações sociais. Belo Horizonte: Argvmentvm, 2009.

PEREIRA. Mário Eduardo Costa Pereira. Morel e a questão da degenerescência. *Rev. Latinoam. Psicopat. Fund.*, São Paulo, v. 11, n. 3, setembro 2008.

PESSOTTI, Isaias. *Os nomes da loucura*. São Paulo: Ed. 34, 1999.

——. *O século dos manicômios*. São Paulo: Ed. 34, 1996.

PICCININI, Walmor; ODA, Ana Maria G. R. História da psiquiatria – a loucura e os legisladores. Disponível em: <http://www.polbr.med.br/ano06/wal0306.php>. Acesso em 01/04/2015.

PIERANGELI, José Henrique. *Códigos penais do Brasil* – evolução histórica. 2ª ed. São Paulo: RT, 2004,

PIJOAN, Elena Larrauri; MOLINÉ, José Cid. *Teorías criminológicas* – explicación y prevención de la delincuencia. Barcelona: Editorial Bosch, 2001.

PINEL, Philippe. *Tratado medico-filosófico sobre a alienação mental ou a mania*. Tradução de Joice Armani Galli. Porto Alegre: Editora da UFRGS, 2007.

PRANDO, Camila Cardoso de Mello. *O saber dos juristas e o controle penal*: o debate doutrinário na revista de direito penal (1933-1940) e a construção da legitimidade pela defesa social. Rio de Janeiro: Revan, 2013.

QUEIROZ, Paulo. *Direito penal*: parte geral. Rio de Janeiro: Lumen Juris, 2011.

RAMOS, Arthur. *Loucura e crime*: questões de psychiatria, medicina forense e psychologia social. Porto Alegre: Livraria do Globo, 1937.

RAUTER, Cristina. *Criminologia e subjetividade no Brasil*. Rio de Janeiro: Revan, 2003.

READERS, Georges. *O inimigo cordial do Brasil* – o conde de Gobineau no Brasil. Tradução de Rosa Freire d´Aguiar. Rio de Janeiro: Paz e Terra, 1988.

REVISTA ACADÊMICA DA FACULDADE DE DIREITO DO RECIFE. 1919, p. 54. Disponível em: <https://archive.org/details/revistaacademica27reciuoft>. Acesso em: 24 de jan. 2014.

ROCHA, Álvaro Filipe Oxley da. *Violência simbólica*: o controle social na forma da lei. Porto Alegre: Edipucrs, 2014.

RODRIGUES, Elisa. Raça e controle social no pensamento de Nina Rodrigues. In: *Revista Múltiplas Leituras*, vol. 2, n. 2, p. 81-107, jul/dez, 2009.

RODRIGUES, Raimundo Nina. *As raças humanas e a responsabilidade penal no Brasil*. Salvador: Livraria Progresso Editora, 1957.

——. Mestiçagem, degenerescência e crime. In: *História, Ciências e saúde – Manguinhos*, vol. 15, n°4. Rio de Janeiro, 2008. Disponível em: <http://www.scielo.br/scielo.php?pid=S0104-59702008000400014&script=sci_arttext>. Acesso em: 13 de outubro de 2013.

——. *Os africanos no Brasil.* São Paulo: Madras, 2008.

——. *Os africanos no Brasil.* Rio de Janeiro: Biblioteca virtual de Ciências Humanas do Centro Edelstein de Pesquisas Sociais, 2010.

ROMAGNOSI, Giandomenico. *Génesis del derecho penal.* Tradución de Carmelo González Cortina y de Jorge Guerrero. Bogotá: Themis, 1956.

ROMERO, Silvio. *Ethnologia selvagem*: estudo sobre a memória – região e raças selvagens no Brasil. Recife: Typ. Da província, 1875.

——. *Doutrina contra doutrina*: o evolucionismo e o positivismo na República do Brasil. Rio de Janeiro: Editor JB Nunes, 1894.

——. *Provocações e debates*: contribuições para o estudo do Brazil social. Porto: Livraria Chardron, 1910.

ROSEN, George. A evolução da medicina social. In: NUNES, Everardo Duarte (org). *Medicina social:* aspectos históricos e teóricos. São Paulo: Global, 1983.

——. *Uma história da saúde pública.* São Paulo: Hucitec, 1994.

ROSZAK, Theodore. *The making of a counter culture* – reflections on the technocratic society and its youthful opposition. Berkeley: University of California Press, 1968.

ROTELLI, Franco. A lei 180 e a reforma psiquiátrica italiana – história e análise atual. In: AMARANTE, Paulo; BEZERRA JR., Benilton. (orgs.). *Psiquiatria sem hospício:* contribuições ao estudo da reforma psiquiátrica. Rio de Janeiro: Relume-Dumará, 1992.

——. Superando o manicômio: o circuito psiquiátrico de Triste. In: AMARANTE, Paulo (org.). *Psiquiatria social e reforma psiquiátrica.* Rio de Janeiro: Fiocruz, 1994.

——; AMARANTE, Paulo. Reformas psiquiátricas na Itália e no Brasil: aspectos históricos e metodológicos. In: AMARANTE, Paulo; BEZERRA JR., Benilton. (orgs.). *Psiquiatria sem hospício:* contribuições ao estudo da reforma psiquiátrica. Rio de Janeiro: Relume-Dumará, 1992.

ROUDINESCO, Elizabeth. *Dicionário de psicanálise.* Rio de Janeiro: Ed. Zahar, 1998.

SALLA, Fernando. *As prisões em São Paulo*: 1822-1940. 2ª ed. São Paulo: Annablume/Fapesp, 2006.

SANTOS. Juarez Cirino dos. *A moderna teoria do fato punível.* Belo Horizonte: Fórum, 2004.

——. *Teoria da pena:* fundamentos políticos e aplicação judicial. Curitiba: ICPC, Lumen Juris, 2005.

——. *Direito penal:* parte geral. Curitiba: Lumen Juris, 2006.

SARLET, Ingo Wolfgang; MONTEIRO, Fábio de Holanda. Notas acerca da legitimidade jurídico-constitucional da internação psiquiátrica obrigatória. In: *Revista Eletrônica Direito e Política.* v.10, n.2. Itajaí, 2015. Disponível em: <www.univali.br/direitoepolitica>.

SCHWARCZ, Lilia Moritz. *O espetáculo das raças*: cientistas, instituições e questão racial no Brasil -1870-1930. São Paulo: Cia das Letras, 1993.

——. *Racismo no Brasil.* São Paulo: Publifolha, 2001.

——. *Nem preto nem branco, muito pelo contrário*: cor e raça na sociabilidade brasileira. São Paulo: Claro Enigma, 2012.

SECRETARIA de Assuntos Legislativos do Ministério da Justiça (SAL). *Medidas de Segurança Loucura e direito penal:* uma análise crítica das Medidas de Segurança. Série Pensando o Direito. n° 35/2011. Brasília: 2011.

SILVA, Haroldo Caetano da. PAILI – PROGRAMA DE ATENÇÃO INTEGRAL AO LOUCO INFRATOR. In: Instituto Innovare. *Prêmio Innovare.* Edição VI, 2009. Disponível em: <http://www.premioinnovare.com.br/praticas/paili-programa-de-atencao-integral-ao-louco-infrator/>.

SILVA, Mozart Linhares da. *Do império da lei às grades da cidade.* Porto Alegre: Edipucrs, 1997.

SKIDMORE, Thomas E. *Preto no branco*: raça e nacionalidade no pensamento brasileiro. Tradução de Raul Sá Barbosa. Rio de Janeiro: Paz e Terra, 1976.

SOUTO, Ronya Soares de Brito. Medidas de Segurança: da criminalização da doença aos limites do poder de punir. In: CARVALHO, Salo de (coord). *Crítica à execução penal*. 2ª ed. Rio de Janeiro: Lumen Juris, 2007

SOUZA, Ricardo Timm de. *Justiça em seus termos* – dignidade humana, dignidade do mundo. Rio de Janeiro: Lumen Juris, 2010.

SUTHERLAND, Edwin H. *Crime de colarinho branco* – versão sem cortes. Rio de Janeiro: Revan, 2015.

STEINERT, Heinz. Mas alla del delito y de la pena. In: *Abolicionismo penal*. Traducción del Mariano Alberto Ciafardini e Mirta Lilían Bondanza. Buenos Aires: Sociedad Anonima Editora, 1989.

SZASZ. Thomas S. *A fabricação da loucura* – um estudo comparativo entre a inquisição e o movimento de saúde mental. Rio de Janeiro: Zahar Editores, 1976.

——. *Ideologia e doença mental* – ensaios sobre a desumanização psiquiátrica do homem. Rio de Janeiro: Zahar editores, 1977.

——. *O mito da doença mental*. Rio de Janeiro: Zahar Editores, 1979.

TANGERINO, Davi de Paiva Costa. *Culpabilidade*. Rio de Janeiro: Elsevier, 2011.

TARELOW, Gustavo Querodia. *Humores, choques e laboratórios*: o juquery administrado por pacheco e silva (1923 – 1937). Disponível em: <http://www.anpuhsp.org.br/sp/downloads/CD%20XX%20Encontro/PDF/Autores%20e%20Artigos/Gustavo%20Querodia%20Tarelow.pdf)>.

TAVARES, Juarez. *Teoria do injusto penal*. Belo Horizonte: Del Rey, 2000.

TRIBUNAL DE JUSTIÇA DE MINAS GERAIS. *Programa de Atenção Integral ao Paciente Judiciário Portador de Sofrimento Mental Infrator*. Disponível em: <http://ftp.tjmg.jus.br/presidencia/projetonovosrumos/pai_pj/funcionamento.html>.

TUNDIS, Silvério Almeida; COSTA, Nilson do Rosário. Cidadania, classes populares e doença mental. In: TUNDIS, Silvério Almeida; COSTA, Nilson do Rosário (orgs.). *Cidadania e Loucura*: políticas de saúde mental no Brasil. 7ª ed. Petrópolis: Vozes, 2001.

UGOLOTTI, F. *Panorama storico dell'assistenza ai malati di mente in Italia*. Pesaro: Federici, 1949.

VICENTIN; et al. *Patologização da adolescência e alianças psi-jurídicas*: algumas considerações sobre a internação psiquiátrica involuntária. BIS, Bol. Inst. Saúde (Impr.). vol. 12 n. 3 São Paulo 2010. Disponível em: <http://periodicos.ses.sp.bvs.br/scielo.php?script=sci_arttext&pid=S1518-18122010000300010&lng=pt&nrm=iso>.

VON LISZT, Franz. *La Idea Del fin em el derecho penal*. Granada: Editorial Comares, 1882/1995.

WACQUANT, Loïc. *As prisões da miséria*. Rio de Janeiro: Jorge Zahar Editor, 2001.

WEBER, César Augusto Trinta. Serviços substitutivos em saúde mental: o desafio da inclusão social. In: *Revista Debates em psiquiatria*. Jan/fev., 2013.

WEFFORT, Francisco. *O populismo na política brasileira*. Rio de Janeiro: Ed. Paz e Terra, 1980.

ZAFFARONI, Eugenio Raúl. *Criminología*: aproximación desde un margen. Santa Fé de Bogotá: Temis, 1993.

——. Las "Clases peligrosas": el fracaso de un discurso policial prepositivista. In: *Revista Sequência*. n°51, dezembro de 2005.

——. *A palavra dos mortos*: conferências de criminologia cautelar. São Paulo: Saraiva, 2012.

——. *A questão criminal*. 1 ed. Rio de Janeiro: Revan, 2013.

——. *O inimigo no direito penal*. Rio de Janeiro: Revan, 2007.

——. Clases peligrosas. In.:_ *Revista Psicología*. Jueves, 10 de diciembre de 2009.

——; PIERANGELI, José Henrique. *Manual de direito penal brasileiro*. Vol. 1. Parte geral. 9ª ed. São Paulo: RT, 2011.

——; BATISTA, Nilo. *Direito Penal brasileiro I*. Rio de Janeiro: Revan, 2003.

ZAGREBELSKY, G. *A Crucificação e a Democracia*. Tradução de Monica Sanctis Viana. São Paulo: Saraiva, 2011.

Impressão:
Evangraf
Rua Waldomiro Schapke, 77 - POA/RS
Fone: (51) 3336.2466 - (51) 3336.0422
E-mail: evangraf.adm@terra.com.br